TENERIFFA
INSEL FÜR ENTDECKER

GEQUO Verlag: Teneriffa Reiseführer
© 2017 GEQUO GmbH

NATUR ERLEBEN

Teide Nationalpark

Naturpark Corona Forestal

Das Anaga-Gebirge

Das Teno-Gebirge

ZIELE AUF TENERIFFA

Der Süden

WISSENSWERTES

REISEINFORMATIONEN

Natur erleben

Der Teide Nationalpark

Im Zentrum der Insel Teneriffa liegt der spektakuläre »Parque Nacional de Las Cañadas del Teide«. Mitten in dieser atemberaubenden Vulkanlandschaft thront der Berggigant Pico del Teide. Wanderern eröffnet sich hier eine unglaubliche geologische und biologische Vielfalt.

Naturpark Corona Forestal

Das größte Naturschutzgebiet der Kanarischen Inseln mit seinen scheinbar endlosen Kiefernwäldern ist durchzogen von traumhaften Schluchten und imposanten Gesteinsformationen wie den Paisaje Lunar. Der Naturpark bietet ein ausgedehntes Wegenetz für Wanderer.

Landschaftspark Anaga

Das Anaga-Gebirge bietet eine überwältigende Natur mit einer ausgesprochen abwechslungsreichen Flora und Fauna. Traumhafte Ausblicke über schroffe Gebirgszüge, wunderschöne vulkanische Strände und verwunschene Wälder lassen kaum Wünsche offen.

Landschaftspark Teno

Eine landschaftliche Vielfalt von beeindruckenden Steilküsten, tief eingeschnittenen Schluchten und urzeitlichen Lorbeerwaldgebieten bietet das Teno-Massiv im Nordwesten Teneriffas. Dank der früheren Abgeschiedenheit wurden hier naturelle und kulturelle Kleinode bewahrt.

DER TEIDE NATIONALPARK

Im Herzen des 1954 gegründeten »Parque Nacional de Las Cañadas del Teide« liegt der Berggigant Pico del Teide. Mit einer Fläche von über 18.990 ha ist der Teide Nationalpark der größte und auch älteste Nationalpark der Kanarischen Inseln. Im Jahr 2007 wurde er zum UNESCO-Weltnaturerbe erklärt. Mit rund drei Millionen Touristen pro Jahr ist der Teide Nationalpark einer der meist besuchten Nationalparks Spaniens.

im Frühjahr trägt der Teide meist noch Schnee

Der Park liegt im Zentrum der Insel Teneriffa auf einer durchschnittlichen Höhe von etwa 2000 Metern über dem Meeresspiegel. In den Wintermonaten kann es im Nationalpark immer wieder schneien und vor allem nachts sinken die Temperaturen auch unter den Gefrierpunkt, während sie in den Sommermonaten auch über 30 Grad Celsius erreichen können.

Die größte Fläche des Nationalparks nimmt die riesige Caldera »Las Cañadas« mit einem Durchmesser von ungefähr 17 Kilometern ein. Die Gipfel ihres Kraterrandes liegen in einer Höhe von 2.000 - 2.500 Metern. Darüber erhebt sich das Vulkanmassiv des Teide und des Pico Viejo. Der Pico del Teide bringt es mit seiner kegelförmigen Gipfelkrone auf 3.718 m, der zweithöchste Berg des Massivs mit 3.135 m ist der Pico Viejo, auch Montaña Chahorra genannt.

Roque Cinchado aus der Felsgruppe Los Roques

Am besten lässt sich der Park auf Wanderungen im offiziellen Wegenetz erkunden. Das Schutzgebiet verfügt über 38 kombinationsfähige Touren beziehungsweise Teilstrecken in verschiedenen Schwierigkeitsgraden.

Herausragende Sehenswürdigkeiten des Nationalparks sind, neben dem Teide-Massiv, die Los Roques, eine erodierte Felsenkette, die mit bizarren Formen in die Höhe ragt. Gleich nebenan befinden sich die Los Azulejos, eine eisenhydrathaltige Felsformation, die im Sonnenlicht türkis- und purpurfarben leuchtet. Traumhafte Ausblicke über den Park und aufs Teide-Massiv ergeben sich vom Gipfel Montaña Guajara.

Los Azulejos mit Teide im Hintergrund

GEOLOGISCHE URSPRÜNGE

Krater der Narices del Teide

In früheren Theorien nahm man an, dass die Caldera »Las Cañadas« das Überbleibsel eines älteren Vulkans sei, dessen entleerte Magmakammer vor 170.000 Jahren in sich selbst zusammenbrach. Heute vermutet man jedoch, dass die Caldera durch einen gewaltigen Erdrutsch entstand. Eine riesige Trümmerlawine soll demzufolge nach Norden ins Meer gerutscht sein. Die steile, südliche Felswand der Caldera beschreibt den Rand der Abbruchkante. So wird auch vermutet, dass das unterseeische Plateau im Norden der Insel bei diesem Erdrutsch entstand.

Aus der Caldera »Las Cañadas« erhebt sich das Vulkanmassiv Teide-Pico Viejo. Bei den Zwillingsvulkanen Pico Viejo bzw. Chahorra und Teide handelt es sich um Schichtvulkane, die durch das Material zahlreicher, aufeinanderfolgender Eruptionen im Laufe der Jahrhunderte entstanden sind. Der ältere Vulkan, Pico Viejo, liegt im Osten des Massivs. Der ca. 200 m hohe kegelförmige Gipfel des Teide, El Pilón de Azúcar, bildete sich bei einem späteren Ausbruch im Krater La Rambleta.

Vulkanascheschichtungen in der Cañada de Diego Hernández

1798 fand an den Narices del Teide, an der Flanke des Pico Viejo, der letzte Ausbruch innerhalb der Caldera statt. 1909 kam es zu einem Ausbruch am Chinyero. Dieser zum Teide-Massiv gehörige Vulkankegel liegt ca. 10 km nordwestlich des Teide Gipfels. Obwohl der letzte Ausbruch über 100 Jahre zurückliegt, gilt der Teide noch nicht als erloschen.

An vielen Stellen wird die Landschaft des Nationalparks auch durch Erosion geprägt. Weiche Formen entstanden durch das stetige Abschleifen des Gesteins durch Wind und Wasser. Das hierbei abgetragene Material füllte Vertiefungen innerhalb der Cañadas und gab der Caldera durch Höhenangleichungen das heutige Bild. Zusätzliche Landmasse kommt mit dem Wind aus der Sahara, pro Jahr und Quadratmeter sind es bis zu 40 Gramm silizium- und quarzhaltiger Staub.

Felswand El Palomar (»das Taubenhaus« mit unzähligen durch Erosion entstandenen Aushöhlungen)

Bild r. Blick über die Caldera de Las Cañadas, links der Teide, rechts der Guajara und die Roques de Garcia in der Bildmitte

DIE FLORA
DES TEIDE NATIONALPARKS

Besenrauke

Von April bis Juni steht der Nationalpark in voller Blüte. Die ansonsten karge Vulkanlandschaft bietet dann ein wahres Farbenschauspiel: Büsche und Sträucher zeigen sich in voller Pracht.

Zu dieser Zeit sind auch die Bienen besonders aktiv. Die Imkerei ist die einzige zugelassene landwirtschaftliche Nutzung im Nationalpark. Auf über 2.200 Metern Höhe unterhalten Imker hier zwischen Mai und Oktober rund 2.500 Bienenstöcke.

Teidelack

Die Pflanzenwelt besteht vor allem aus Sträuchern, die gut an die harten Bedingungen dieser Höhenzonen angepasst sind. Hohe Temperaturschwankungen, extreme Trockenheit und eine starke Lichtintensität erschweren die Lebensbedingungen enorm. Dennoch weist der Teide Nationalpark einen enormen Reichtum an blühenden Pflanzen auf: von 194 Arten kommen 31 nur auf den Kanaren und 32 sogar nur auf Teneriffa vor.

Behaarter Federkopf

Der prominenteste Vertreter der Flora des Parks ist das Teide-Veilchen (Viola cheiranthifolia). Es wächst an den Hängen des Teide und des Guajara in bis zu 3300 Meter Höhe.

Teide Veilchen

Bild o. Klebriger Drüsenginster
Bild l. Wildprets Roter Natternkopf (Echium wildpretij, auch Tajinaste genannt

Teide-Ginster

Teide-Katzenminze

Frucht der Kanarischen Zeder

Kanarische Zeder

Eine der auffälligsten und schönsten Pflanzen ist Wildprets Roter Natternkopf (Echium wildpretii). Dieser Teneriffa-Endemit kann eine Höhe von bis zu drei Metern erreichen, sein Verbreitungsgebiet sind die Cañadas del Teide.

Häufig anzutreffen sind der Teide-Ginster (Cytisus supranubius) mit seinen weißen oder rosa Blüten und der gelb blühende Klebrige Drüsenginster (Adenocarpus viscosus). Beide Büsche wachsen als Teil der Hochgebirgsvegetation zwischen 1700 und 2400 Metern und kommen nicht nur auf Teneriffa, sondern auch auf La Palma vor.

Auch der Teidelack (Erysimum scoparium), der Blaue Natternkopf (Echium vulgare), die Teide-Rauke (Descurainia bourgaeana), der Behaarte Federkopf (Pterocephalus lasiospermus) und die Cañadas-Kanarenmargerite (Argyranthemum tenerifae) bereichern mit ihrer Blüte das Farbenspiel im Park.

Zu den Baumarten im Nationalpark gehören die Kanarische Zeder und die Kanarische Kiefer.

Bild o. Cañadas-Kanarenmargerite; Bild u. Kanarische Kiefer
Bild r. Rutenkraut (Ferula linkii)

DIE FAUNA
DES TEIDE NATIONALPARKS

Der Teide-Nationalpark ist Lebensraum seltener Tierarten. Am häufigsten zeigt sich die Kanareneidechse, aber auch Kanarengeckos und Walzenskinke leben hier.

Im Park leben circa 20 Vogelarten. Der Teidefink und die Blaumeise bevorzugen die Kiefernwaldregionen. Kanarenpieper, Kanarengirlitz und Turmfalke bevölkern die Cañadas. Relativ scheue Artgenossen sind der Zilpzalp, die Kanarenmeise und der Nördliche Raubwürger. Auch das imposant gemusterte Steinhuhn bekommt man nur sehr selten zu Gesicht.

Kanarenpieper

Kanarengirlitz oder Kanarienvogel (Serinus canaria)

Afrikanische Blaumeise (Cyanistes teneriffae)

Fledermäuse sind gleich mit fünf Arten vertreten, sie sind die einzigen heimischen Säugetiere im Nationalpark. Unter ihnen finden sich das auf den Kanaren endem sche Kanaren-Langohr und der Kleine Abendsegler.

Der Algerische Igel, das Kaninchen sowie das zur Jagd ausgesetzte Mufflon wurden eingeführt.

Turmfalke

Die größte Gruppe unter den Tieren im Park bilden die sogenannten Wirbellosen (Insekten, Spinnentiere, Würmer, Schnecken, ...) mit weit über 1.000 Arten. Auch der Anteil an Endemiten ist unter diesen am höchsten.

Steinhuhn

Kanareneidechse

Der König der Käfer im Nationalpark ist der schwarze Pimelia Ascendens. Der kleine Allesfresser hält extreme Temperaturen aus und verteidigt sich gegen Angreifer durch die Absonderung von Magensäften.

Biene

Pimelia Ascendens

Bild r. Nördlicher Raubwürger

MONUMENTO NATURAL DEL TEIDE

Das Wahrzeichen Teneriffas ist der Teide, der als Symbol der Insel in ihrem Wappen aufgegriffen wird. Der höchste Berg Spaniens ist das Herzstück des Teide-Nationalparks. Seinen Namen erhielt der Vulkanberg von den Guanchen. Den Ureinwohnern Teneriffas galt er als Hölle (»echeide« im Altkanarischen) und als Sitz des Feuer spuckenden Gottes Guayote, weshalb sie ihn stets mieden.

Die Spitze des Pico del Teide überragt die Meeresoberfläche um 3.718 Meter und liegt dabei keine 15 Kilometer von der Küste entfernt. Misst man die Höhe des Teide vom Grund des Ozeans, so ist das Ergebnis mit beachtlichen 7.500 Metern noch beeindruckender. Mit seiner oftmals schneebedeckten Spitze ist er weithin bis zu den Nachbarinseln sichtbar.

Schwefelfelder unterhalb des Gipfels

Wahrzeichen der Insel Teneriffa: der Teide

Nach den beiden hawaiianischen Vulkanen Mauna Loa und Mauna Kea bildet das Vulkanmassiv des Teide die dritthöchste und eine der größten Vulkanstrukturen der Welt. Die Insel Teneriffa ist vulkanischen Ursprungs und besteht im Wesentlichen aus 3 alten Vulkangebilden. Die Entwicklung des Pico del Teide ist im Wesentlichen mit der Entstehung Teneriffas verbunden. Der Schichtvulkan erhebt sich aus einer Caldera mit einem Durchmesser von ca. 17 km.

sturmumtoster Gipfel des Teide

Bild o. der beeindruckende Aufbau des Teide aus nordöstlicher Richtung
Bild l. Blick über die Cañadas zum Teide

Die Entstehung des Teide

Vor ca. 8 Millionen Jahren entstanden die drei Vulkane Teno, Anaga und Adeje. Sie bildeten das Dreieck für die heutige Form der Insel. Vor 4-5 Millionen Jahren begann die Erosion der erloschenen Vulkane und in ihrer Mitte erhob sich der Vulkan Cañadas. Es bildete sich ein Krater, der durch zahlreiche Vulkanausbrüche wieder aufgefüllt wurde.

Die heute bestehende Caldera Las Cañadas entwickelte sich maßgeblich in den letzten 200.000 Jahren. Es erhoben sich die Vulkankegel des Teide und der Pico Viejo. Ein Bergsattel verbindet heute die beiden Vulkane. Früher gingen Wissenschaftler bei der Entstehung der Caldera von einem gewaltigen Vulkanausbruch aus. Aktuell sind die meisten Wissenschaftler der Meinung, dass die Caldera durch einen Hangrutsch des ehemals größeren Vulkangebäudes vor ungefähr 170.000 Jahren entstand. Der Vulkankessel der Caldera formte das heutige Teneriffa.

Noch heute bestehen die Wände des damals entstandenen Vulkankessels Las Cañadas größtenteils aus dem Gestein des älteren Vulkangebildes. Inmitten der Caldera wuchs der Stratovulkan Teide und füllte durch seine Ausbrüche den Krater auf. Aufgrund der Höhe des Vulkans fanden die meisten Ausbrüche an den Flanken des Teide statt. Am Gipfel des Pico del Teide (El Pitón) befindet sich ein kleiner Gipfelkrater.

Die letzen Vulkanausbrüche am Teide-Massiv

Aufzeichnungen von Christoph Kolumbus belegen einen Ausbruch im Jahr 1492. Weitere Aufzeichnungen weisen auf die starke Aktivität des Vulkans im Jahr 1798 hin. An der Westflanke des Pico Viejo entstanden kleine Krater, Kegel und Lavastrom der Narices del Teide. Es war der bislang letzte Ausbruch innerhalb der Caldera. Außer dem Ausbruch der Montaña Blanca sind am Teide kaum explosive Ausbrüche bekannt.

Im heutigen Naturschutzgebiet Chinyero fand vom 18. bis 27. November 1909 der letzte Vulkanausbruch am Teide-Massiv statt. Der Chinyero ist ein Schlackenkegel an den Hängen des Pico del Teide. Es war der letzte Vulkanausbruch auf Teneriffa.

Nur drei Kilometer entfernt liegt der Kegel des Montaña Negra (Vulkan Trevejo oder Vulkan Garachico genannt), dessen Ausbruch im Jahr 1706 mit seinen Lavaströmen die Hafenstadt Garachico zerstörte. Auf der anderen Seite der Caldera fanden im Jahr 1704 die zeitgleichen Vulkanausbrüche bei Siete Fuentes, Fasnia und Arafo statt. Der Spaltenausbruch dauerte bis in das Jahr 1705 und erfolgte entlang einer etwa 13 Kilometer langen Fraktur.

Der Vulkan Teide gilt als nicht erloschen. Aus dem Inneren des Berges steigen an verschiedenen Stellen schwefelhaltige

Dämpfe hervor. Die Temperaturen in den Fumarolen (Austritt von Wasserdampf und vulkanischen Gasen) und Solfataren (Gase aus Schwefelwasserstoff, Kohlenstoffdioxid und Wasserdampf) betragen noch immer um die 86 °C. Im Jahr 2004 wurde ein weiterer Ausbruch befürchtet, seither wird der Berg mittels empfindlicher ferngesteuerter Sensoren überwacht. Ein Ausbruch in naher Zukunft ist laut Geologen nicht zu erwarten.

Bild o. Spaltenausbruch – Vulkan Fasnia

PICO DEL TEIDE

Der Gipfel des Teide, auch El Pitón (dt.: Kegel) oder Pan de Azúcar (dt.: Zuckerhut) genannt, ist heute ein beliebtes Touristenziel. Den Gipfelkegel des Teide mit einer Höhe von ungefähr 200 Metern schließt ein kleinerer Krater mit einem Durchmesser von 80 Metern ab.

Der Gipfel kann nur mit einer speziellen Genehmigung der Parkverwaltung bestiegen werden. Die Erlaubnis gilt für ein Zeitfenster von zwei Stunden und ist kostenlos. Allerdings ist eine frühzeitige Reservierung ratsam.

gelbes Bimsgestein

Schneefelder

Mit der Teide-Seilbahn fährt man binnen 8 bis 10 Minuten von 2.356 Metern Höhe hinauf zur Endstation »La Rambleta«, die auf 3.555 Metern Höhe liegt. Von der Endstation führt der Pfad »Telesforo bravo« auf den Gipfel hinauf.

Wer den Pico del Teide erwandern möchte, nimmt gewöhnlich den Weg über Montaña Blanca. Auf dieser Tour befindet sich unterhalb des Gipfels die Berghütte Altavista (3.250 m). Wer hier übernachtet, kann von dort aus auch ohne zusätzliche Genehmigung den Gipfel des Teide besteigen. Allerdings ist die Übernachtung reservierungspflichtig und die Gipfelbesteigung muss bis 9 Uhr morgens abgeschlossen sein.

Auch im Sommer kann das Wetter in dieser Höhe kühl und wechselhaft sein, deshalb sollte man an warme Kleidung denken. Festes Schuhwerk ist ebenfalls erforderlich.

überfrorener Weg unterhalb des Gipfels

Bild o. der Gipfelkrater des Teide
Bild l. Pico del Teide

Schwefelfelder mit erodiertem Bimsgestein nahe des Aussichtspunktes La Rambleta

MIRADOR LA RAMBLETA

Der Mirador La Rambleta liegt direkt an der gleichnamigen Bergstation der Teide-Seilbahn, was ihn bequem erreichbar macht. Auf 3.555 Metern Höhe bietet er eine traumhafte Aussicht über die Caldera »Las Cañadas« und ihre südlich gelegene Steilwand. Richtung Nordosten blickt man über den hellen, mit Bimsstein überzogenen Montaña Blanca. An klaren Tagen kann man auch die Silhouette der Nachbarinsel Gran Canaria am Horizont entdecken.

die Bergstation der Teide-Seilbahn

Bei entsprechender Wetterlage lässt sich die Inversionszone gut beobachten. Während es innerhalb der Caldera trocken und sonnig ist, drängen sich die Passatwolken am Rande der Caldera-Gipfel und man blickt über ein Meer aus Wolken.

Vom Aussichtspunkt starten drei Wanderwege. Der Pfad »Telesforo bravo« führt zum Gipfel des Teide hinauf (40 min Gehzeit, Genehmigung erforderlich, Weg 10). In westlicher Richtung beginnt der Weg zum Mirador de Pico Viejo (30 min Gehzeit), im Osten gelangt man zum Mirador de La Fortaleza (25 min Gehzeit).

Lavafelder nahe des Aussichtspunkts

Bild o. vom La Rambleta starten die angelegten Wege zu den Aussichtspunkten Mirador de La Fortaleza und Mirador de Pico Viejo
Bild r. Ausblick auf den Guajara mit Parador und Roques im Vordergrund

MIRADOR DE PICO VIEJO

Der Mirador de Pico Viejo bietet einen der schönsten Ausblicke der Insel. Der Aussichtspunkt ist von der Seilbahnstation in ca. 30 Minuten Gehzeit über einen mit grobem Lavagestein ge-pflasterten Weg zu erreichen (Weg 12). Entlang des Weges trifft man auf Fumarolen (Gasaushauchungen), auf die man nicht zuletzt durch ihren Schwefelgeruch aufmerksam wird. Am Aus-sichtspunkt selbst eröffnet sich der Blick auf den farbenpräch-tigen Krater des Pico Viejo und die Westküste Teneriffas. Direkt im Hintergrund liegt die Insel La Gomera, bei guter Sicht sind auch El Hierro und La Palma in der Ferne sichtbar. Von hier aus lassen sich auch die jüngsten Lavafelder des Nationalparks bewundern, die Lavas Negras aus dem Jahr 1798.

an klaren Tagen ergibt sich ein Blick auf Gran Canaria

Bild o. Blick auf den Krater des Pico Viejo, im Hintergrund La Gomera

MIRADOR DE LA FORTALEZA

Vom Mirador de La Fortaleza aus präsentiert sich ein beeindruckender Ausblick über die Nordküste der Insel mit dem
weitläufigen Orotava-Tal. In nordöstlicher Richtung schweift
der Blick vom Observatorium über den Esperanza-Wald bis
zum Anaga-Gebirge. Im Vordergrund erhebt sich die imposante, rötlich gefärbte Felsformation des Fortaleza.

Den Aussichtspunkt erreicht man in knapp 30 Minuten Gehzeit
von der Bergstation der Seilbahn (Weg 11). Der mit dem Lavagestein der Umgebung befestigte Weg verläuft in leichtem Auf
und Ab am Fuße des Gipfelkegels des Teide.

*Fumarole am Aussichts-
punkt*

*Bild o. Blick über die Nordküste der Insel, im Zentrum des Bildes das Gipfel-
plateau des Fortaleza*

CALDERA DE LAS CAÑADAS

Wanderung
Siete Cañadas
▶ *S. 80*

Die Caldera de Las Cañadas ist ein riesiger vulkanischer Einsturzkessel. Er liegt im Zentrum der Insel Teneriffa. Diese Landschaft mit ungefähr 17 Kilometern Durchmesser wird in südlicher Richtung von durchschnittlich 500 Meter hohen Kraterwänden begrenzt. Der Boden des gewaltigen Kraterkessels liegt auf einer fast durchgängigen Höhe von über 2.000 Metern. Las Cañadas zählt zu den größten Vulkankesseln auf der Welt.

die Cañada de Diego Hernández

Seine gesamte Fläche liegt im Gebiet des Nationalparks und unterliegt unterschiedlich strengen Schutzbestimmungen. Man vermutet, dass der alte Vulkan weitaus größer war als der Teide. Nach dem vermutlich mehrphasigen Einsturz des ehemaligen Vulkans formierten sich an gleicher Stelle mit der Zeit neue Vulkane, darunter Pico del Teide, Pico Viejo und der Montaña Blanca.

Diese und andere Eruptionszentren schufen, historisch gesehen, junge Ablagerungen von Lava und Pyroklasten. Entlang der mächtigen Kraterwand bildeten sich sanfte Ebenen, welche durch Ablagerungen von Sedimenten entstanden. Nach lang anhaltenden Regenfällen bilden sich in diesen Ebenen kleine Seen, die mehrere Wochen nicht versickern. Früher wurde das Vieh durch diese leicht passierbaren Ebenen getrieben. Auf den Kanaren wird der Begriff Cañadas als ebene Fläche, die von Bergen beziehungsweise Abhängen mit einer Ablagerung von Erosionsmaterial oder Felsbrocken umgeben ist, definiert.

Blick über die Cañadas zum Guajara

Die Berge rund um die Cañadas umschließen ein Gebiet von ca. 130 Quadratkilometern. An den steilen Hängen und Felswänden finden sich die Spuren der Entstehungsgeschichte.

Die horizontalen Schichten werden vertikal von Gesteinsadern durchlaufen. Beim Abkühlprozess des Magmas entstanden sogenannte Dämme. Das stehende Magma härtete in den

Blick über die Roques zur Ebene Llano de Ucanca

Schloten aus und füllte Risse und Spalten. Erst durch die spätere Erosion wurden die Dämme sichtbar.

Im Inneren der Caldera finden sich Aufschichtungen von Ablagerungen die Zeugnisse einer 3 Millionen Jahre andauernden Eruptionsgeschichte sind. Die einzelnen Ausbrüche füllten weite Flächen des alten Kessels mit verschiedenartigem vulkanischem Material auf. Diese überwältigende Mondlandschaft beherbergt erstarrte Lavaflüsse, ausgebrannte Schlackefelder und bizarre Felsformationen. Die Gesteine weisen ein breites Farbspektrum von hellgelb über braunrot bis hin zu schwarz auf. Bei Los Azulejos findet sich sogar türkis- und purpurfarbenes Gestein.

Die schönsten Cañadas

Die größte Cañada im Nationalpark ist die weite Ebene von Ucanca – Llano de Ucanca. Die Cañada La Mareta verdankt ihren Namen der Bildung eines kleinen Sees nach der Schneeschmelze. Mareta ist der Begriff für einen kleinen nur zeitweise existierenden See. Die große Cañada el Montón de Trigo liegt unterhalb des Berges Guajara. Die Cañada de La Grieta wird oft als die Spalten Cañada bezeichnet. Geologische Höhepunkte sind die Cañada de Diego Hernández und die Cañada von Las Pilas.

Wasser in den Cañadas

Da auf Teneriffa so gut wie keine dauerhaften Wasserquellen bestanden, begann man Mitte des 19. Jahrhunderts mit dem Bau von Stollen. Diese dienten der Erschließung des Grundwasservorkommens. Sie wurden meist horizontal an Wasseraustrittsstellen in den Berg getrieben. Es soll mehr als 6.000 solcher Stollen mit Längen von fünf Kilometern und mehr geben. Die ergiebigsten Stollen werden vom Grundwasservorkommen der Cañadas gespeist. Die hohe Wasserdurchlässigkeit des Füllmaterials der Cañadas sammelt das Wasser in tiefer liegenden Schichten. Besonders nach schneereichen Wintermonaten sammelt sich das Wasser in Seen in den Cañadas und füllt die Wasserreserve Teneriffas.

Erschließung der Cañadas

Die Gebiete der Cañadas gehörten bis zur Mitte der 1920er-Jahre zu den wichtigsten Bereichen für Hirten. Der Auftrieb der Herden fand im Juni statt und die Herden blieben bis zum Beginn der Regenfälle im Herbst.

Die Weidezonen für halbwilde Ziegen wurden erst mit der Gründung des Nationalparks endgültig abgeschafft und die Nutzung für Viehzucht untersagt. In der Cañada de la Grieta finden sich die Überreste von ehemaligen Hirtenhütten.

Die alten Gipfelrouten dienten bis in das späte 19. Jahrhundert fahrenden Händlern für ihre Geschäfte. Auf den alten Pfaden wie dem »Weg nach Chasna« transportierten sie Kartoffelsaat, Gofio und Getreide auf den Rücken von Lasttieren z.B. von Orotava nach

Chasna. In den Cañadas wurden Berufe praktiziert, die sich heute als kaum vorstellbar erweisen. Es gab Köhler, Eisstecher und Imker. Andere verdingten sich beim Abbau von Sand, Bimsstein und Schwefel. Mit den Vulkansanden werden bis heute zum Fronleichnamsfest in Orotava Straßenteppiche gestaltet.

Bild o. die Cañada la Mareta

Blick über die weitläufige östliche Caldera des Teide Nationalparks

DIE ROQUES DE GARCÍA

Auf einer Strecke von knapp zwei Kilometern zieht sich die Fels-formation Los Roques durch die Caldera de Las Cañadas. Die natürliche Barriere der Felsformation teilt die Caldera in eine westliche und östliche Hälfte. Dabei liegt die östliche Ebene etwa 150 Meter höher als die westliche. Die Basis der Roques de García reicht circa einen halben Kilometer unter das Niveau des heutigen Kraterbodens, der hauptsächlich durch Lavaabla-gerungen auf die heutige Höhe angewachsen ist.

Nach neueren Erkenntnissen entstand die Gesteinsgruppe lange vor der heutigen Caldera. Bei den bizarr geformten Vul-kandämmen und Felstürmen handelt es sich vermutlich größ-tenteils um Intrusivkörper.

der Fels La Catedral

Felsnadeln aus hellem Tuffstein

Diese bilden sich beim Eindringen von Ergussgestein oder Sedi-menten in Hohlräume (z. B. Gänge, Spalten oder Schlote) älterer Gesteinsverbände. Beim letzten Teileinbruch der Ur-Caldera vor etwa 170.000 Jahren blieben die Roques stehen. Das Alter der Roques-Gesteine schätzt man auf bis zu 1,7 Mio. Jahre.

Der prominenteste Vertreter der Felsformation ist der Roque Cinchado. Der Fels La Cathedral ist mit etwa 200 Metern höchste Erhebung der Roques und liegt, wie auch der Roque Las Cuevos, der Hauptkette südwestlich vorgelagert.

stiftförmige Lavaformation

Bild o. die »Los Roques« teilen die Caldera in zwei Hälften
Bild l. bizarre Felsformationen aus unterschiedlichen vulkanischen Materialien

Blick entlang der Felskette der Roques in südöstlicher Richtung, im Vordergrund der Lavafall, im Hintergrund der Guajara

ROQUE CINCHADO

Unter den Roques de García ragt der Roque Cinchado hervor. Der wohl berühmteste Fels der im Teide-Nationalpark befindlichen Gesteinsformation wird auch als »Finger Gottes« oder »Steinerner Baum« bezeichnet. Die frei stehende Felsnadel ist eines der Wahrzeichen Teneriffas.

Die unteren Gesteinsschichten des Roque Cinchado sind weicher als die oberen und geben deshalb der Erosion durch Regen, Wind und Eis schneller nach. Auf diese Weise wird das Fundament des Felsens immer weiter unterhöhlt, bis er eines Tages umstürzt.

der frei stehende Felsturm Roque Cinchado

Wanderung
Roques de García
▶ S. 76

Bis zu diesem Ereignis dürfte allerdings noch reichlich Zeit vergehen und somit unzähligen Urlauberscharen noch ausreichend Gelegenheit bieten, den 30 Meter hohen Roque Cinchado mit dem ihn im Hintergrund überragenden Teide zu fotografieren. Dieses Motiv zierte den vorletzten, in den 1980er Jahren herausgegebenen, spanischen 1.000-Peseten-Schein.

Gesteinsschichtungen am Roque Cinchado

Bild o. erodiertes Gestein der Felsformation Los Roques nahe des Cinchado
Bild l. beliebtes Fotomotiv, der Roque Cinchado mit dem Teide im Hintergrund

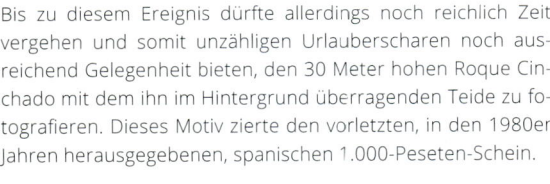

LOS AZULEJOS

Eine weitere beeindruckende Landschaft im Teide-Nationalpark ist die Felsformation »Los Azulejos«. Sie befindet sich etwa einen Kilometer südlich der Roques de García.

Es handelt sich um eine Felsenlandschaft, die in verschiedensten Blau- und Grüntönen in der Sonne schimmert. Benannt wurde sie nach den typischen Keramikfliesen, die in farbenprächtigen Mosaiken häufig auf der iberischen Halbinsel anzutreffen sind.

stark erodiertes Gestein

Geröll in leuchtenden Türkistönen

»rostige« Eisenhydrat-Rückstände an den Felsen

Das Farbspektrum dieser Gesteinsformation beginnt bei bläulichen Färbungen und reicht über jadegrün bis hin zu dunklem violett. Seine einmalige Optik erhielt das Vulkangestein durch hydrothermale Veränderungen bei der Entstehung. Dabei kam das Gestein, bevor es an die Oberfläche gelangte, mit aufsteigendem Wasserdampf in Kontakt. Bei diesem Prozess lagerte sich Eisenhydrat im Fels ab, auf das die grünliche Farbe zurückzuführen ist. Ähnlich veränderte Felsen findet man auch bei Roques de García.

Bild o. Blick über die Los Azulejos auf die Ebene von Ucanca
Bild r. das schillernde Farbspektrum der Azulejos

MIRADOR DEL TABONAL NEGRO

Einen außergewöhnlichen Ausblick bietet der Mirador del Tabonal Negro auf einer Höhe von 2.362 Metern. Gegenüber erhebt sich die südliche Kraterwand der Caldera. In der tiefer gelegenen Ebene überblickt man gewaltige Felder aus erkalteten, sich teils überlagernden Lavaflüssen.

Im Valle de Las Piedras Arrancadas, nahe des Montaña Rajada sind die zähfließenden Lavaströme in riesige vulkanische Blöcke zerfallen. Dort haben sich große Vorkommen von Obsidian, einem glänzenden, schwarzen, glasigen Vulkangestein, gebildet. Namensgeber für das vulkanische Glas war der Römer Obsius, der in der Antike erstmals vulkanisches Glas – den Obsidian – von Äthiopien nach Rom gebracht haben soll. Geschliffene Obsidiane wurden im alten Rom als Spiegel verwendet.

wüstenähnliche Landschaft

Das vulkanische Glas entsteht, wenn flüssige, gasarme Lava schnell abkühlt. Die schwarze Farbe entsteht durch im Gestein enthaltenes Eisenoxid. Die Bildung von Obsidian ist im Wesentlichen von der Zähflüssigkeit und deshalb vom Kieselsäuregehalt (je höher, desto zähflüssiger) der Lava abhängig.

Während der Obsidian für heutige Touristen einen optischen Genuss darstellt, hatte er für die Ureinwohner Teneriffas, die Guanchen, einen ganz praktischen Wert: Aus ihm stellten sie Messer und Waffen her. Diese Schneidwerkzeuge wurden von ihnen »Tabonas« genannt.

Obsidiansplitter

Bild o. verdorrte Blütenstände der Natternköpfe vor der weiten Ebene der Caldera
Bild l. Blick über die gewaltigen Lavafelder, gegenüber die südliche Kraterwand

MIRADOR MINAS DE SAN JOSÉ

erstarrte Laven am Montaña Rajada

Dieser Aussichtspunkt liegt im Nationalpark im Schatten des Teide auf einer Höhe von über 2.000 Metern an der TF-21. Er befindet sich am Fuße des Montaña Rajada.

Bei den Minas de San José handelt es sich um eine Art vulkanische Sandbank, die an eine unwirkliche Mondlandschaft erinnert. Die gesamte Umgebung ist mit feinkörnigem Bimsstein überzogen, der im Licht der Sonne in gelblichen bis grün- oder bläulichen Farben leuchten. Diese sogenannten Pyroklasten entstanden bei Eruptionen mit gewaltigen Gasexplosionen und wurden als Steinregen zur Erde geschleudert.

Pyroklasten sind Fragmente, die durch Zerreißen, Zerbrechen oder durch direkte Kristallisation aus einem festen oder flüssigen vulkanischen Ausgangsmaterial entstanden sind.

Der Mantel aus Bimsstein wird immer wieder durch imposant geformte Lavagebilde unterbrochen, die aus den Senken und Hügeln hervorragen. An den Hängen des Montaña Rajada lassen sich in Fließform erstarrte Laven betrachten.

Am Mirador Minas de San José startet der Wanderweg Los Valles (Gehzeit 1:30 h, Weg 30), der zur südlichen Kraterwand der Caldera hinüberführt. Er mündet unterhalb des Morro Negro (2.335 m) auf die Route Siete Cañadas.

Lavaformationen ragen aus den Bimsteinfeldern hervor

Bild o. Blick über die Minas de San José zur Kraterwand der Caldra
Bild r. grün bis gelb gefärbte Pyroklasten an den Minas de San José

ZAPATO DE LA REINA

Neben Los Roques kann man in der Ebene von Ucanca noch eine weitere Sehenswürdigkeit aufsuchen: den Zapato de la Reina. Dabei handelt es sich um einen Felsen, dessen Form an die eines hochhackigen Damenschuhs erinnert.

Tatsächlich geht dieses Bild schon auf eine überlieferte Geschichte der Guanchen, der Ureinwohner Teneriffas, zurück. Sie besagt, dass in grauer Vorzeit eine Prinzessin diesen »Schuh« in aller Eile verloren habe und er nun seitdem inmitten der Cañadas liege. Von dieser Sage her rührt auch der Name des Felsen, der zu Deutsch nichts anderes bedeutet als »Schuh der Königin«.

Blick durch den »Schuh der Königin«

LLANO DE UCANCA

Die größte Ebene der Cañadas ist der »Llano de Ucanca«, auf deutsch Ebene von Ucanca. Sie liegt in der westlichen Halb-Caldera beginnt direkt am Fuße der Felsformationen Roques de García und den Los Azulejos. In den Wintermonaten bilden sich in der ebenen, wüstenartigen Sand- und Felsfläche oft große Seen, da das von den Felswänden kommende Wasser nicht abfließen kann.

Ginsterbüsche in der Ebene

Bild o. Blick über die weitläufige Ebene vom Mirador de Ucanca
Bild l. der »Schuh der Königin«

PICO VIEJO

Nicht nur unter dem Gesichtspunkt der Größe betrachtet steht der Pico Viejo mit seiner Höhe von 3.134 Metern im Schatten des Pico del Teide, auch die Touristenscharen zieht es vor allem zu seinem großen Nachbarn. Dabei ist der Pico Viejo, wie der Name schon sagt, der ältere Teil des Zwillingsvulkans. Der letzte Ausbruch des Schichtvulkans ereignete sich im Jahr 1798 an den Narices del Teide.

Ausblick auf den Teide

Der Pico Viejo mit den Nebenkratern Narices del Teide (auch Montaña Chahorra genannt), liegt an der Südwestflanke des Teide und ist der zweithöchste Gipfel der Insel Teneriffa sowie der Kanarischen Inseln. Die Dokumentation in der »Encyclopædia Britannica« in der Ausgabe von 1842 verweist auf den Ausbruch des Vulkans von Chahorra bzw. Las Narices del Teide im Jahre 1798.

buntes Vulkangestein an den Wänden des Kraters

Sein farbenprächtiger Krater hat einen Durchmesser von ca. 800 Metern und eine Tiefe von ungefähr 225 Metern. Der südliche Gipfel, der Pico Sur, bildet ein prachtvolles Felsplateau und liegt auf einer Höhe von 3.105 Metern.

Vier Wanderwege führen zum Gipfel des Pico Viejo.

Vom Gipfel des Pico Viejo aus hat man einen wunderbaren Blick auf den nordöstlich gelegenen Pico del Teide. Im Süden überblickt man Teile der Caldera und die westliche Küstenregion Teneriffas. Bei klarem Wetter reicht die Sicht bis zu den Nachbarinseln.

Bild o. Blick in den Krater des Pico Viejo
Bild r. Der Pico Viejo, im Hintergrund La Gomera

NARICES DEL TEIDE

Die Narices del Teide, die »Nasenlöcher« des Teide, entstanden im Zuge des letzten Vulkanausbruchs auf dem Boden des – damals noch nicht existierenden – Naticnalparks.

Der Ausbruch an den Hängen von Pico Viejo fand im Jahr 1798 statt und dauerte drei Monate lang an. Damit handelt es sich um den längsten bekannten Ausbruch in der Geschichte der Insel Teneriffa. Auf einer Höhe von ungefähr 2.500 Metern öffneten sich neue Schlünde aus denen vom 9. Juni bis zum 8. November 1798 Lavaströme zu Tal flossen.

Explosionskrater

Die Art des Ausbruchs variierte dabei je nach Lage des Kraters. Während aus den tiefer gelegenen Kratern Lava austrat, kam es bei den höher gelegenen Kratern zu Explosionen. Die hervorquellende Lava bedeckte schließlich eine Fläche von etwa 5 Quadratkilometern und hätte fast die niedrigste Stelle der Kraterwand bei Boca de Tauce überströmt. Die Lavafelder »Lavas Negras« sind noch heute noch in der Caldera zu sehen.

Die Narices del Teide lassen sich von einem an der TF-38 gelegenen Aussichtspunkt aus der Ferne bestaunen, oder zu Fuß über den Wanderweg 28 erreichen.

Lavaflüsse

Bild o. und l. die »Narices del Teide« mit ihren gewaltigen Lavaströmen an der Flanke des Pico Viejo

MONTAÑA BLANCA

Wanderung
Teide Besteigung
▶ S. 96

Der 2.748 Meter hohe Montaña Blanca verdankt seinen Namen seiner hellen Farbe in gelb- weißen Tönen. Der Vulkan hat aufgrund der Anhäufung von Bimsstein eine runde Form. Nach dem Teide – Pico Viejo – Komplex ist der Montaña Blanca die dritthöchste Erhebung Teneriffas.

Der Vulkan entstand durch den Druck eines sehr dickflüssigen Magmas und wird aus diesem Grund auch als Lavadom bezeichnet. Während die Lavaströme solcher Vulkane nur vergleichsweise kurze Distanzen zurücklegen, kann der herausgeschleuderte Bimsstein relativ weit fliegen.

Der Berg bietet gute Wandermöglichkeiten und liegt auf der Route der Teide-Besteigung.

Lavafluss am Montaña Blanca

Bimssteinflanke des Montaña Blanca mit einer Ansammlung von Teide-Eiern

HUEVOS DEL TEIDE

Auf dem Weg zum Montaña Blanca passiert man die »Huevos del Teide«, die Teide-Eier.

Die Huevos del Teide entstanden durch herabrollende, verfestigte Lava, die über noch flüssige Lava weiter gerollt ist und dabei immer neue Schichten bildete.

geschichtetes Teide-Ei

Bild r. der Gipfel des Montaña Blanca vom Teide aus gesehen, links Montaña Rajada, im Hintergrund die Abbruchwände der Caldera

MONTAÑA GUAJARA

2.718 Meter ragt der Montaña Guajara in die Höhe und ist damit der höchste Gipfel des gesamten Caldera-Kraterrandes und der vierthöchste Berg Teneriffas. Dies macht ihn zu einem idealen Aussichtspunkt über den gesamten Teide-Nationalpark.

Auf dem Gipfel des Guajara befinden sich die Ruinen einer der ersten Sternwarten in Hochgebirgslage. Im Jahr 1856 untersuchte Charles Piazzi Smyth als Pionier die Eignung hoch gelegener Gipfel Teneriffas als Standort für ein astronomisches Observatorium. 54 Jahre später erweiterte der Franzose Jean Mascart die Anlage für seine Forschungen.

Wolken hinter der Passhöhe
Degollada de Guajara

Eine Legende der Ureinwohner besagt, dass zur Zeit der Eroberung Teneriffas durch die Spanier eine Guanchen-Prinzessin namens Guajara lebte. Sie war die Frau Tinguaros, des Bruders des Fürsten von Taoro. Doch die Ehe blieb kinderlos und Tinguaro heiratete eine andere Prinzessin, um Fürst von Anaga zu werden. Guajara irrte darauf verzweifelt durch die Wälder Teneriffas. Voller Verzweiflung über ihr Schicksal stürzte sie sich schließlich von einem Berg, der fortan ihren Namen trug.

von Erosion gezeichneter
Bims-Fels am Guajara

Bild o. die Ruinen der historischen Sternwarte
Bild l. der Guajara mit der Felsgruppe El Capricho im Vordergrund

MONTAÑA SÁMARA

Gipfel des Montaña Samara

bunte Pyroklasten

Wanderung Montaña Sámara ▶ S. 90

Krater des Montaña Sámara

Der 1.936 Meter hohe Montaña Sámara liegt im äußersten Westen des Teide-Nationalparks. Der Vulkan erhebt sich, bewachsen mit einzelnen Kiefern, aus der weiten Lavalandschaft am Fuße des Pico Viejo.

Die Besonderheit des Montaña Sámara ist seine Entstehung durch eine pyroklastische Eruption. Bei seinem Ausbruch wurde verschlackte Lava durch gewaltige Gasexplosionen in die Luft geschleudert. Das Ergebnis sind zahllose kleine Pyroklasten, die hier in sämtlichen Formen und Farben von orange über rot bis braun auftreten. Man findet auch kleine Vulkanbomben in verschieden Größen um den Vulkan.

Montaña Samara

Vom Gipfel des Montaña Sámara ergeben sich wunderbare Ausblicke auf den Pico Viejo und den Pico del Teide.

Vom Aussichtspunkt Mirador de Sámara an der TF-38 kann der Berg binnen einer Viertelstunde bestiegen werden. Alternativ besteht auch die Möglichkeit einer etwas größeren Rundwanderung, die den Volcán de la Botija und die Cuevas Negras einschließt.

Bild r. Blick vom Montaña Sámara auf Pico Viejo und Teide

LA TARTA DEL TEIDE

Die Miradores La Tarta I und II liegen nahe der äußersten nordöstlichen Grenze des Teide-Nationalparks, an der Abfahrt der
TF-24 in Richtung La Laguna.

Die einzigartige geologische Formation entstand durch die
Überlagerung unterschiedlicher Vulkanascheschichten von
zahllosen Eruptionen. Der Name »La Tarta«, deutsch die Torte,
kommt von der Vielfalt der Farben und der Anzahl der Schichten, die sich dort zu sehen sind.

*schwarz-braune
Ablagerungen*

Der untere Aussichtspunkt liegt am Ende einer kleinen
Schlucht, in der man die Folgen der Erosion durch das Aus-
waschen des Oberflächenmaterials gut beobachten kann. Am
höher gelegenen Aussichtspunkt lassen sich die Schichtungen
direkt an der Straße besichtigen, da bei deren Bau tiefe Ein-
schnitte ins Gelände vorgenommen wurden.

Besucher erhalten zudem einen herrlichen Blick auf den Teide
und bei klarer Sicht auf die Insel La Palma.

*Blick in die kleine Schlucht
am Aussichtspunkt*

*Bild o. Blick auf den Teide, rechts das Orotava-Tal
Bild l. die ausgewaschenen Vulkanascheschichtungen bei La Tarta*

Centro de Visitantes de El Portillo

Am nördlichen Eingang des Teide-Nationalparks befindet sich das Besucherzentrum von El Portillo. Es bietet Informationen rund um die Themen Geologie, Botanik, Zoologie und Archäologie im Nationalpark.

Darüber hinaus erhalten Besucher Informationen über die Routen und den Zustand der Wanderwege im Nationalpark.

Es besteht die Möglichkeit, an kostenlosen geführten Wanderungen zu den Highlights des Nationalparks teilzunehmen. Voraussetzung ist allerdings eine vorherige Anmeldung.

Der botanische Garten zeigt rund 75 % der Pflanzenwelt des Nationalparks und dient auch der Bewahrung gefährdeter Arten.

ÖFFNUNGSZEITEN

täglich von 9:00 bis 16:00 Uhr
(ausgenommen 25. Dezember und
1. Januar)

ANREISE / KONTAKT

TF-21, Kilometerpunkt 32,1
Tel.: +34 922 92 23 71

Museo Etnográfico Juan Évora

Das ethnografische Museum trägt den Namen des letzten Einwohners von Las Cañadas, Juan Évora. Das renovierte ehemalige Wohnhaus beherbergt nun eine Informationsstelle und ein kleines Volkskundemuseum, in dem anhand von Infotafeln und Ausstellungsstücken die Lebensweise der Hirten in Las Cañadas gezeigt wird.

ÖFFNUNGSZEITEN

täglich von 9:00 bis 15:45 Uhr
Parkplatz schließt um 15:45 Uhr

ANREISE / KONTAKT

Kreuzung Boca Tauce, Gabelung der Landstraßen TF-21 und TF-38
Tel.: +34 922 92 23 71

Besucherzentrum Cañada Blanca

An einer kleinen Informationsstelle im Gebäude des Parador Nacional erhalten Besucher Auskünfte über die Wanderwege im Nationalpark.

ÖFFNUNGSZEITEN

täglich von 9:00 bis 16:00 Uhr
(ausgenommen 25. Dez. und 1. Jan.)

ANREISE / KONTAKT

an der TF-21,
Las Cañadas del Teide, s/n,
38300 La Orotava

Centro de Visitantes Telesforo Bravo

Die dortige Ausstellung präsentiert Teneriffa aus geografischer Sicht mit den Höhenlagen der Insel und geschichtlich aus dem Blickwinkel berühmter Besucher.

ÖFFNUNGSZEITEN

Die. bis So. von 9:00 bis 14:00 Uhr
und 15:30 bis 18:00 Uhr.

ANREISE / KONTAKT

C/ Dr. Sixto Perera Gonzalez, nº25,
El Mayorazgo. Villa de La Orotava
Tel.: +34 922 92 23 71

EINRICHTUNGEN IM NATIONALPARK

Teide-Seilbahn »Teleférico del Pico de Teide«

BETRIEBSZEITEN

täglich im 10 min Takt von
09:00 bis 16:00 Uhr
letzte Auffahrt 16:00 Uhr
letzte Abfahrt 16:50 Uhr

BUCHUNG / PREISE

Tickets können vor Ort oder online auf
Tag und Zeitpunkt gekauft werden. Die
Reservierung kann auch mit einem Bus-
Transfer von Costa Adeje und Los Cris-
tianos kombiniert werden.
Online-Buchung unter:

www.volcanoteide.com
Preise für Auf- und Abfahrt:
Erwachsene: 27€ / Kinder: 13,50€
Einfache Fahrt zum halben Preis.

Personen mit Herz-Kreislauf-Proble-
men, Schwangeren und Kleinkindern
wird der Aufstieg aufgrund der Höhe
nicht empfohlen. Man sollte auf Kälte
und auch Hitze vorbereitet sein und geeignete Kleidung und Schuhe für Berg-
wanderungen tragen.

ANREISE / KONTAKT

Carretera TF-I, Km 40,2 – Parque Nacional del Teide, 38300 La Orotava
Tel.: +34 922 010 445

Genehmigung zur Gipfelbesteigung des Teide

Zur Gipfelbesteigung über den Pfad
»Telesforo bravo« benötigt man
eine Sondergenehmigung.

Je nach Jahreszeit sollte man die
Genehmigung ein bis zwei Monate
vorher beantragen.

Die Genehmigung ist kostenlos,
jedoch nur für den ausgewählten
Tag gültig und verfällt bei Nicht-
antritt.

Website zur Reservierung:
reservasparquesnacionales.es

Berghütte Altavista

Die beiden Gebäude verfügen über einen Aufenthaltsraum, ein Esszimmer, eine Küche sowie drei gemeinsame Schlafräume für insgesamt 54 Gäste. Die Räume sind beheizt. Da Laken und warme Bettdecken vorhanden sind, kann man auf einen Schlafsack verzichten. Es gibt Toiletten. Die Waschmöglichkeiten bieten keine Duschen.

Wasser und Erfrischungsgetränke werden gegen Euromünzen in Automaten verkauft. Mitgebrachte Speisen, z.B. Konserven, können in einer Küche erwärmt werden. Müll muss wieder mitgenommen werden. Die ganzjährig geöffnete Berghütte schließt nur bei sehr schlechtem Wetter.

ÖFFNUNGSZEITEN

Aufenthaltsraum ab 11:00 Uhr,
Küchen und Toiletten ab 17:00 Uhr
Schlafräume ab 19:00 Uhr
Nachtruhe ab 22:30 Uhr
Die Berghütte sollte vor 7:30 Uhr verlassen werden und schließt um 8:00 Uhr.

BUCHUNG / PREISE

Online-Buchung unter:
www.volcanoteide.com
Tel: +34 922 010 440 (8 bis 16 Uhr)

Nur eine Übernachtung ist erlaubt. Eine Reservierung ist notwendig.

Die Kosten für eine Übernachtung liegen zwischen 21,00 und 25,00 Euro pro Person.

HINWEIS

Die Übernachtung in der Berghütte berechtigt zum Aufstieg auf den Pico del Teide, ohne eine spezielle Genehmigung beantragen zu müssen. Allerdings muss der Abstieg zur Bergstation der Seilbahn bis 09:00 morgens erfolgt sein.

Observatorio del Teide

Die Sternwarte Observatorio del Teide befindet sich im Nationalpark auf dem Berg Izaña in 2.400 Metern Höhe. Aufgrund nachlassender Bedingungen zur Sternenforschung ist es heute auf Sonnenbeobachtung spezialisiert.

BUCHUNG/RESERVIERUNG

Buchung einer Führung durch die Sternwarte unter:
www.volcanoteide.com
Tel: +34 922 010 440
(8:00 bis 16:00 Uhr)

ANREISE / KONTAKT

C/ Vía Láctea, S/N,
38200 La Laguna,
Santa Cruz de Tenerife

PREISE

Erwachsene: 21,00 €
Kinder: 18,00 € (3 – 13 Jahre)
Rentner: 17,00 €
Transfer von Costa Adeje, Los Cristianos oder Puerto de la Cruz gegen Aufpreis.

ÖFFNUNGSZEITEN

Führungen in deutscher Sprache:
Mittwochs u. Freitags 14:30 Uhr,
Dienstags um 12:00 Uhr

Hotel Parador de Las Cañadas del Teide

Der beste Ausgangspunkt zur Erkundung des Nationalparks ist der Parador de Las Cañadas del Teide. Die Anlage verfügt neben dem Hotelrestaurant über eine Cafeteria mit Innen- und Außenbereich und einen kleinen Souvenir-Shop.

ANREISE / KONTAKT

Las Cañadas del Teide, s/n,
38300 La Orotava
http://www.parador.es/de

Verpflegung und Einkehrmöglichkeiten

Cruz el Portillo

Am Cruz El Portillo befindet sich das gleichnamige Restaurant/Cafeteria »El Portillo« mit angeschlossenem Souvenir-Shop.

Portillo Alto

In Portillo Alto befinden sich zwei Restaurants, die auch gerne von Ausflugsbussen angefahren werden.

Teide-Seilbahn

Die Teide-Seilbahn verfügt über eine Cafeteria an der Talstation und einen Getränkeautomaten an der Bergstation.

Busverbindungen »titsa« im Nationalpark

linea-342:

	Parador Nacional (Cañada Blanca)	Teleferico del Teide (Teide-Seilbahn)	El Portillo (Cruz el Portillo)
Ankunft	11:00	11:05	11:30
Rückfahrt	16:00	15:40	15:15

Die Buslinie 342 fährt den Nationalpark von Costa Adeje an. Erster Bus morgens um 9:15 Uhr.

linea-348:

	El Portillo (Cruz el Portillo)	Teleferico del Teide (Teide-Seilbahn)	Parador Nacional (Cañada Blanca)
Ankunft	10:15	10:40	11:00
Rückfahrt	16:30	16:05	16:00

Die Buslinie 348 fährt den Nationalpark von Puerto de la Cruz an. Erster Bus morgens um 9:30 Uhr.
An den Haltestellen Portillo Alto, Wanderparkplatz am Montaña Blanca und Boca Tauce muss man den Busfahrer entweder durch Winken anhalten oder beim Einsteigen über den Haltewunsch informieren.

www.titsa.com /Tel: +34 922 531 300 (8:00 – 20:00 Uhr)

DER TEIDE NATIONALPARK

Parque Nacional del Teide

Monumento Natural del Teide

Mont Neg

Montaña Abejera

Montaña de las Cuevitas
(1807)
TF-38

Montaña de Sámara

Montaña de la Botija

Cuevas Negras

El Calderón

Pico Viejo
(3134)

Pico del Teide
(3718)

Mirador de la Fortaleza

Refugio Altavista

Huevo del Tei

Mirador de Pico Viejo

Montaña
(27

Mirador la Rambleta

Pico Sur
(3105)

Teleférico

Narices del Teide

LOS GIGANTES

Montaña de Chasogo
(2010)

Roques de García

Parador

Montaña el Cedro

Los Azulejos

Guaj
(297

Boca Tauce

Llano de Ucanca

Montaña Gangarro

Juan Évora

La Sombrera

El Sombrero
(2405)

Montañ la Are
(2364)

VILAFLOR
TF-21

Roque del Almendro
(2523)

Kartenlegende:

Wanderwege Nationalpark

weiterführender Wanderweg

Absolute Schutzzone

Zone begrenzter Nutzung

Zone mäßiger Nutzung

Bebauung

Militärisches Sperrgebiet

Parkplatz

Besucherzentrum / Informationspunkt

Parador Nacional Hotel

Teleférico del Teide/ Seilbahn

Restaurant/ Cafeteria

Observatorium

Aussichtspunkt

Bushaltestelle

Botanischer Garten

Wanderwege in Planung für das Jahr 2017

DAS WEGENETZ DES NATIONALPARKS

1	La Fortaleza 1:45 h / 5,3 km	leicht
2	Arenas Negras 3 h / 7,6 km	mittel
3	Roques de García 2 h / 3,5 km	leicht
4	Siete Cañadas 4:30 h / 16,6 km	mittel
5	La Degollada de Guajara 1h / 1,4 km	leicht
6	Montaña de los Tomillos 2:30 h / 6 km	mittel
7	Montaña Blanca – Pico del Teide 5:30 h / 8,3 km	schwer
8	El Filo 7 h / 14,2 km	mittel
9	Teide – Pico Viejo – TF-38 8 h / 9,3 km	schwer
10	Telesforo Bravo 0:40 h / 0,6 km	mittel
11	Mirador de La Fortaleza 0:25 h / 0,4 km	leicht
12	Mirador de Pico Viejo 0:30 h / 0,7 km	leicht
13	Sámara 2:45 h / 5,1 km	leicht
14	Alto de Guamaso 1:30 h / 2,9 km	leicht
15	Alto de Guajara 1:45 h / 2 km	leicht
16	Sanatorio 1:45 h / 4,6 km	leicht
17	Igueque 1:20 h / 2,4 km	leicht
18	Chavao 1:30 h / 3,6 km	leicht
19	Majúa 1:30 h / 3,8 km	leicht
20	Vulkan von Fasnia 2:30 h / 7,2 km	mittel

21	Corral del Niño – Mal Abrigo 1:20 h / 6,4 km	leicht
22	Lomo Hurtado 1:45 h / 4,8 km	mittel
23	Los Regatones negros 4 h / 5 km	schwer
24	Portillo Alto 0:30 h / 1,5 km	leicht
25	Recibo Quemado 0:45 h / 2 km	leicht
26	Ucanca 0:45 h / 1,8 km	leicht
27	Montaña Rajada 0:45 h / 2,1 km	leicht
28	Chafarí 3 h / 6,7 km	mittel
29	Degollada del Cedro 0:30 h / 1,9 km	leicht
30	Los Valles 1:30 h / 5 km	leicht
31	Cumbres de Ucanca 3:30 h / 8,1 km	schwer
32	Abeque 1:15 h / 4,4 km	leicht
33	Montaña Negra 1:15 h / 3 km	leicht
34	Montaña Limón 0:30 h / 1,2 km	leicht
35	Boca de Chavao 0:30 h / 0,9 km	leicht
36	Alto de La Fortaleza 1:15 h / 2,7 km	leicht
37	Cerrillar – La Carnicería 1:30 h / 2,7 km	leicht
38	Cuevas Negras 1:30 h / 2,5 km	leicht
39	Minas de San Jose – Montaña Blanca –Teleférico 2:45 h / 7 km	leicht
40	Llano de Ucanca – Boca Tauce 1:30 h / 4,6 km	leicht

Zeit- und Kilometerangaben für einfache Strecke.

WANDERN IM TEIDE-NATIONALPARK

Der Teide-Nationalpark verfügt über ein gut ausgeschildertes und weitläufiges Wegenetz. Allerdings handelt es sich bei den Wegen hauptsächlich um Streckenwanderungen, die nur in Kombination eine Wandertour ergeben. Bei einigen Wegen handelt es sich zudem um Verbindungsstücke, an denen weder Start- noch Endpunkt möglich sind.

Man ist dank Busverbindungen »titsa« (www.titsa.com) und der Seilbahn (www.volcanoteide.com) nicht zwangsläufig auf Rundwanderungen angewiesen, jedoch sollten die aktuellen Fahrpläne und Abfahrtzeiten bekannt sein. Ebenfalls ist die angedachte Richtung der Wanderung zu beachten, um die gewünschte Hin- oder Rückfahrt realisieren zu können.

Möchten Sie nach einer Wanderung mit dem Bus zum Ausgangspunkt zurückfahren, rechnen Sie zu den angegebenen Laufzeiten noch Pausen hinzu. Auch Fotostopps nehmen Zeit in Anspruch, die einen unter Umständen auf den letzten Kilometern in Eile geraten lässt.

Ausrüstung:

- Im Hochgebirge sind körperliche Anstrengungen schnell energiezehrend. Daher sollte man mit den Kräften haushalten und ausreichend Wasser und Proviant mit sich führen.
- Zwingend erforderlich ist Schuhwerk, das für den steinigen und oftmals losen Boden in Bergregion geeignet ist.
- Informieren Sie sich im Vorfeld über die Wetterverhältnisse. Den Zustand der Wege oder eventuelle Sperrungen erfragen Sie bei der Parkverwaltung.
- Es ist empfehlenswert, zu jeder Jahreszeit wärmende Kleidung und einen Regenschutz mitzunehmen, da das Wetter schnell umschlagen kann.
- In den Höhenlagen ist die Sonneneinstrahlung besonders intensiv. Daher an Sonnenschutz denken und eine Kopfbedeckung tragen.
- Ein Mobiltelefon sollte man mit sich führen, auch wenn stellenweise kein Empfang vorhanden sein kann. Besser in Gesellschaft wandern oder Andere über das Vorhaben informieren.

Bitte Beachten:

Zum Schutz der Natur und zur persönlichen Sicherheit dürfen die Wege im Nationalpark nicht verlassen werden. Es ist streng verboten, Steine zu sammeln oder Pflanzen abzupflücken.

WANDERZEITEN IM TEIDE NATIONALPARK

Mit Ausnahme von wenigen Schneetagen, welche hauptsächlich die Wege in den höheren Lagen betreffen und absoluten Schlechtwettertagen kann zu jeder Jahreszeit gut im Nationalpark gewandert werden.

Besonders schön ist die Blütezeit von Mai bis Juni. Dann zeigt sich der ansonsten karge Nationalpark in voller Farbpracht.

Aufbrechen sollte man am besten früh am Morgen. Um die Mittagszeit ziehen häufig Passatwolken auf, welche die Sicht beeinträchtigen.

Längere Touren sollte man so planen, dass man vor Einbruch der Dunkelheit am Endpunkt ist.

Geführte Wanderungen

Wer nicht auf eigene Faust losziehen möchte, kann in Begleitung eines offiziellen Führers wandern. Die angebotenen Routen variieren in Länge, Dauer und Schwierigkeitsgrad. Zur Teilnahme an den Führungen kann man sich in der Geschäftsstelle des Nationalparks oder in den Besucherzentren anmelden. Die Touren werden täglich außer dem 1. und 6. Januar und dem 25. Dezember angeboten.

Ab El Portillo:

Arenas Negras 2 – 2,5 h

La Fortaleza 3,5 h

Risco Verde 3 h

Startzeit: 9:15 und 13:30 Uhr
La Fortaleza 9:15 Uhr

Ab Cañada Blanca:

Roques de Garcia 2 – 2,5 h

Degollada de Guajara 3,5 h

Guajara 5 – 6 h

Startzeit: 9:30 Uhr
Roques de Garcia 9:30 und 13 Uhr

Ab El Portillo oder Cañada Blanca:

Siete Cañadas 4 – 5 h
(einfache Strecke)

Startzeit: 9:15 Uhr oder 9:30 Uhr

BUCHUNG/RESERVIERUNG

E-Mail:
teide.maot@gobiernodecanarias.org
Tel: +34 922 92 23 71
Montag bis Freitag (9 bis 14 Uhr)

AUFGEPASST – JAGDSAISONS AUF TENERIFFA!

Jährlich finden auf Teneriffa die »Big Hunting Days« – übersetzt die großen Jagdtage – statt. Von Mai bis Mitte Juni und von Oktober bis in den November ist zwingend auf die Warnhinweise zu achten. Die eigentliche Jagdsaison auf Teneriffa beginnt mit dem ersten Sonntag im August und endet am zweiten Sonntag im Dezember.

Jagdtage sind Donnerstag, Sonntag und Feiertage. Die Jagd von Rebhühnern ist vom 14. September bis 26. Oktober mit Feuerwaffen erlaubt.

Podenco Canario

Die Jäger sind meist mit einem Rudel von Podencos Canarios (windhundähnliche Jagdhunde) und Frettchen auf Kaninchenjagd.

Die Hunde spüren die Kaninchen mit Hilfe ihres ausgezeichneten Geruchs- und Gehörsinns auch unter der Erde auf. Die Frettchen kommen zum Einsatz, um die Kaninchen aus dem Bau zu treiben.

Teilweise sind die Jäger mit über 10 Hunden unterwegs (sechs sind gesetzlich erlaubt).

Beim Wandern in den Cañadas trifft man zur Jagdsaison häufig auf die Podencos, von ihnen geht aber in der Regel keine Gefahr aus.

Wegsperrungen wegen Treibjagd auf Mufflons

Im Mai, im Oktober und vom 1. bis 14. November werden alle Hauptwege des Nationalparks montags, mittwochs und freitags, abhängig von den Wegen von 7 bis 14 oder 17 Uhr gesperrt. (Ausnahme an Feiertagen)

Grund ist die Treibjagd auf die Mufflons, die hier in den 1970er Jahren angesiedelt wurden und leider große Schäden an der endemischen Flora anrichten.

Informieren Sie sich im Vorfeld bei der Parkverwaltung, welche Wegabschnitte geöffnet sind und beachten Sie die Hinweisschilder an den Wegen.

»RUNDWANDERUNG ROQUES DE GARCIA«

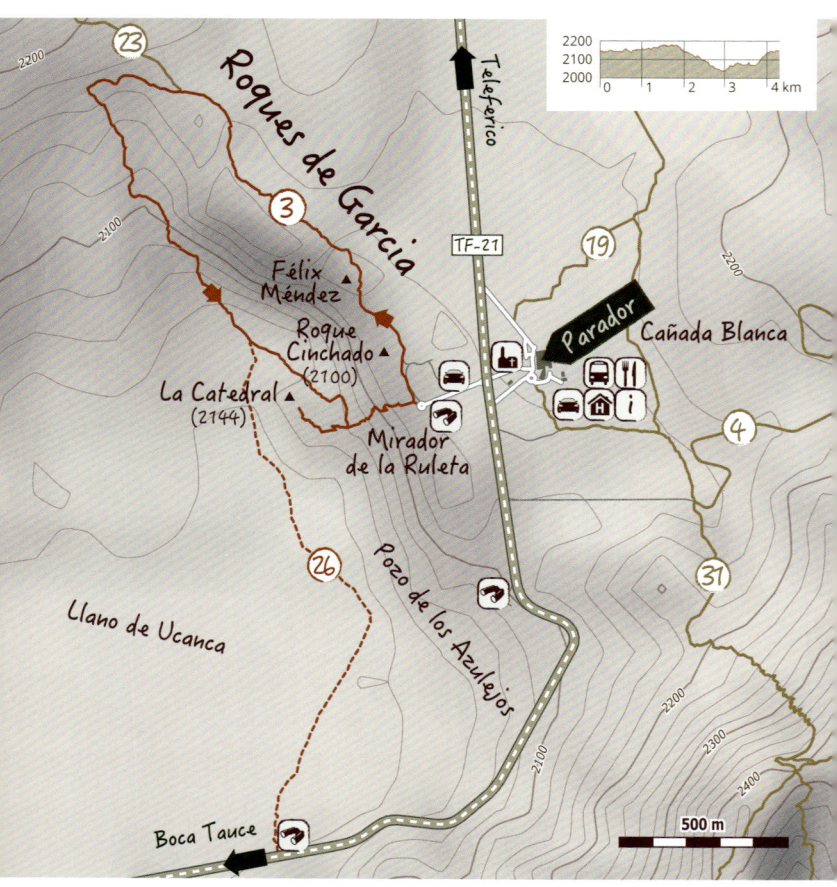

HINWEIS

Zwischen dem Mirador de la Ruleta und dem Roque Cinchado bewegen sich oft Massen von Touristen. Die Menschenmengen verlaufen sich jedoch schnell, denn kaum einer geht die Wanderung. Lassen Sie sich daher nicht abschrecken!

Einkehrmöglichkeit in der Cafeteria des Parador Nacional, gegenüber dem Aussichtspunkt.

TOURENCHARAKTER

Eine einfache und sehr empfehlenswerte Rundwanderung um eine der beeindruckendsten Felsformationen im Teide Nationalpark. Die Besonderheit liegt in der Vielfalt der vulkanischen Erscheinungsformen, die man hier in ihren unterschiedlichen Farben und Formen beobachten kann.

ROUTE

Ausgangspunkt der Tour ist der Mirador de la Ruleta. Von diesem eröffnet sich direkt der Blick über die Ucanca-Ebene. Geradeaus erhebt sich die Felsformation La Catedral, deren Form tatsächlich an die einer Kathedrale erinnert, während im Norden der Roque Cinchado, der berühmte »Finger Gottes«, zu sehen ist.

Ein breiter Weg, anfangs mit einem Absperrseil und Holzplanken, führt Richtung Nordwesten in Richtung Teide. Immer die Roques zur Linken steigt der Weg leicht an und wird allmählich etwas schmaler und holpriger.
Nach ca. 850 Metern passiert man rechter Hand unterschiedliche erstarrte Lavaformationen, darunter auch prächtige Stricklava. Nun rückt der Montaña Blanca rechts des Teide ins Blickfeld. Glatte Lavaflüsse bilden hier eine natürliche Treppe zur Überwindung eines kleinen Höhenunterschieds.

Nach der Umrundung des hohen weißen Torre Blanca offenbart sich ein

Bild r. die ersten Roques mit Roque Cinchado

Ausgangs- und Endpunkt:
Mirador de la Ruleta an der TF-21

Schwierigkeitsgrad:
leicht – mittel

Dauer: ca. 2 h / 4,3 km

Höhenunterschiede:
ca. 226 m Auf- und Abstieg

Wegmarkierungen: 3

Variation: Los Azulejos (Weg 26)

Voraussetzungen:
festes Schuhwerk

Mitnehmen: Proviant, Wasser, winddichte Jacke, Sonnenschutz

großartiger Blick entlang der Roques und auf die Ucanca-Ebene, der größten Cañada des Nationalparks.

Der Pfad wendet sich nach links und es folgt ein recht steiler Abstieg in die westliche Halbcaldera. Zur Linken befindet sich ein beeindruckender Lavafall. Ein Lavastrom ist hier beim Überfließen des Höhenunterschieds erstarrt.

Im weiteren Wegverlauf führt der Pfad am Fuße der Felskette entlang. Zwischen den Felsformationen haben sich vereinzelt Kiefern und kanarische Zedern angesiedelt. Die Vegetation der Ebene wird vorwiegend von Ginsterbüschen bestimmt. Oftmals trifft man hier auf blaukehlige Eidechsen beim Sonnenbad.

Lavafall

Bild o. eine Kiefer behauptet sich im Fels
Bild u. La Catedral

Bald erreicht man den imposanten Vulkandom La Catedral. An ihm nagt die Erosion und lässt riesige Felsbrocken zu Boden fallen. Hier beginnt der Aufstieg auf den Bergsattel, der La Catedral und die Roques de García miteinander verbindet. Das letzte Stück des Weges führt auf rutschigem Untergrund steil zum Mirador de la Ruleta zurück.

Bild l. unglaubliche Vielfalt der Gesteinschichtungen an den Roques

»SIETE CAÑADAS«

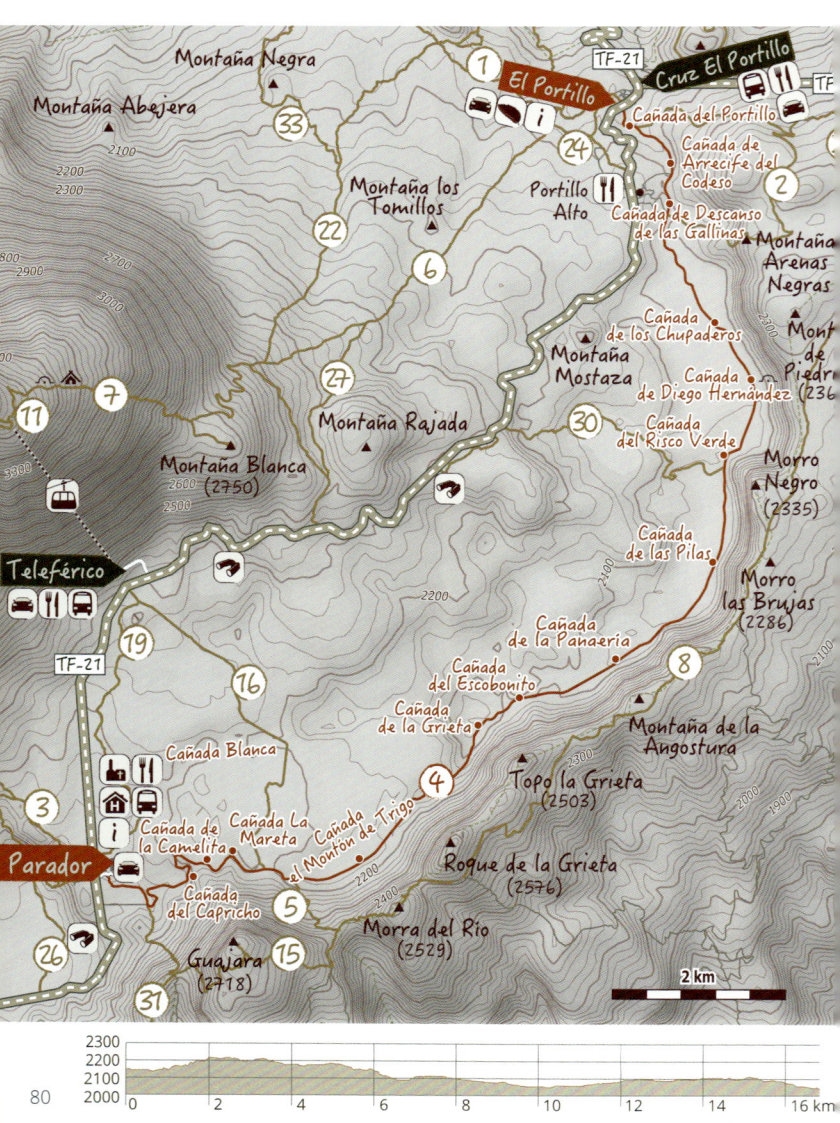

Montaña Negra

Montaña Abejera

El Portillo

Cruz El Portillo

TF-21

TF

1

33

24

Cañada del Portillo

Cañada de Arrecife del Codeso

2

Montaña los Tomillos

22

Portillo Alto

Cañada de Descanso de las Gallinas

Montaña Arenas Negras

6

Montaña Mostaza

Cañada de los Chupaderos

Mont de Piedr (236

27

Montaña Rajada

Cañada de Diego Hernández (236

30

Cañada del Risco Verde

Morro Negro (2335)

7

11

Montaña Blanca 2600 (2750) 2500

Cañada de las Pilas

Morro las Brujas (2286)

Teleférico

Cañada de la Panaeria

8

TF-21

19

16

Cañada del Escobonito

Cañada de la Grieta

Montaña de la Angostura

Cañada Blanca

4

Topo la Grieta (2503)

3

Cañada de la Camelita

Cañada La Mareta

Cañada el Montón de Trigo

Parador

Cañada del Capricho

5

Roque de la Grieta (2576)

26

Guajara (2718)

15

Morra del Río (2529)

31

2 km

2300
2200
2100
2000

0   2   4   6   8   10   12   14   16 km

80

Die bequem auf breiter Fahrpiste verlaufende Wanderung führt über den historischen Verbindungsweg »Camino de Chasna«, der schon zu prähispanischer Zeit genutzt wurde, um die Insel von Nord nach Süd zu durchqueren.

Am Fuße der imposanten Caldera-Randberge führt die Tour durch die unterschiedlich anmutenden Cañadas und bietet beeindruckende Ausblicke auf das Teide-Massiv.

HINWEIS

Busverbindungen (www.titsa.com):
Cruz el Portillo – Parador:
täglich 10:15 Uhr und 15:15 Uhr
Parador – Cruz el Portillo:
täglich 11:00 Uhr und 16:00 Uhr
tel: 922 531 300 (8:00 – 20:00 Uhr)

Ausgangspunkt:
Parador de Turismo an der TF-21

Endpunkt:
Cruz el Portillo an der TF-24

Schwierigkeitsgrad:
mittel

Dauer: ca. 4 – 5 h / 16,9 km

Höhenunterschiede:
ca. 341 m Aufstieg, 438 m Abstieg

Wegmarkierungen: 4

Voraussetzungen:
festes Schuhwerk

Mitnehmen: Proviant, Wasser, winddichte Jacke, Sonnenschutz

Bild o. der Felsformation an der Cañada La Mareta,
Bild u. Blick zurück über die Cañada el Montón de Trigo

Vom Wendeplatz am Parador biegt neben einer Informationstafel rechts ein schmaler Pfad, gekennzeichnet mit »Siete Cañadas« ab. Dieser führt zwischen Ginsterbüschen bergab in Richtung des Guajara und mündet auf eine breite Schotterpiste.

Man folgt der Piste bergauf nach links, vorbei an den wunderbaren gelben Felsformationen »Piedras Amarillas«. Hat man den Aufstieg überwunden, bietet sich ein schöner Panoramablick über die Cañada Blanca mit dem Parador und die Roques de García. Wenig später passiert man die Abzweigung zum ehemaligen Sanatorium (Weg 16) und nach einem kurzen Wegstück bergab den Aufstieg zur Passhöhe des Guajara (Weg 5). Ab hier befindet man sich auf dem »Camino de Chasna« (Weg 4), der am Fuße der Caldera-Randberge nach El Portillo führt.

Der Weg führt nun durch die weitläufige Cañada del Montón de Trigo. In der darauf folgenden Ebene liegen große Findlinge verstreut. Die großen Felsbrocken werden durch sogenannte Frostwitterung von den Felswänden abgesprengt. Starke Temperaturschwankungen und Wasser, das in den Felsritzen gefriert, bringen das Gestein zum Bersten.

An den Hängen der darauf folgenden Cañada de la Grieta kann man im Frühsommer unglaublich viele Exem-

Findlinge unterhalb des Roque de la Grieta

Bild o. zerfallene Hirtenhütten in der Cañada de la Grieta
Bild u. Felswände entlang der Cañada del Risco Verde

Bild l. Cañada de las Pilas

der verwitterte Fels von La Papelera mit Zedernbaum

Bild o. Bergwände der Cañada de Diego Hernández
Bild u. die geschichteten Ablagerungen an der Kesselwand

plare des Roten Natternkopfs zu seiner Blütezeit bestaunen. Hier findet man auch die Überreste von Steinhütten, die in früheren Zeiten von Hirten genutzt wurden.

Kurz darauf befindet sich an der oberen Abbruchkante der Kraterwand ein weiteres Naturschauspiel. In dieser relativ glatten, gelblichen Felswand befinden sich unzählige Löcher, die durch die Einflüsse von Wind und Wasser entstanden sind. Die Aushöhlungen, von denen einige fast einen Durchmesser von einem Meter haben, werden von Felstauben als Nistplatz verwendet. Daher der Name »El Palomar«, der Taubenschlag.

In leichtem Auf und Ab durchquert man weitere Cañadas, rechts die beeindruckende Kesselwand der großen Caldera, links bauen sich hinter den kleinen Ebenen mächtige Lavaformationen auf, die erstaunliche Formen bilden.

Am Ende der Cañada de las Pilas trifft man auf einen stark erodierten Vulkandamm, der den Namen »La Papelera« (dt. der Papierkorb) trägt. Sein Gestein ist stark verwittert, viele rötliche Felsen haben sich bereits von der

Bild o. imposante Lavaformation

Formation gelöst und bilden eine malerische Kulisse am Rande der Caldera.

Es folgt die relativ üppig mit Ginsterbüschen und anderen Pflanzen bewachsene Cañada de Risco Verde. In den Felsen der Steilwand haben sich vereinzelte Zedern angesiedelt. In diesem Streckenabschnitt kann man auch auf den scheuen Raubwürger und Gruppen von Felshühnern treffen.

Die Cañada de Diego Hernández birgt geologische Besonderheiten. Neben einer Vulkanhöhle und freigelegten Vulkan-Dämmen kann man hier verschiedene vulkanische Schichtungen bestaunen, die sich bei Ausbrüchen lange vor der Entstehung des Teide bildeten.

Im weiteren Wegverlauf ergibt sich nochmals ein traumhafter Blick auf den Teide, mit den Vulkankegel Montaña Mostaza im Vordergrund. Leicht bergauf geht es Richtung Portillo Alto, einer kleinen Häuseransammlung mit Restaurants. Rechts zweigt der Weg zu den Arenas Negras ab. In diesem Gebiet findet sich ein großes Vorkommen des Blauen Natternkopfs, der im Frühsommer die Hänge in eine blaue Farbenpracht taucht.

Immer entlang der Piste erreicht man bald die Cañada del Portillo und das gegenüber gelegene Besucherzentrum. Die Bushaltestelle befindet sich ein Stückchen unterhalb am Cruz del Portillo bei einem Restaurant.

durch Erosion freigelegter Vulkan-Damm

Bild o. der Teide mit Montaña Mostaza im Vordergrund
Bild u. Cañada del Portillo mit Montaña Guamaso

»AUF DEN AUSSICHTSBERG LA FORTALEZA«

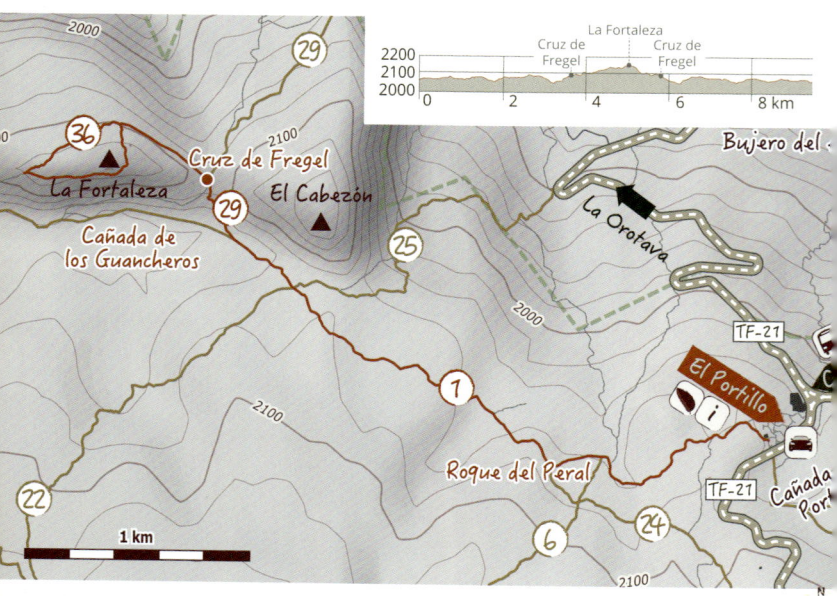

TOURENCHARAKTER

Die Wanderung führt durch die hügelige Lava- und Bimssteinlandschaft im Norden des Nationalparks auf den Aussichtsberg La Fortaleza.

HINWEIS

Die Wanderung lässt sich gut mit einem Besuch des Centro de Visitantes (Informationszentrum des Nationalparks) verbinden. Daher eignet sie sich gut als Einstimmungstour für das hiesige Wandergebiet.

Ausgangs- und Endpunkt:
Besucherzentrum El Portillo an der TF-21

Schwierigkeitsgrad:
leicht

Dauer: ca. 3 h/ 9,5 km

Höhenunterschiede:
ca. 237 m Auf- und Abstieg

Wegmarkierungen: 1, 29, 36

Voraussetzungen:
festes Schuhwerk

Mitnehmen: Proviant, Wasser, winddichte Jacke, Sonnenschutz

Zunächst durchquert man die Anlage des Besucherzentrums und begibt sich durch eine kleine Zaunpforte auf den ersten Wegabschnitt zur Fortaleza (Weg 1).

Der schmale, von Steinen eingefasste Pfad führt in kleinen Kurven mit leichtem Auf und Ab durch die Vulkanlandschaft hindurch. Die Buschvegetation hat sich auf den hellen Bimssteinfeldern angesiedelt, welche, wie vermutet wird, bei den Ausbrüchen des Montaña Blanca bis hierher geschleudert wurden.

In der weitläufigen Sedimentebene, der Cañada de los Guancheros, angekommen zeigt sich La Fortaleza in ihrer vollen Pracht. Der rötliche Berg ist das letzte Relikt des Urvulkans der Cañadas auf der nördlichen Seite der heutigen Caldera. Aufgrund seiner hohen Festigkeit hat er die Erdrutschung überstanden.

Gleich am Anfang der Cañada de los Guancheros zweigt der Weg auf den Gipfel von La Fortaleza nach rechts an (Weg 29). Auf der Kammhöhe Degollada del Cedro (dt. Zedernsattel) steht die kleine Kapelle Cruz de Fregel. Vom vorgelagerten Aussichtspunkt ergeben sich fabelhafte Ausblicke über die Ebene zum Teide-Massiv.

Links führt ein Fahrweg leicht bergauf zur Hochebene der Fortaleza (Weg 36). Oben angekommen führen kleine Pfa-

de weiter über das Hochplateau des Berges. Die phänomenale Aussicht lässt einen die Nordküste Teneriffas mit dem Orotava-Tal und die nördlichen Cañadas mit dem Teide-Massiv überblicken.

La Fortaleza von der Cañada de los Guancheros

Bild o. Kapelle Cruz de Fregel
Bild u. Aufstieg an der Rückseite des Fortaleza

Blick vom Hochplateau des Fortaleza zum Teide, links unten der Montaña Blanca

»RUNDWANDERUNG AM MONTAÑA SÁMARA

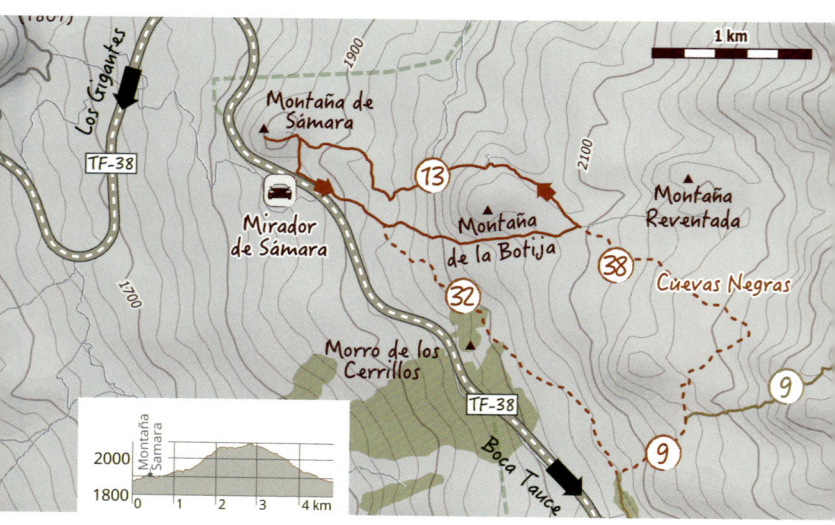

TOURENCHARAKTER

Die abwechslungsreiche Tour führt auf angenehmen Pfaden durch eine wunderschöne Vulkanlandschaft am Fuße des Pico Viejo – mit traumhaften Ausblicken auf das Teide-Massiv, das Teno-Gebirge und La Gomera.

HINWEIS

Bei stürmischem Wetter oder schlechten Sichtverhältnissen sollte man die Wanderung nicht unternehmen. Der Kraterrand am Gipfel des Montaña Sámara ist schmal und abschüssig. Die Begehung des Montaña de la Botija ist aus Naturschutzgründen gesperrt.

Ausgangs- und Endpunkt:
Aussichtspunkt Montaña Samara an der TF-38

Schwierigkeitsgrad:
mittel

Dauer: ca. 2 h 45 min/ 5 km

Höhenunterschiede:
ca. 240 m Auf- und Abstieg

Wegmarkierungen: 13

Voraussetzungen:
festes Schuhwerk

Mitnehmen: Proviant, Wasser, winddichte Jacke, Sonnenschutz

Variante: Sendero 38-Cuevas Negras
zusätzlich 4,3 km;
Weg 38, 9, 32

Am Aussichtspunkt Montaña Sámara führen Treppen hinab bis zu einer Informationstafel. An dieser wendet man sich nach rechts und folgt dem zunächst parallel zur Straße verlaufenden Pfad. Am Fuße des Montaña de la Botija erreicht man eine Weggabelung, an der man sich nach links wendet (Weg 13).

Der Weg führt, in einer Art Senke, leicht ansteigend durch ein Lapillifeld. Zur Rechten flankiert von einem gewaltigen Lavastrom baut sich links der schwarzrote Vulkankegel der Montaña de la Botija auf.

Mit flacher werdendem Wegverlauf öffnet sich eine traumhafte Aussicht auf den Pico Viejo. Im Hintergrund schiebt sich der Gipfel des Teide, der Pan de Azucár (dt. Zuckerhut) ins Blickfeld.

Kurz vor dem imposanten Montaña Reventada zweigt der Weg scharf nach links ab (Nach rechts weiterführender Weg zu den Cuevas Negras). Der geradeaus weiterführende Pfad wurde aus Naturschutzgründen gesperrt. Der Weg führt nun mehr oder weniger geradeaus entlang eines Lavastroms des Reventada.

Der Gipfel des Montaña de la Botija darf leider nicht begangen werden, jedoch kann ein kleiner Abstecher auf eine vorgelagerte Felsformation unternommen werden. Von hier aus hat man einen

Blick auf La Gomera

Bild o. gewaltige Lavamassen über dem Wolkenmeer
Bild u. gebrochene Lavabombe

Blick über den Montaña Sámara Richtung Teno

Bild o. Aufstiegspfad zum Montaña Sámara
Bild u. Blick auf Pico Viejo und Teide, Montaña de la Botija
*   im Vordergrund*

sehr schönen Blick über den Montaña Sámara zum Teno Gebirge. Bei guten Sichtverhältnissen blickt man bis zu den Inseln La Gomera und La Palma.

Der Pfad führt nun leicht bergab um den Vulkankegel des Botija herum. Hat man den Vulkan hinter sich gelassen, macht der Weg eine scharfe Rechtskurve. Sanft ansteigend geht es nun in einem weiten Bogen, durch vereinzelte gelblich leuchtende Kiefern, Richtung Montaña Sámara. Kurz vor dem Vulkan erreicht man eine Gabelung auf einem kleinen Bergrücken. Von hier steigt man geradeaus zum Krater des Samara auf.

Der steile Aufstiegspfad ist stellenweise recht rutschig und bietet nur wenig Halt. Das macht ihn an windigen Tagen zu einer besonderen Herausforderung. Am oberen Rand des Kraters angekommen erreicht man auch gleich dessen höchsten Punkt mit 1.936 Metern.

Vom Montaña Sámara ergeben sich wieder traumhafte Blicke über seine Kratermulde zum Teide-Viejo-Komplex. Die Hänge des Vulkans sind mit zahllosen kleinen Pyroklasten überzogen, die hier in rot-braunen Tönen auftreten. Diese sogenannten Auswürflinge entstanden bei seiner Eruption. Durch gewaltige Gasexplosionen wurde verschlackte Lava durch die Luft geschleudert, die in Form dieses bunten Lavagesteins zu Boden fiel.

Den Rückweg zum Ausgangspunkt hat man bereits im Blick.

Variante: Sendro 38 - Cuevas Negras

Die Rundwanderung kann über den Weg 38 zu den Cuevas Negras erweitert werden. Dazu folgt man zu Beginn der Wanderung an der Abzweigung vor dem Montaña de la Botija dem Weg 32 durch Lapilli- und Lavafelder weiter parallel zur Straße.

Schließlich erreicht man die Wegkreuzung zu Weg 9 (Pico Viejo - Teide). Hier geht es zunächst nach links bergan, um nach einem knappen Kilometer wiederum nach links auf Sendero 38 abzubiegen.

Bild o. Blick zurück auf Montaña Reventada, Pico Viejo und Teide; Bild u.eine Höhlenformation an den Cuevas Negras

Der Aufstieg zu den Cuevas Negras, dt. schwarze Höhlen, führt bald durch feinere Lapillifelder aus denen sich in der Ferne bereits die glatten Fließlavaformationen hervorheben. Die Höhlen liegen auf einer Ebene und sind nahezu in einer Linie ausgerichtet, ohne jedoch miteinander verbunden zu sein. Die Zugänge sind aus Sicherheitsgründen verschlossen.

Am Lavastrom des Montaña Reventada erreicht man wieder den Sendero 13, der zurück zum Ausgangspunkt am Montaña Sámara führt.

Bild o. Lavatexturen an den Höhlen

Blick über die Ebene der Cuevas Negras auf den Pico Viejo

»MONTAÑA BLANCA –
REFUGIO ALTA VISTA – PICO DEL TEIDE«

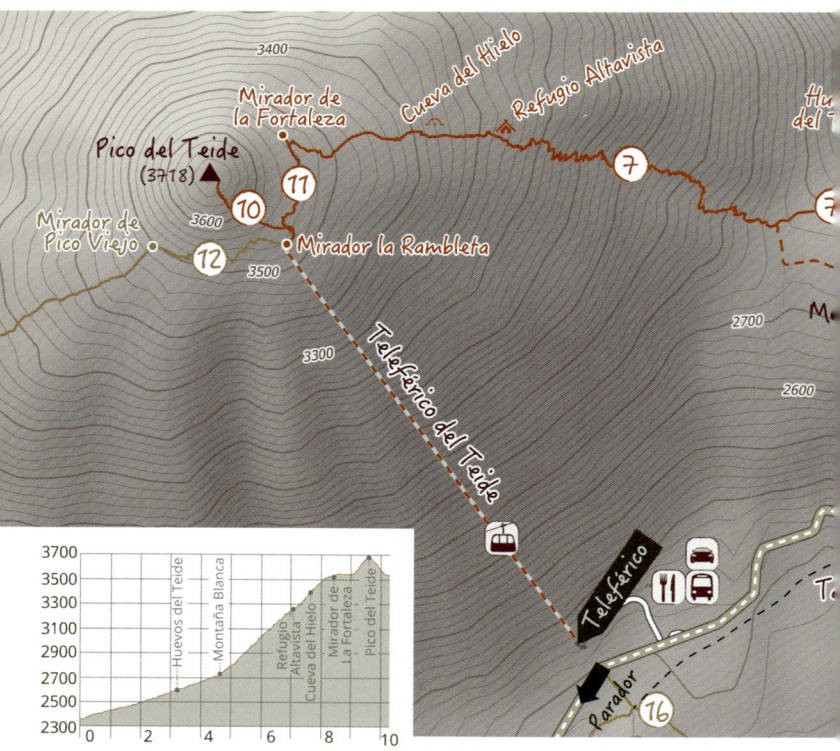

TOURENCHARAKTER

Zu Beginn eine gemütliche Strecken-wanderung auf breitem Fahrweg am dritthöchsten Vulkan Teneriffas führt die Tour durch beeindruckende Bim-steinlandschaft. Sie passiert die Teide-Eier und steigt dann als Bergpfad steil hinauf zum Teide.

HINWEIS

Keine Einkehrmöglichkeit, Besteigung des Teide Gipfel nur mit Erlaubnis, Übernachtung Refugio Altavista mit Re-servierung möglich

Der Sendero 39 befindet sich noch in Arbeit - manche Stellen müssen noch

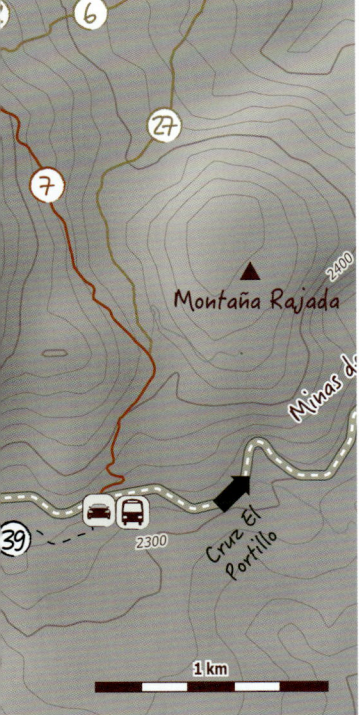

Ausgangs- und Endpunkt:
TF-21 am Parkplatz Montaña Blanca

Schwierigkeitsgrad: schwer

Dauer: ca. 6 – 7,5 h / 10,3 km
und 3,8 km Seilbahn - Parkplatz

Höhenunterschiede:
ca. 1470 m Aufstieg und 250 m Abstieg

Wegmarkierungen: 7, 11, 10, 39

Voraussetzungen:
Festes Schuhwerk

Mitnehmen: Proviant, Wasser,
winddichte Jacke, Mütze, Sonnenschutz

ROUTE

Die Wanderung beginnt an der TF-21 am Parkplatz Montaña Blanca und führt über einen Fahrweg (Sendero 7) den Berg hinauf. Der Weg verläuft zunächst entlang der Lavaflüsse in Kurven bergauf. Auf der rechten Seite begleitet einen der Blick auf den Montaña Rajada. Nach der Passage des Bergkamms bietet sich inmitten der Bimsteinlandschaft eine traumhafte Aussicht mit über die TF 21 begangen werden. Voraussichtliche Fertigstellung August/ September 2017. Bitte informieren Sie sich im Vorfeld der Wanderung über die Fertigstellung des Sendero 39.

Bild r. Montaña Rajada vom Montaña Blanca aus gesehen

Teide-Ei am Montaña Blanca

Bild o. steiler Aufstieg zum Refugio Altavista
Bild u. Blick über den Krater des Teide in die Caldera

Blick auf den Teide, den Fortaleza und den Guajara.

Nach gut einer Stunde passiert man den Wegabzweig Sendero 6. Kurze Zeit später erblickt man die ersten Huevos del Teide, die Teide-Eier. Ein wenig weiter oben ergibt sich ein prachtvoller Blick über die Huevos zum Fortaleza.

Ein kurzes Stück weiter erreicht man die Weggabelung am Fuße des Teide und folgt dem steilen Weg zur Berghütte Refugio Altavista. Wanderer mit guter Kondition können bei der Abzweigung den Stichweg auf die Montaña Blanca als Abstecher nutzen.

Der steile Anstieg führt durch eine spektakuläre Landschaft zum Mirador de La Fortaleza. Hier verlässt man den Sendero 7 und wechselt auf den Sendero 11. Kurz vor der Bergstation der Seilbahn beginnt der Aufstieg zum Teide. **Die Gipfelbesteigung kann nur mit Genehmigung in Angriff genommen werden.** Der Auf- und Abstieg auf den Pico El Teide mit einer kurzen Pause dauert ca. 1 Stunde. Je nach Laune des Teide erwarten einen mal mehr oder weniger Schwefeldämpfe und man kann die vom Boden aufsteigende Wärme an einigen Stellen spüren.

Von der Talstation der Seilbahn steht noch eine Wanderung entweder entlang der Straße oder über den Sendero 39 zurück zum Parkplatz an.

Bild r. Blick zum Pico del Teide vom Mirador de La Fortaleza

NATURPARK CORONA FORESTAL

Der Naturpark Corona Forestal (dt. Waldkrone) ist mit seinen annähernd 50.000 Hektar Fläche das größte Naturschutzgebiet der Kanarischen Inseln.

Dominiert wird die Vegetation hauptsächlich von der Kanarischen Kiefer. Dank ihrer Feuerresistenz haben auch gelegentliche Waldbrände dem größten Waldgebiet Teneriffas wenig anhaben können. Einige Zonen sind mit dem für die Kanaren typischen Baumheide-Buschwald bewachsen. Dieser bildet eine Übergangszone zum höher gelegenen Kiefernwald. Vereinzelte Lorbeerwälder findet man im Tal von Güímar. In Lagen oberhalb 2.000 Metern findet man vor allem das für die Hochgebirgsregion typische Buschwerk. Die Bäume und Büsche des Naturparks geben der inseltypischen Vogelwelt ein Zuhause. Dazu gehören Buntspecht, Sperber und Turteltaube, aber auch endemische Arten wie Bolles Lorbeertaube, Teide-Fink oder Kanarenbuchfink.

Diese riesige Waldfläche wird auch als die grüne Lunge Teneriffas bezeichnet. Der Naturpark spielt eine wichtige Rolle in der Wassergewinnung der Insel. Etwa 200 Wasserstollen befinden sich innerhalb des Parks.

die Passatwolken stauen sich über dem Meer

Im Gebiet der Corona Forestal liegen drei große vulkanische Bergrücken, die zur Mitte der Insel aufeinander zulaufen und zum Meer hin steil abfallen. Der Bekannteste und Längste ist die Cumbre Dorsal, die sich von La Esperanza im Nordosten bis zu den Cañadas erstreckt. In den Höhenlagen des Naturparks haben auch viele von Teneriffas außergewöhnlichen Schluchten ihren Ursprung, wie der beeindruckende Barranco del Río. Eine weitere Sehenswürdigkeit des Naturparks sind die Paisaje Lunar – eine spektakuläre Mondlandschaft mit schlanken Kegeln aus verfestigter beiger Vulkanasche.

Teide-Fink

Der Park wird von zahlreichen Wanderwegen durchzogen. Beliebte Ausgangspunkte sind das Naherholungsgebiet »La Caldera« im Orotava-Tal und das Dörfchen Vilaflor.

Turteltaube

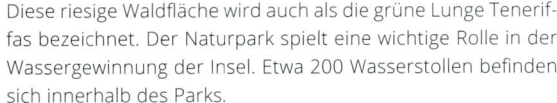

Bild l. Blick über die Wälder des Naturparks nach Gran Canaria

BOSQUE DE LA ESPERANZA

Eukalyptusbäume im Esperanza-Wald

Etwa 7 Kilometer südwestlich der alten Universitätsstadt La Laguna beginnt der prachtvolle Esperanza-Wald. Er ist Teil des Naturparks Corona Forestal und verläuft auf einer Höhe von 1.500 Metern entlang der Cumbre Dorsal. Von La Laguna kommend trifft man zunächst nur auf einzelne Eukalyptusbäume und Baumheidebüsche. Je weiter man über den Bergrücken hinauf nach Westen fährt, desto mehr setzt sich die Kanarische Kiefer durch.

Der Name des Waldes und des gleichnamigen Ortes stammt aus der Zeit der spanischen Eroberung, in der sich die Siedler ein gutes Leben auf Teneriffa erhofften – »Esperanza« bedeutet im Deutschen »Hoffnung«.

junger Kiefernsprössling

Für Wanderer und Mountainbiker ist der Esperanza-Wald gut erschlossen. Ein breites Netz gut ausgeschilderter Wanderwege in unterschiedlichen Schwierigkeitsgraden sowie mehrere Routen für Geländeradler sorgen für eine gute Auswahl. Für kleine und große Pausen stehen zahlreiche Aussichtspunkte und Rast- und Grillplätze in dem Gebiet zur Verfügung.

Sein üppiges Grün verdankt der Wald dem Einfluss des Passatwindes. Die Passatwolken, die oftmals wie Nebelschwaden in den Wäldern hängen bleiben, sorgen für ausreichend Feuchtigkeit. Im Hochsommer kann man hier im angenehm-kühlen Schatten der Bäume hervorragend wandern und einige uralte Baumriesen bewundern.

Bild o. Ende des Waldgebiets oberhalb von Arafo
Bild r. prachtvolle Kanarische Kiefer in der Blüte

DER KIEFERNWALD

Die Kanarische Kiefer (Pinus canariensis) überzieht weite Teile der Bergkämme Teneriffas und ist besonders in den Höhenlagen zwischen 800 und 2000 Metern verbreitet.

Kanarische Kiefern werden bis zu 30 Meter hoch, wobei einzelne Exemplare deutlich höher werden können, wie die »Pino de Las Dos Pernadas in Vilaflor. Sie haben lange, biegsame Nadeln, die zu dritt gebüschelt sind; die Blütezeit ist zwischen März und April. Ihr hartes, rot-braunes Kernholz wurde früher oft für Schiffe, Holzdecken sowie Balkone verwendet. Heute steht die Kanarische Kiefer unter strengem Artenschutz und konnte sich dank eines Aufforstungsprogramms wieder weiter ausbreiten. Die Kiefernnadeln werden von Einheimischen als Nadelstreu für die Viehställe gesammelt.

die Kanarische Kiefer fungiert als Wasserfänger

Der Kieferwald ist wichtig für die Wasserversorgung der Insel. Die Bäume besitzen die Fähigkeit, Feuchtigkeit der Passatwolken zu kondensieren, sodass sie anschließend an den langen Nadeln als Niederschlag abtropft. So wird das Wasser gefiltert und kann den Baum und dessen Umgebung mit Feuchtigkeit versorgen.

Darüber hinaus ist die Kiefer relativ feuerfest. Während des Wachstums bildet sie eine mehrschichtige Rinde, die es ermöglicht, Brände zu überstehen. Wütet das Feuer nicht zu lang und zerstört dabei nicht auch den Boden, erholen sich die Bäume und treiben neue Knospen aus.

neue Triebe nach einem Brandschaden

In den tieferen Lagen des Kiefernwalds wachsen die Baumheide und der Gagelbaum zwischen den Kiefern. In den mittleren Höhenlagen herrscht Geißklee als Bodendecker vor. Dieser wird in den höheren Lagen vom Klebrigen Drüsenginster und Teideginster abgelöst. In lichten Gebieten oder auf Waldbrand- und Rodungsflächen tritt die Beinwellblättrige Zistrose häufig als Begleitpflanze auf.

Transport von Kiefernnadeln

CUMBRE DORSAL

steil abfallende Felswände an der Cumbre Dorsal

Von La Esperanza im Nordosten bis zur Caldera de Las Cañadas im Nationalpark erstreckt sich die Cumbre Dorsal. Dabei steigt sie von rund 600 Metern auf über 2000 Meter Höhe an. Die namentliche Übersetzung für den außergewöhnlichsten und längsten Berggrat der Insel lautet Cumbre = Gipfel und Dorsal = Rücken. Die Landstraße TF-24 verläuft ausgehend von La Laguna entlang des gesamten Bergrückens. Am Straßenrand eröffnen zahlreiche Aussichtspunkte immer wieder Ausblicke auf den Norden und Süden der Insel. Vom Mirador de Chipeque hat man eine grandiose Aussicht über das gesamte Orotava-Tal und auf die bekannte Felskette Los Organos. Die Cumbre endet schließlich nahe El Portillo, dem Pförtchen, am nördlichen Ende des Teide-Nationalparks.

die Margarita de la Piedra

MARGARITA DE LA PIEDRA

Vulkanascheschichtungen am Mirador La Tarta

Ein sehenswertes Naturwunder im Naturpark Corona Forestal ist »Margarita de la Piedra«, die »Margerite aus Stein«. Dabei handelt es sich um eine Formation aus Basaltgestein, die tatsächlich der Blüte einer Margerite gleicht. Der offizielle Name lautet übrigens »La Piedra de La Rosa«. Die Margarita de la Piedra befindet sich an der der TF-21, von La Orotava kommend an der linken Straßenseite. Am Parkplatz gibt es eine kleine Unterführung, durch die man zur 5 Meter hohen und 7 Meter breiten Steinblume gelangt.

Bild r. Ausblick vom Mirador de Chipeque übers Orotava-Tal

PAISAJE LUNAR

Inmitten des Kiefernwaldes im Naturpark Corona Forestal stößt der Wanderer auf ein fast unwirklich erscheinendes Terrain, die Mondlandschaft »Paisaje Lunár«. Im Laufe von Jahrmillionen formten hier Wind und Wasser die hellen Tuff-kegel. Während andere Erd- und Gesteinsschichten der Ero-sion nachgaben, blieb das harte Tuffgestein erhalten.

Bis zu 10 Meter ragen die Kegel in die Höhe. Die Gesteins-schichten sind an den unterschiedlichen Farben erkennbar – weiß, hellgelb und dunkelgrau.

Schichtungen im Tuff-gestein

Den Namen »Mondlandschaft« erhielt das Areal aufgrund des starken Kontrasts zwischen dem heller, an die Oberfläche des Mondes erinnernden Tuffstein und dessen grüner Umgebung.

Der Zugang zur Mondlandschaft erfolgt über das Dorf Vilaflor auf dem Wanderweg mit der Nummer PR-TF 72. Die anspruchs-volle Rundtour hat eine Länge von rund 13 Kilometern und verläuft streckenweise auf dem alten Camino Real de Chasna, der früher den Norden mit dem Süden der Insel verband. Am Mirador de Los Escurriales eröffnet sich nach rund der Hälfte der Strecke die spektakuläre Aussicht auf die »Paisaje Lunar«.

»Turmspitze« eines Kegels

»VILAFLOR — PISTA MADRE DEL AGUA — PAISAJE LUNAR «

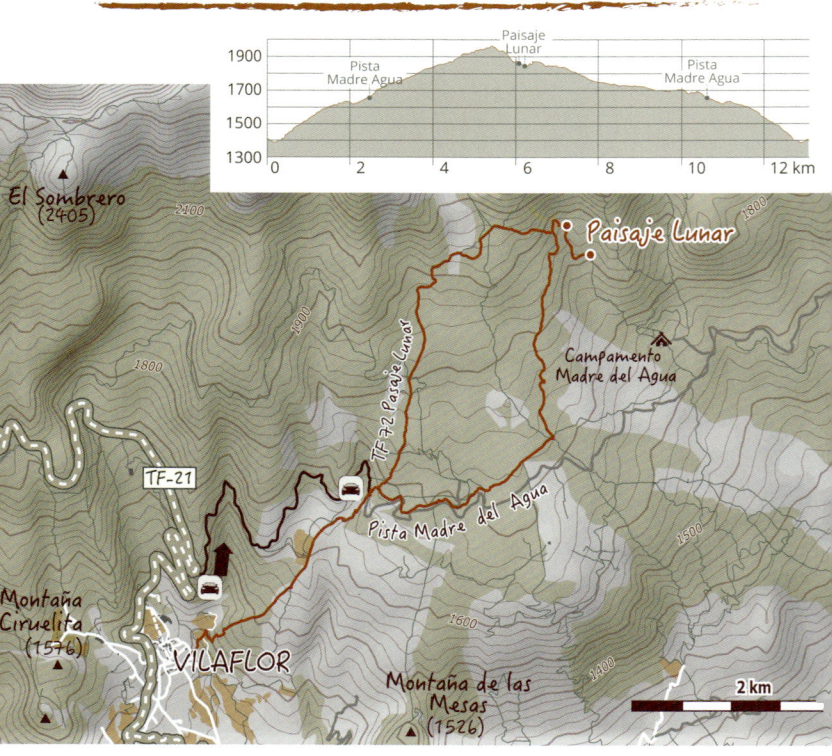

TOURENCHARAKTER

Die gut ausgeschilderte Tour führt durch duftenden Kiefernwald zu einer beeindruckenden Naturlandschaft aus Asche- und Bimssteinablagerungen, welche durch Erosion zu imposanten Formationen und Säulen geformt wurde.

HINWEIS

Die Wanderung sollte unbedingt an einem Schönwetter-Tag unternommen werden, wenn die Paisaje Lunar nicht in den Wolken stehen.

Die Wanderung startet an der Plaza de Vilaflor hinter der Kirche »Iglesia de San Pedro«. In unmittelbare Nähe befindet sich auch ein großer Parkplatz.

Vom Kirchplatz folgt man der Calle Castaños nach rechts den Berg hinunter. An der dritten Kreuzung biegt man nach links ab. Vorbei an einigen Wasserreservoirs hält man sich an den nächsten beiden Straßengabelungen ebenfalls links. Kurz darauf erreicht man den Startpunkt des Wanderwegs auf der rechten Straßenseite (TF 72 gelb-weiße Markierung).

Ein Teil des Wegs verläuft auf dem 500 Jahre alten Verbindungsweg »Camino Real de Chasna«, der früher den Norden mit dem Süden der Insel verband. Der anfänglich gepflasterte Weg führt in den Barranco del Chorrillo hinab, kreuzt später einen Fahrweg und mündet anschließend auf einer Piste, der man nach links folgt. Nach etwa 50 Metern zweigt der breite Wanderweg nach rechts ab und führt bergauf durch Kiefernwald am Gehöft (Casa Galindo) vorbei. Das Gehöft ist von terrassierten Feldern umgeben, auf den meist Kartoffeln angebaut werden.

Wenig später steigt man an einer Weggabelung nach rechts in den Barranco de las Mesa hinab und erreicht nach dem Aufstieg auf der anderen Barranco-Seite die Pista Madre del Agua.

Ausgangs- und Endpunkt:
Dorfplatz Plaza de Vilaflor de Chasna

Schwierigkeitsgrad: mittel - schwer

Dauer: ca. 4 – 5 h / 13 km

Höhenunterschiede:
ca. 636 m Auf- und Abstieg

Wegmarkierungen: PR-TF 72 , gelb-weiße Markierung

Voraussetzungen:
festes Schuhwerk

Mitnehmen: Proviant, Wasser, winddichte Jacke, Sonnenschutz

Einkehrmöglichkeiten: Bars und Restaurants in Vilaflor

verkürzte Variante:
Start der Wanderung von der Pista Madre del Agua

Bild r. traditioneller kanarischer Balkon in Vilaflor

die Piste verläuft durch den Parque Corona Forestal

Bild o. steinige Wegabschnitte
Bild u. Kanarische Kiefern im Parque Corona Forestal

Variante: Einstieg über die Pista Madre del Agua:

Wer nicht von Vilaflor starten möchte, kann auch über die Pista Madre del Agua in die Rundwanderung einsteigen. An der TF-21 (Vilaflor-Cañadas) bei km 66 zweigt man auf die Piste ab und folgt ihr für etwa 3,5 km. Diese Variante erspart einem gut 150 Höhenmeter.

Hier beginnt der Rundweg zu den Paisaje Lunar. Man folgt dem linken Weg, (auf dem rechten kommt man später zurück) der weiter zielstrebig durch den Kiefernwald bergauf führt. Nach etwa einer halben Stunde kreuzt der Weg eine Piste mit einer Schranke. Dahinter passiert man ein verfallenes Steinhaus, die Casa Marrubial. Wenig später beginnt rechter Hand der Anstieg zum nächsten Bergrücken vorbei an einer bizarren Felsformation und einigen Lavakugeln. Immer der gelb-weißen Markierung des TF 72 folgend wendet man sich an der Weggabelung (geradeaus führt der Weg zum Valle de Ucanca) nach rechts in Richtung Paisaje Lunar.

Ein schmaler Pfad führt bergab zu einem Aussichtspunkt. Von hier bietet sich der erste Blick auf die erodierten Bimssteinfelsen der Mondlandschaft. Am nächsten tiefer gelegenen Aussichtspunkt befindet sich eine Tafel, die über die Entstehungsgeschichte der Paisaje Lunar informiert. Diese Landschaft mit Felsformationen aus Asche- und Bimssteinablagerungen ist ausgesprochen erosionsanfällig, daher soll sie zu ihrem Erhalt nicht mehr betreten und nur aus der Ferne bewundert werden.

Der Rundweg führt vom Aussichtspunkt nach rechts bergab durch den Kiefernwald. Der gut ausgeschilderte Weg ist nicht zu verfehlen, man folgt den Wegweisern Richtung Vilaflor. Das letzte Wegstück verläuft parallel zur Pista Madre del Agua entlang der bewaldeten Hänge der Corona Forestal. Vorbei an einer Ruine gelangt man bald zurück zum Einstiegspunkt der Rundwanderung. Von dort führt links der bekannte Weg zurück nach Vilaflor.

Folgt man weiter der Pista Madre del Agua, gelangt man zurück zur TF-21.

Blick über das tief stehende Wolkenmeer

im lichten Kiefernwald sieht man häufig die Beinwellblättrige Zistrose

Bild o. und u. die Paisaje Lunar sind von unterschiedlich stark erodierten Schichten geprägt

»RUNDWANDERUNG SOMBRERO DE CHASNA«

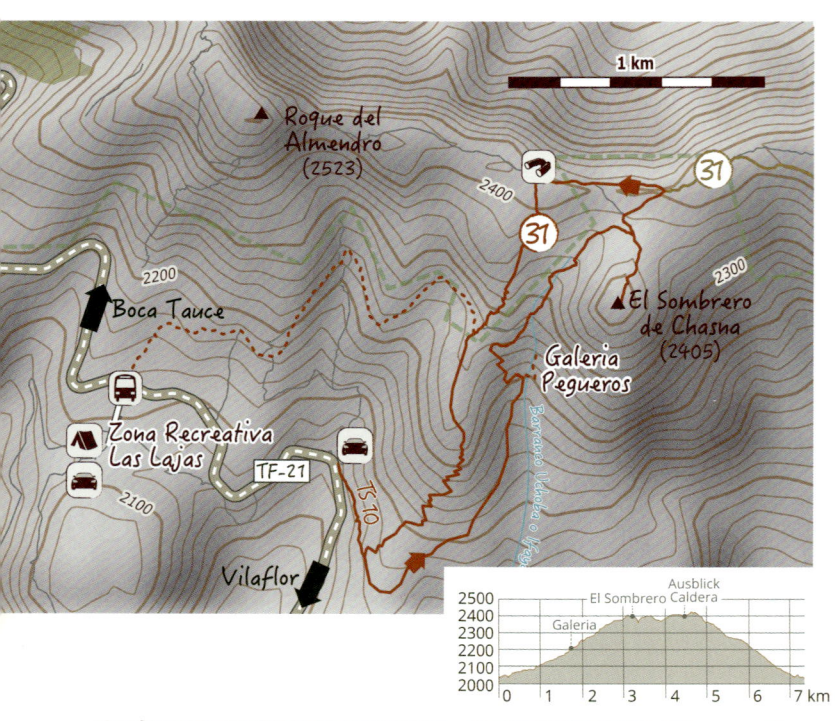

TOURENCHARAKTER

Sehr schöne Rundwanderung durch die Höhenlagen der Corona Forestal in den Nationalpark. Die Tour führt auf vorwiegend steinigen Pfaden entlang von Schluchten zu fabelhaften Ausblicken über den Süden der Insel und vor allem über die Caldera las Cañadas zum Teide-Massiv.

HINWEIS

Bei starkem Wind sollte die Tour nicht unternommen werden!

Wer mit dem Bus anreist, kann die Wanderung von Las Lajas starten. Dann empfiehlt es sich, die Tour in umgekehrter Richtung zu gehen.

ROUTE

Der Wanderweg beginnt an der Straße unterhalb des zweiten Steinhauses. Er führt zunächst parallel zur Straße sanft bergan durch den Kiefernwald. Das erste Wegstück ist mit der Bezeichnung TS 10 markiert.

An der Abzweigung nach links folgt man dem Weg weiter geradeaus. Der direkt den Berg hinauf folgende Weg wird der spätere Rückweg sein.

Der Pfad führt nun in einer weiten Kurve um den Bergrücken herum. Es geht nun stetig bergauf umsäumt von lichtem Kiefernwald. Hier bieten sich immer wieder Ausblicke zur Küste hin, auch auf den Roque del Conde.

Der Weg verläuft bald parallel zur beeindruckenden Schlucht des Barranco Uchoba o Ifaya. In einer Linkskurve verlässt der Pfad die Schlucht. Dort lohnt sich ein kurzer Abstecher über den Trockenbachlauf in Richtung der Galeria Pegueros zu einigen imposanten Vulkanascheschichtungen.

In einem steilen kurvenreichen Aufstieg führt der Wanderweg weiter hinauf zum El Sombrero, der nun auch schon zu sehen ist. Dabei passiert man bizarr gerillte Gesteinsformationen. Nach einer Wegeinmündung von links kreuzt man zwischen gewaltigen Felsbrocken zwei Mal die Schlucht.

Ausgangs- und Endpunkt: Kilometer 59 ½ auf der TF-21 (Vilaflor – Boca Tauce) Parkmöglichkeit an zwei verfallenen Steinhäusern

Schwierigkeitsgrad: mittel

Dauer: ca. 3 h 15 min / 7,4 km

Höhenunterschiede: ca. 436 m Auf- und Abstieg

Wegmarkierungen: weiße und grüne Punkte

Voraussetzungen: festes Schuhwerk

Mitnehmen: Proviant, Wasser, winddichte Jacke, Sonnenschutz

Bild o. gerillte Gesteinsformationen am Barranco Uchoba o Ifaya; Bild u. erste Blicke auf den El Sombrero

Im steinigen Terrain sind die aufge-schichteten Steinmännchen hilfreich. Man hält sich rechts in Richtung des Gipfelplateaus des Sombrero de Chas-na mit seinem kleinen Vorberg. Der Pfad zum Gipfel führt um das vorge-lagerte Felsmassiv herum, dann folgt eine kurze Kletterpartie (Hände und Füße werden benötigt) hinauf auf das Gipfelplateau. Auf dem Sombrero de Chasna markiert ein Steinhaufen den höchsten Punkt des Berges. Bei guter Sicht hat man einen schönen Ausblick auf Vilaflor und die Südküste Teneriffas.

Nach dem ersten Gipfel der Tour steigt man weiter bergauf zur Abbruchkan-te der südlichen Caldera Randberge. Oben angekommen trifft man auf den Sendero 31 (Wegenetz des National-parks), dem man nach links folgt. Die Aussicht ist spektakulär! Gegenüber thronen Teide und Pico Viejo. Rechts erhebt sich der Guajara aus der Gip-felkette der Caldera-Randberge. Dazwi-schen liegt die Felskette der Roques de García, rechts daneben die Los Azule-jos und im Vordergrund die Ebene Lla-no de Ucanca.

Bild o. Aufstieg entlang der felsigen Schlucht; Bild u. Blick Richtung Küste, in der Mitte der Roque del Conde

Der Abstieg verläuft anfänglich weiter auf dem Sendero 31. Dabei ergeben sich immer wieder schöne Ausblicke auf den Roque del Almendro und den La Sombrera, die weiter westlich in der Bergkette liegen.

An einer Wegkreuzung (möglicher Auf-stieg von Las Lajas) endet der Weg 31. Ab hier folgt man wieder der weißgrünen Markierung. Der Pfad führt geradeaus über einen Bergrücken. Nach rechts ergeben sich bei guter Sicht Ausblicke auf die Nachbarinsel La Gomera.

Der Weg windet sich, teilweise durch Steinmännchen und weiße Punkte markiert und passagenweise sogar rechts und links mit Steinen eingefasst, in weiten Serpentinen den Hang hinunter.

Der Kiefernwald wird dichter. Schließlich trifft man auf die vom Hinweg bekannte Kreuzung und folgt dem Pfad parallel zum Berghang zurück zum Ausgangspunkt.

Bild o. der El Sombrero mit seinem kleinen Vorberg; Bild u. Blick von den Caldera-Randbergen: links der Teide, rechts der Guajara, in der Mitte die Roques de García und die Los Azulejos vor der Ebene Llano de Ucanca

Blick über den sich lichtenden Kiefernwald der Corona Forestal zur Küste Teneriffas

Punta del Hidalgo

Playa del Arena

Playa de los Troches

TF-13

Bajamar

TF-13

Mesa de Tejina

Tejina

Roque Moquinal (795)

Roque Los Hermanos

TF-24

Montaña de la Atalaya

El Pulpito

TF-5

San Cristóbal de La Laguna

Pedro Álvarez

TF-141

TF-13

Chinamada

Las Carboneras

Roque de Taborno

Playa del Tamadite

Vega de las Mercedes

TF-113

Mesa Mota (584)

Los Batanes

Bejía

Batán de Abajo

Batán de Arriba

TF-143

TF-145

Taborno

Taganana

Roque de Taborno

Playa del Tachero

Playa de las Bodegas

Playa de El Draguillo

Playa de Benijo

Cruz Del Carmen

TF-145

El Frontón

Afur

TF-138

Roque Negro

Cruz de Taganana (1024)

TF-12

Pico del Inglés (895)

TF-136

Roque de los Pisos (940)

Risco Guayosa

Pico Lombranda (660)

Roque las Cabezadas

Roque la Sabina

Pico Hilaro

La Mulia

Roque la Fortaleza

Roque Chiguel

Parque Rural de Anaga

Las Casas de la Cumbre

Pista Suárez (765)

Montes de Anaga

Roque Amogoje

Roque Almá

Roque Vijal

TF-134

Almáciga

Benijo

Playa de Roque Bermejo

Faro de Anaga

Roque de Dentro

Roque de Fuera

Roques de Anaga

El Roque de Fuera

Roque Aderno

Playa del Junquillo

TF-11

María Jiménez

San Andrés

Santa Cruz de Tenerife

TF-12

Albergue

Naturschutzgebiet El Pijaral (310)

Roque Chinobre

Chamorga

TF-123

Roque de Antequera

Naturschutzgebiet Ijuana

Montaña del Bailadero (510)

Roque Juan Báez

Faro de Anaga

Roque Bermejo

Playa de Anosma

Montaña de Tafada

Montaña del Barro

Roque de Antequera

Montaña Sabina (510)

Playa de Antequera

Igueste de San Andrés

TF-121

Playa del Llano

El Campanario

Montaña Chiquita

Montaña las Guirrás

Playa del Burro

Playa Cueva de Agua

Playa de Las Gaviotas

Playa de Las Teresitas

Playa de Juana

Playa de Antequera

2 km

N
W · O
S

120   DAS ANAGA GEBIRGE

PARQUE RURAL DE ANAGA

Der Landschaftspark Anaga umfasst eine Fläche von knapp 14.500 Hektar und erstreckt sich über einen großen Teil des Anaga-Gebirgsmassivs im Nordosten der Insel. Von Westen nach Osten erstreckt sich das Gebiet über etwa 20 Kilometer, von Norden nach Süden über etwa 10 Kilometer. Die Region wurde 1987 zum Landschaftspark erklärt und umschließt die Naturreservate von El Pijaral, Ijuana und Los Roques de Anaga. Das zerklüftete und von tiefen Schluchten durchzogene Gebirge erhebt sich an seinem höchsten Punkt, dem Cruz de Taborno, mit 1.024 m Höhe über dem Meer.

einsame und wilde Küsten-
abschnitte im Norden des
Landschaftsparks

Die Region unterliegt unterschiedlichen Klimazonen. Während die feuchten und regenreichen Höhenlagen dicht mit Lorbeer-wald bedeckt sind, erreichen die sonnigen, vorwiegend mit Wolfsmilchvegetation bewachsenen Küstenzonen nur geringe-re Niederschlagsmengen.

Der Landschaftspark bietet eine überwältigende Natur mit ausgesprochen abwechslungsreicher Flora und Fauna. Hier haben über 120 endemische (nur auf Teneriffa vorkommend) Tier- und Pflanzenarten, von denen einige vom Aussterben be-droht sind, ihre Heimat.

Aeonium-Pflanze

Bild o. die Roques de Anaga: im Vordergrund Roque de Dentro, weiter hinten der Roque de Fuera

121

das Anaga-Gebirge über dem Wolkenmeer

In 26 Siedlungen leben derzeit ca. 2.000 Menschen im Gebiet des Parks. Viele der Örtchen sind weite Streusiedlungen, manche Häuser sind nur über Pisten, andere gar nicht mit dem Auto zu erreichen. Die wenigen Bewohner leben hauptsächlich von der Landwirtschaft, die sie noch immer auf den traditionellen Terrassenfeldern betreiben, die aufwendig instand gehalten werden. Angebaut werden vor allem Kartoffeln, Süßkartoffeln und Jamswurzeln, aber vielerorts auch Weinreben und Obstbäume.

In Los Batanes und Chinamada findet man noch traditionelle Höhlenwohnungen.

Touristisch ist der Landschaftspark über eine Kammstraße entlang der Gebirgskette gut erschlossen. Von ihr zweigen Straßen in die Täler und zu den traumhaft schönen schwarzen Sandstränden im Norden ab. Beliebte Ziele sind der Mirador Pico del Inglés, der markante Roque de Taborno, die schwarzen Strände von Almáciga und Benijo und die ursprünglichen kleinen Dörfer Afur und Chinamada.

bemooste Bäume im Anaga

Auch ein breites Netz von Wanderwegen zieht sich durch das Gebiet. Ihre unbestreitbare Schönheit macht die Wanderung »Chinobre« besonders beliebt, die über mehrere Aussichtspunkte durch den Lorbeerwald führt. Nicht verpassen sollte man eine Wanderung durch einen der beeindruckenden Barrancos an die Küste, z. B. von Afur durch den Barranco de Tamadite oder von Chamorga zum Faro de Anaga.

Bild o. Bachlauf im Barranco de Roque Bermejo
Bild r. das Tal von Los Batanes

GEOLOGISCHE URSPRÜNGE

Das Anaga-Gebirge – geologisch betrachtet einer der ältesten Teile der Insel – entstand vor 7 bis 9 Millionen Jahren durch vulkanische Aktivitäten. Seine heutige Form ist das Ergebnis der fortwährenden Erosion durch Wind und Wasser. Übrig blieben die wunderbaren scharfkantigen Gipfel und tiefe Täler und Schluchten, die sich von den Gebirgsregionen bis zum Meer ziehen.

Das Anaga-Gebirge ist reich an bemerkenswerten geologischen Formationen. Es existieren einige erhaltene Füllungen alter Vulkanschlote, die von der Erosion freigelegt wurden. Einer der bekanntesten ist der Roque de los Pinos, der südlich des Dörfchens Chinamada liegt.

Basaltgestein

in den Fels geschlagener Unterschlupf

Ein weiteres geologisches Phänomen, das eng mit dem Vulkanismus verbunden ist, sind die sogenannten Dykes. Diese entstehen, wenn sich Magma von unten in Spalten bestehender Gesteinsformationen drängt. Legt Erosion diese Intrusionen frei, lassen sich die oft plattenförmigen Gebilde meist deutlich erkennen. So ein Dyke erscheint dann wie eine vulkanische Mauer.

Bild o. Vulkanschlot mit Höhlengebäuden bei Los Batanes
Bild r. der Vulkandom Roque de los Pinos bei Chinamada

DIE FLORA DES ANAGA

Das Anaga-Gebirge ist infolge der für Teneriffa einzigartigen klimatischen Bedingungen Heimat einer Reihe äußerst seltener Pflanzenarten. Im Norden der Insel sorgen Passatwinde für Niederschlag und leisten damit ihren Beitrag für ein üppiges Wachstum. In der Region sind, bis auf die Hochgebirgszone, fast alle Vegetationszonen der Insel vertreten.

Die höheren Lagen des Anaga stehen ganz im Zeichen des Lorbeerwalds. Verschiedene Lorbeergewächse (z. B. Kanarenlorbeer, Stinklorbeer und Indische Persea), der Gagelbaum Heidekrautgewächse und eine Vielzahl an Farnen, Flechten und Moosen prägen diesen subtropischen Feuchtwald im Anaga.

Wurzelnder Kettenfarn

Lorbeer

Die Kanaren-Glockenblume (Canarina canariensis), die Nationalblume der Kanarischen Inseln, ist der prachtvollste Bewohner des Nebelwalds. Sie ist ein Endemit der zentralen und westlichen Kanarischen Inseln und blüht in den Wintermonaten an feuchten und schattigen Standorten. Ebenfalls für Farbtupfer sorgt das Anaga-Veilchen. Seine Blüten haben einen blassen Blau-Ton. Es bevorzugt helle Standorte im Lorbeerwald. Auch die Cinerarie (Pericallis cruenta) liebt feuchtere Gebiete. Im Frühjahr bringt sie lila-violette Blüten hervor.

Anaga-Veilchen

Bild o. Cinerarie
Bild l. Kanaren-Glockenblume

Die Baum-Gänsedistel (Sonchus congestus) ist ein kanarischer Endemit. Die Pflanze kann eine Höhe von bis zu 2 Metern erreichen, ist meist wenig verzweigt und bildet dicke Äste.

Gabelige Leuchterblume

Baum-Gänsedistel

Großblättriges Kanaren-Johanniskraut

Zu den Bäumen der mittleren Höhenlagen des Anaga-Gebirges zählen Palmgewächse und Drachenbäume. Den unteren Höhenbereich prägen zahlreiche Sukkulentengewächse wie die Kanaren-Wolfsmilch (Euphorbia canariensis), die Gabelige Leuchterblume (Ceropegia dichotoma) oder das Tellerförmige Aeonium (Aeonium tabulaeforme).

Bild o. Tellerförmiges Aeonium
Bild r. Flechten im Lorbeerwald

DER LORBEERWALD DES ANAGA

Auf Teneriffa lässt sich ein prähistorischer Schatz der Natur entdecken. Der Lorbeerwald im Anaga-Massiv ist zusammen mit weiteren Vorkommen auf Teneriffa (Teno-Gebirge sowie in Aguagarcía und Tigaiga) und den Beständen auf La Palma (Los Tilos), La Gomeira (Garajonay), El Hierro sowie Madeira und den Azoren ein Relikt aus dem Tertiär. Damals, bis etwa vor 2,6 Millionen Jahren, erstreckten sich diese immergrünen, subtropischen Wälder rund um den Mittelmeerraum und sollen sogar bis ins südliche Mitteleuropa vorgedrungen sein. Mit dem Auftreten der Eiszeiten endete deren Ära.

ausgewaschene Tritte im Waldboden

Die typische Lorbeerwaldvegetation braucht ein hohes Maß an Feuchtigkeit und eine konstant milde Temperatur. In den Bergen des Anaga liefert die Natur die Voraussetzungen für das Gedeihen des Laurisilva. An den Nordhängen stauen sich die wasserreichen Passatwinde und lassen ein beeindruckendes Wolkenmeer auf der Kammhöhe in 800 – 1000 Meter Höhe entstehen.

Diesem milden, feuchten Klima verdankt der Norden Teneriffas sein üppiges Grün. Der Lorbeerwald ist eine Mischung verschiedener hartlaubiger, immergrüner Laubbäume. Diese gehören unterschiedlichen Gattungen und Familien an.

Kanaren-Glockenblume im Laurisilva

Bilder o. und l. die Wälder aus Lorbeerbäumen und Baumheide

Blattwerk des Gagelbaums

Farnknospe

Baumheide in Blüte

Den Bestand dominieren Lorbeergewächse mit Wuchshöhen um die 20 Meter, wie z. B. der makaronesische Lorbeerbaum (Laurus novocanariensis/azorica), die Indische Persea (Persea indica), der Stinkende Lorbeer (Ocotea foetens) und der auch als Kanarisches Ebenholz bekannte Barbusano (Apollonias barbujana). Zu den typischen Heidekrautgewächsen (Ericaceae) im Lorbeerwald gehört der endemische Kanarische Erdbeerbaum (Arbutus canariensis). Auch das Teestrauchgewächs Mocan (Visnea mocanera) ist nur auf den Kanaren und Madeira zu Hause. Moose, Flechten und Farne bevölkern das Unterholz. Mit Wedellängen von bis zu 2,5 Metern ist der Wurzelnde Kettenfarn (Woodwardia radicans) besonders auffällig. Zu den prächtig blühenden Begleitpflanzen gehören die Kanaren-Glockenblume (Canarina canariensis) oder das Anaga-Veilchen.

Wanderungen durch diese unberührte und oft wolkenverhangene Vegetation sind ein Erlebnis. Der Lorbeerwald im Landschaftspark Anaga beginnt gleich an dessen westlicher Grenze. Der beste Weg, sich diesem einzigartigen Naturgebiet zu nähern, beginnt in der nahe gelegenen Stadt San Cristobal de La Laguna. Auf der Landstraße TF-12 geht es über Las Mercedes in Richtung der Anaga-Berge.

Nicht alle Bereiche dürfen jedoch ohne vorherige Genehmigung betreten werden. Dazu gehören die besonders geschützten Gebiete Monte de Aguirre und El Pijaral.

Reservierungen dafür können online vorgenommen werden: centralreservas.tenerife.es

Bild o. Lorbeerblätter
Bild r. moosüberzogener Baumstamm

EINRICHTUNGEN IM ANAGA

Centro de Visitantes Parque Rural de Anaga

Im Besucherzentrum erhält man Informationen über den Landschaftspark Anaga und über die verschiedenen Wanderrouten der Region.

ANREISE / KONTAKT

Ctra. Las Mercedes, Km. 6
38294 San Cristóbal de La Laguna
Tel.: +34 922 63 35 76
E-Mail: cvisitantes@cabtfe.es

ÖFFNUNGSZEITEN

täglich von 9:30 bis 16:00 Uhr

Herberge Montes de Anaga

Die Herberge befindet sich nahe der winzigen Siedlung El Bailadero mit Blick über beide Seiten des Anaga-Gebirges. Alle Räume sind beheizt und mit Eta-genbetten ausgestattet. Die Herberge ist behindertengerecht und verfügt über ein Restaurant bzw. eine Cafeteria.

PREISE

Schlafsaal (6 – 4 Pers.): 15,00 € / Pers.
Doppelzimmer Afur: 30,00 € / Zimmer
Ermäßigung für Mitglieder eines Berg-vereins, unter 14 Jährige, über 65 Jäh-rige, Studenten oder Gruppen über 11 Personen.

KONTAKT/RESERVIERUNG

Ctra. El Bailadero - Chamorga s/n
38125 Santa Cruz de Tenerife
Tel.: +34 922 823 225
E-Mail: alberguedeanaga@idecoges-tion.net
www.alberguestenerife.net

Bild o. Besucherzentrum

GENEHMIGUNGSPFLICHTIGE NATURSCHUTZGEBIETE IM ANAGA

In dem Landschaftspark Anaga befinden sich vier Gebiete, die unter besonderen Schutz gestellt wurden: die integralen Naturschutzgebiete von Ijuana, El Pijaral und Los Roques de Anaga sowie der Monte de Aguirre.

Das Schutzgebiet »Roques de Anaga« umfasst 10 Hektar. Es besteht aus zwei mächtigen Felsen im Küstengewässer. Der Roque de Fuera und der näher an der Küste liegende Roque de Dentro (oder de Tierra) sind nur übers Wasser erreichbar. Auf den Felsen leben einige sehr seltene und teilweise endemische Tierarten. Eine Unterart der Kanareneidechse, die Gallotia galloti insulanagae, lebt soweit bekannt nur auf dem äußeren Felsen Roque de Fuera. Auch bedrohte Seevogelarten, wie der Gelbschnabel-Sturmtaucher und der Madeirawellenläufer, haben sich hier angesiedelt.

Aufgrund seiner außergewöhnlichen Artenvielfalt wurde das Gebiet von Ijuana als Integrales Naturreservat unter besonderen Schutz gestellt. Das Landschaftsbild wird von steilen Schluchten und schroffen Gipfeln geprägt. Das Schutzgebiet von Ijuana liegt an der äußersten Ostspitze Teneriffas auf knapp 920 Hektar Fläche.

Das Naturschutzgebiet El Pijaral umfasst eine Gesamtfläche von etwa 300 Hektar. Im Reservat findet man einen der am besten erhaltenen Lorbeerwälder Teneriffas. Außerdem sind hier vom Aussterben bedrohte Arten, wie die endemischen Lorbeertauben heimisch. Auf dem Gebiet befinden sich die markanten Felsformationen Roque de Anambro und Roque Chinobre.

Im Gebiet um den Monte de Aguirre handelt es sich um eine Region mit uraltem Lorbeerwald, die unter besonderen Schutz gestellt wurde.

Genehmigung

Wanderer, die die Naturschutzgebiete El Pijaral und Monte de Aguirre durchqueren möchten, benötigen eine Sondergenehmigung. Die Reservierung ist kostenfrei und kann maximal 90 Tage im Vorfeld durchgeführt werden. Sie kann für 4 zusätzliche Personen (namentliche Nennung nicht erforderlich) getätigt werden. Die Genehmigung sollte man auf dem Smartphone oder in Papierform mit sich führen.

KONTAKT/RESERVIERUNG

Online Genehmigungen auf:
centralreservas.tenerife.es
(Menüpunkt Senderismo)
Tel. Information: +34 922 843 097
E-Mail: coordinacionmam@tenerife.es

AUSSICHTSPUNKTE ENTLANG DER ANAGA-HÖHENSTRASSE

Entlang der Höhenstraße, die auf dem Gebirgsgrat des Anaga von Las Mercedes bis zum kleinen Dörfchen Chamorga verläuft, ergeben sich immer wieder grandiose Aussichten.

Diese Landstraße (TF-12) ist die wichtigste Verbindung im Anaga-Gebirge und schließt es an die Städte La Laguna im Zentrum der Insel und San Andrés an der Nordostküste an.

Der Mirador Cruz Del Carmen bietet einen traumhaften Panoramablick auf La Laguna und hinüber zum Teide. Gleichzeitig findet man hier beim Besucherzentrum den idealen Ausgangspunkt für Wanderungen durch den dichten Lorbeerwald von Monte de Las Mercedes.

Blick vom Mirador Pico del Inglés

Vom Mirador Pico del Inglés kann man seinen Blick nahezu über das gesamte Anaga-Gebirge schweifen lassen. Man blickt über Santa Cruz bis zur Hochebene von La Laguna und zum Teide im Westen – ideal, um die Panoramabild-Funktion der Kamera zu testen.

Las Casas de la Cumbre

Bei der kleinen Ortschaft Casas de la Cumbre ergeben sich großartige Aussichten über die Südseite des Gebirges bis zum Küstenort San Andrés.

Am Mirador El Bailadero öffnet sich der Blick über das Tal von Taganana zum Meer. Rechts und links der Schluchten erheben sich zerklüftete Gebirgszüge.

Südseite des Anaga

Bild o. Blick über die Südküste nach San Andrés
Bild r. aufziehende Wolken am Mirador El Bailadero

EL BATAN (LOS BATANES)

Folgt man der TF-12 von La Laguna Richtung Anaga, zweigt kurz vor dem Besucherzentrum Cruz del Carmen eine kleine Straße zum Dorf El Batan ab, das auch unter dem Namen Los Batanes bekannt ist. Die beiden Ortskerne Batan de Abajo und Batan de Arriba (im Plural Los Batanes) bewohnen Stand 2015 weniger als 300 Einwohner.

Die schmale Straße führt zunächst durch einen dichten Tunnel aus Baumheide und Lorbeerwald, später lichtet sich der Wald und es ergeben sich traumhafte Ausblicke über die einsamen Gebirgstäler. In Batan de Abajo endet die Zufahrtstraße bei einer kleinen Bar, dem Treffpunkt der Einheimischen.

Gasse in Los Batanes

Vom Dorfplatz hinter der Kirche kann man über die verstreuten Ansiedlungen blicken. Verbunden sind sie über schmale Pfade und Treppen, die zwischen terrassierten Feldern und Gärten hindurchführen. Über einige der steilen Schluchten führen Seilzüge, worüber auch heute noch Güter transportiert werden. Jede Bau- und Ackerfläche wurde der schroffen Landschaft abgetrotzt. Am gegenüberliegenden Gebirgskamm schmiegt sich das Höhlendorf Chinamada an die Felsen.

blühende Winde im Mauerwerk

Die Streusiedlung Batan de Arriba erreicht man über eine einspurige Betonpiste, deren letztes Teilstück durch einen Tunnel führt, der gleichzeitig als Parkplatz dient. Einen Ortskern gibt es hier nicht. Vom Endpunkt führt ein schmaler Pfad zu den vereinzelten Häusern. Am Talgrund fließt ein kleiner Bach, der auch zur Bewässerung von Wein, Kartoffeln und Zitrusfrüchten auf den umliegenden Anbauflächen dient.

Bild o. Höhlenwohnung mit liebevoll gestrichener Fassade in Los Batanes
Bild l. die Siedlungen schmiegen sich an die steilen Hänge der Barrancos

Blick über die zerklüfteten Täler zur Streusiedlung Batán de Abajo

LAS CARBONERAS

Las Carboneras bedeutet auf Deutsch Kohlenmeiler und weist auf den dominierenden Wirtschaftszweig in der Vergangenheit hin. Heute leben die paar Dutzend Einwohner hauptsächlich vom Anbau von Kartoffeln und Tomaten. Las Carboneras ist Station der Wanderwege PR-TF 9 und PR-TF 10.1 und wird häufig von Wandern besucht. Ein paar kleine Restaurants mit inseltypischer Küche laden nach einer kurzen Besichtigung der Kapelle und einiger traditioneller kanarischer Landhäuser zum Verweilen ein.

Die Ansiedlung Las Carboneras erreicht man, abzweigend von der Gipfelkammstraße TF-12, über die TF-145.

Las Carboneras

CHINAMADA

Der Name hat seinen Ursprung in der Sprache der Guanchen, die diese Region auch schon vor der Eroberung durch die Spanier bewohnten. Chinamada ist eine der ältesten Siedlungen im Anaga und die Einzige, in der nahezu alle Häuser in den Fels geschlagen wurden. Zu sehen sind in der Regel nur die zumeist weißen, oft mit bunten Blumen geschmückten Vorderseiten.

Erst Anfang der 1990er Jahre wurde der Weiler in den Bergen durch eine asphaltierte Straße an das Verkehrsnetz angeschlossen, mit ihr kam auch die Elektrizität. Das Telefon ließ noch länger auf sich warten. Als Folge des späten Einzugs der Moderne leben nur noch wenige Menschen dauerhaft in der abgeschiedenen Höhlensiedlung.

farbenfrohes Höhlenhaus in Chinamaga

Wie bei vielen anderen Örtchen im Anaga, umgeben auch Chinamada terrassierte Felder, auf denen die Einwohner Gemüse und Obst anbauen. Ein Spaziergang ab der Kirche führt in etwa 10 Minuten auf einem gut ausgeschilderten Weg zum Aussichtspunkt Mirador Aguaide. Von dort blickt man über die zerklüfteten Schluchten zur Nordküste der Insel. Eine weitere geologische wie botanische Sehenswürdigkeit ist der Roque de los Pinos, ein urzeitlicher Vulkandom mit im Anaga seltenem Bewuchs von Kanarischen Kiefern.

Roque de los Pinos

TABORNO

Das winzige Bergdorf Taborno liegt auf einem schmalen Berggrat zwischen den Barrancos von Taborno und Afur. Im Ortskern finden sich eine kleine Kapelle mit Dorfplatz, ein Restaurant und eine Bushaltestelle. Weitere Häuser verteilen sich über die Bergflanken und sind Musterbeispiele der ländlichen kanarischen Architektur. Das Örtchen hat nur noch wenige Einwohner, die fast alle außerhalb von Taborno arbeiten.

Bekannt ist die Siedlung durch den Roque de Taborno, einem Wahrzeichen der Gebirgsformation. Von Taborno blickt man entlang der wilden Nordküste des Anaga-Massivs und bis hinüber ins benachbarte Bergdorf Afur.

Aeonium-Pflanzen erobern ein verlassenes Haus

die Kapelle von Taborno

ROQUE DE TABORNO

Der Roque de Taborno, aufgrund seiner Form auch gelegentlich »das Matterhorn Teneriffas« genannt, erhebt sich mit 706 Metern vom selben Bergrücken wie das Örtchen Taborno. Den imposanten Felsturm umrundet ein Wanderweg. Eine Gipfelbesteigung bleibt allerdings Kletterern vorbehalten.

der Roque de Taborno

Bild r. Blick von Taborno zur Küste

AFUR

Die kleine Streusiedlung Afur mit nicht einmal 100 Einwohnern verteilt sich an den Hängen des gleichnamigen Tals. Auch hier gibt es Beispiele traditioneller kanarischer Bergarchitektur, wie z. B. in den Fels getriebene Höhlenwohnungen. Afur hat eine kleine Kirche, die Ermita de San Pedro. In einigen (wenigen) Bars stärken sich Einheimische und Reisende mit Tapas und einem Glas Wein.

Roque El Fraile

Mit dem Auto erreicht man das Örtchen von der Höhenstraße TF-12 kommend über die TF-136. Am unteren Ortseingang wurde ein größerer Parkplatz angelegt. Hier halten auch die Busse (Linie 076) des öffentlichen Personenverkehrs.

Für Wanderer ist dies der Ausgangspunkt für einige Touren, wie zum Beispiel eine Tour durch den Barranco de Afur / Tamadite Richtung Meer zur Playa de Tamadite. Auf Teneriffa existieren nur an den Hängen der Schlucht die einzigen, versprengten Vorkommen des Sabinar, einer aus Kanarischem Wacholder (Juniperus turbinata ssp. Canariensis) bestehenden Waldformation.

Wasserfall bei Afur

Im Frühjahr, nach reichlichen Regenfällen, schwellen die kleinen Bachläufe in der Umgebung von Afur an und es bilden sich kleine Wasserfälle.

Bild o. Abfahrt ins Tal von Afur
Bild l. Felswand im Barranco de Afur

TAGANANA

Der Ort kann nur über die TF-134 mittels einer spektakulären Serpentinenfahrt erreicht werden. Er ist umgeben von traumhaften Naturlandschaften, in denen sich grandiose Felsformationen erheben.

Taganana ist das größte Dorf im Anaga-Gebirge und auch eines der ältesten der ganzen Insel. Es wurde 1501 durch den spanischen Eroberer Alonso Fernandez de Lugo als eines der ersten Dörfer gegründet. Zunächst stand es im Zentrum des Zuckerrohranbaues, später wurden die Flächen inbesondere mit Wein bebaut.

Roque Amogoje

Das Örtchen hat sich seinen ursprünglichen Charme bewahrt. Im Zentrum findet man noch Beispiele typischer kanarischer Architektur. Die Wurzeln der Kirche Iglesia de Nuestra Señora de las Nieves reichen zurück bis in den Anfang des 16. Jahrhunderts. Seit 1728 besteht sie in ihrer heutigen Form. Die Kapelle Ermita de Santa Catalina aus dem 17. Jahrhundert zählt seit 2008 zu den historischen Nationaldenkmälern und ist ebenfalls sehr sehenswert.

Ihren Lebensunterhalt verdienen die Tagananeros heutzutage zumeist im Dienstleistungsgewerbe und Tourismus. Für den Eigenbedarf bauen die Bewohner auch heute noch Wein, Kartoffeln und Gemüse an. Im Ort gibt es einige kleine Restaurants, die bevorzugt Fisch auf der Speisekarte haben.

Taganana ist an das Wanderwegenetz Teneriffas angeschlossen und ist Station des Rundwanderwegs PR-TF 8 Afur – Taganana – Afur.

Wolfsmilchgewächse

Bild o. und r. Blick über das Tal von Taganana

ALMÁCIGA UND BENIJO

Zur umwerfenden Natur des Anaga Landschaftsparks gehören auch wunderschöne Strände.

Zu den schönsten Stränden der Küste an der Nordostspitze Teneriffas gehören Playa del Roque de las Bodegas, Playa de Almáciga und Playa de Benijo. Man erreicht die Strände genau in der Reihenfolge bei der Anreise über Taganana auf der Landstraße TF-134.

der Roque de las Bodegas

Der gut ausgebaute Strand Playa del Roque de las Bodegas lockt mit seinen Bars und Restaurants die meisten Besucher an. Trotz des im Vergleich zu den anderen beiden Stränden moderateren Wellengangs muss auch hier auf plötzlich auftretende Strömungen und Welle geachtet werden.

Blick entlang der Küste über die Playa de Almáciga

Der Strand Playa de Almáciga liegt am Fuße des gleichnamigen Weilers. Dank der kräftigen Wellen genießt der Strand mit schwarzem Sand bei Surfern eine große Beliebtheit.

Im Örtchen Benijo endet die Landstraße TF-134. Entlang der Straße ergeben sich traumhafte Blicke über die vorgelagerten Felsen und die gezackte Silhouette der Nordostküste Teneriffas. Der schwarze Sandstrand liegt unterhalb der Ortschaft und ist über Treppen erreichbar. Hier sind auch FKK-Anhänger willkommen. Hunger und Durst lassen sich in den kleinen Bars und Restaurants der Siedlung stillen.

die Playa de Almáciga

Bild o. Playa Roque de las Bodegas
Bild l. Felsküste zwischen Almáciga und Benijo

»CHINOBRE RUNDWANDERUNG«

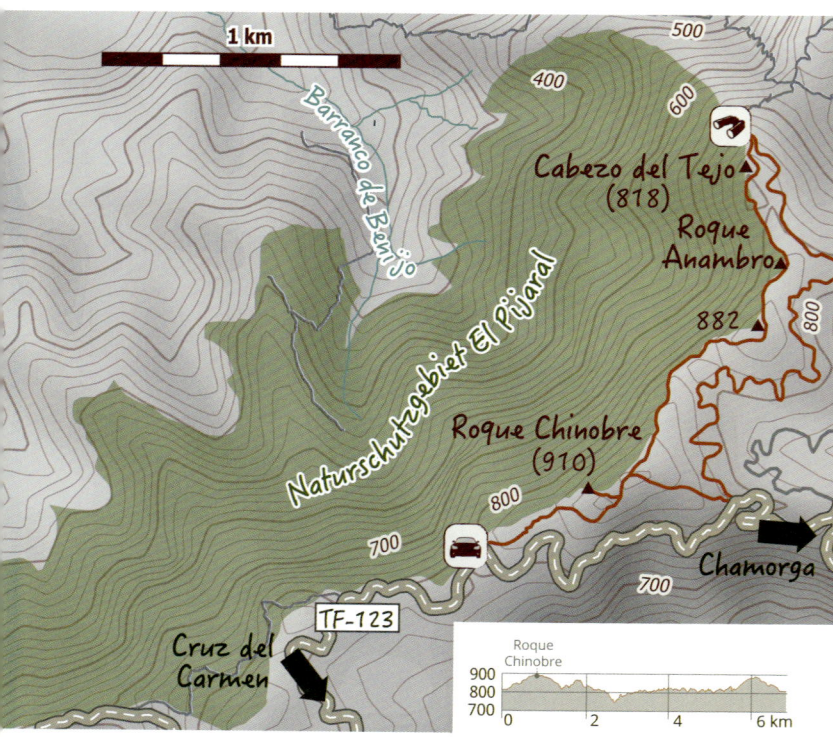

GENEHMIGUNG ERFORDERLICH

Online Genehmigungen auf:
centralreservas.tenerife.es
(Menüpunkt Senderismo)
Tel. Information: +34 922 843 097
E-Mail: coordinacionmam@tenerife.es
Es ist hilfreich, eine Kopie des Personalausweises mitzuschicken.

TOURENCHARAKTER

Eine der schönsten Wanderungen durch den ursprünglichen Lorbeerwald Teneriffas. Auf der Route liegen die Felsformationen des Roque Chinobre und Roque de Anambro. Vom Aussichtspunkt Cabezo del Tejo bietet sich ein atemberaubender Blick auf die steile Nordküste des Anaga-Gebirges.

Die Wanderung beginnt am Parkplatz La Ensillada. Von hier aus folgt man dem parallel zur Straße nach Chamorga verlaufenden Weg in den Wald hinein. Dieser entfernt sich zunehmend von der Straße und geht in einen lehmigen Waldpfad über.

Bald darauf erreicht man eine Weggabelung. Der linke Pfad führt innerhalb weniger Minuten hinauf zum Gipfel des 910 Meter hohen Chinobre. Diesen Abstecher sollte man auf jeden Fall mitnehmen. Bei guten Wetterverhältnissen hat man eine traumhafte Sicht über die nordwestliche Küstenlinie des Anaga-Gebirges.

Anschließend kehrt man auf den eigentlichen Weg zurück, der entlang des Bergrückens in leichtem Auf und Ab immer geradeaus durch den Regenwald führt.

Der in den Boden eingekerbte Pfad bildet stellenweise Tunnel aus mit Moos und Flechten bewachsener Baumheide und Lorbeerbäumen. Durch das feuchte Klima des Nebelwaldes ist der teilweise über Erdtreppen verlaufende Weg oftmals recht rutschig.

Entlang des Weges wachsen verschiedene Farne und auch Kanaren-Storchschnabel. Zur richtigen Jahreszeit kann man auch die Kanarenglockenblume und das seltene Anaga-Veilchen in Blüte finden.

Ausgangs- und Endpunkt: Parkplatz La Ensillada an der TF-123

Schwierigkeitsgrad: leicht

Dauer: ca. 2 h 30 min/ 6,9 km

Höhenunterschiede: ca. 271 m Auf- und Abstieg

Voraussetzungen: festes Schuhwerk

Mitnehmen: Proviant, Wasser, winddichte Jacke, Sonnen- und Regenschutz

Bild r. der Weg durch den Urwald

Anaga-Veilchen

Farne besiedeln einen verwitterten Baumstamm

Zwischendurch lichtet sich der Wald und gibt einen großartigen Blick auf den über den Bäumen thronenden Roque de Anambra frei. Diese imposante Felsformation galt den Ureinwohnern Teneriffas, den Guanchen, als Heiligtum.

Der Fels kann nicht begangen werden, so folgt man dem Weg wieder zurück in den Wald. Kurze Zeit später erreicht man den Aussichtspunkt Cabezo del Tejo, von dem man einen wunderbaren Blick über die Nordküste Teneriffas und das Anaga-Gebirge hat.

Von der Aussichtsplattform begibt man sich über einen breiten Weg, der unterhalb des Bergkamms verläuft, auf den Rückweg. Dieser Streckenabschnitt auf der breit ausgebauten Piste ist vergleichsweise eintönig, aber gut zu begehen.

Schließlich gelangt man zur TF-123. Von dort führt nach etwa 10 Metern hinter einer Schranke ein Pfad rechts von der TF-123 weg. Die Abzweigung ist nicht ausgeschildert und relativ schwer zu erkennen. Der Pfad führt bergauf zum ursprünglichen Hinweg, dem man nach links zum Ausgangspunkt folgt.

Bild l. Hohlwege führen durch den dicht bewachsenen Inselurwald

Bild o.der Roque de Anambra
Bild u. Blick vom Aussichtspunkt Cabezo del Tejo

»UMRUNDUNG DES ROQUE TABORNO«

TOURENCHARAKTER

Kurze Rundwanderung um einen der markantesten Berge Teneriffas. Die Tour führt durch eine wunderbare Landschaft mit prächtigen Ausblicken über die umliegenden Schluchten und die Küstenregion des Anaga.

ROUTE

Die Wanderung startet am Dorfplatz von Taborno bei der Kirche. Man folgt einem betonierten Weg rechts an der Kirche vorbei. Bei einem kleinen Aussichtspunkt, dem Mirador Fuente de Lomo, führt der Weg links über Treppen bergab durch ein Stück Lorbeerwald. Im weiteren Verlauf geht es an vereinzelten Häusern vorbei, entlang der rechten Seite des Bergrückens.

Am letzten Haus folgt man einem schmalen Weg aufwärts und passiert bald ein Ziegengatter. Der Pfad führt nun entlang des Kammrückens auf den Roque de Taborno zu. Am Fuße des Berges befindet sich eine kleine Steinhütte.

Von hier startet die Umrundung des Taborno im Uhrzeigersinn auf einem zunächst ebenen Weg nach links Richtung Küste. Der Roque Taborno bleibt stets rechts.

An der nächsten Abzweigung geht es geradeaus weiter. Nachdem man einen Höhleneingang passiert hat, hält man sich an der nächsten Gabelung rechts. Der mit Pflanzen bewachsene Pfad führt am abschüssigen Hang hinauf auf einen Geländerücken.

Oben angekommen genießt man auf einem Plateau die einmalige Aussicht. Dann setzt man die Umrundung fort und wendet sich wieder dem Roque Taborno zu. Linker Hand geht es am Felsen vorbei und man kommt ein Stück oberhalb der beim Aufstieg passierten Steinhütte heraus.

Auf dem gleichen Weg, den man zuvor gegangen ist, geht es zurück ins Dorf.

Ausgangs- und Endpunkt:
Dorfplatz in Taborno an der Kirche

Schwierigkeitsgrad:
mittel

Dauer: ca. 2 h / 3,8 km

Höhenunterschiede:
ca. 147 m Auf- und Abstieg

Voraussetzungen:
Schwindelfreiheit und Trittsicherheit, festes Schuhwerk

Mitnehmen: Proviant, Wasser, winddichte Jacke, Sonnen- und Regenschutz

Bild r. Blick auf den Roque Taborno

Playa Leri

Playa del

Buenavista del Norte

San Jo

Playa de la Arena

Punta del Roque Negro

Buenavista Golf

Los Silos

TF

Playa del Fraile

Punta del Fraile

Punta de Tierra Mala

TF-445

Punta Moro del Diablo

La Ti

Punta Gorda

TF-436

Punta de la Furna

TF-445

Teno Alto

Besucherzentrum
Los Pedregales

El Palmar

Monte
del Agua

Punta de Teno

Los Bailaderos

Faro de Teno

Montaña del
Palmar

Punta Diente de Ajo

Baracán
(1002)

Las Portelas

TF-436

Parque Rural de Teno

Albergue de Bolico

Montaña del Viento

Los Carrizales

Playa de Carrizal

Cruz de Gala
(1354)

Playa de Juan López

Masca

Risco Verde

Pico Yeje

San
del

Roque de la
Fortaleza

TF-436

Playa de la Galera

Playa de Mascá

El Molledo

El Reta

Risco Blanco

TF-82

TF-1

Playa de Barranco Seco

Guama

Tamaimo

Nifia

Montaña del
Herrero

Playa de los Guios

Guámasa

TF-454

Los Gigantes

Puerto Santiago

N
W O
S

2 km

PARQUE RURAL DE TENO

Der Landschaftspark Teno liegt an der Westspitze Teneriffas. Das Gebiet erstreckt sich zwischen den Orten Buenavista del Norte im Norden, Santiago del Teide im Osten und Los Gigantes im Süden. Im Westen wird es durch die Küste zum Atlantik begrenzt. Die schroffe und wilde Bergwelt erhebt sich auf eine maximale Höhe von 1.354 Metern. Die Gesamtfläche dieses Schutzgebietes umfasst etwa 8.000 Hektar.

Das Gebiet des Landschaftsparks wird fast vollständig vom Meer umschlossen. Durch diese relativ isolierte Lage konnte sich in den schwer zugänglichen Schluchten und Hochebenen des Tenomassivs eine besondere biologische Vielfalt bewahren.

Dunkelpurpurrote Wolfsmilch

In höheren Lagen wie am Monte del Agua findet man, begünstigt durch die hohe Luftfeuchtigkeit, Lorbeerwaldvegetation. In den nördlichen Gebieten gedeihen vor allem Drachenbäume und Kanarische Palmen während die südliche Flora hauptsächlich von Ginster und Wolfsmilchgewächsen geprägt wird. Am westlichsten Punkt, der Landzunge Punta de Teno, gedeihen neben Kakteen und Agaven zahlreiche Wolfsmilcharten, die an den Hängen des Gebirgsmassivs stattliche Größen erreichen. Die Küstenregion wird außerdem von salzresistenten Pflanzen, wie dem Strandflieder oder der Kristallmittagsblume besiedelt.

Ginsterbüsche im Gebirgsmassiv

Küste bei Los Gigantes

Der Park ist gleichzeitig Vogelschutzreservat. Hier ist eine besondere Vielfalt an Vogelarten beheimatet, wie z.B. der Fischadler, der seltenste Raubvogel der Insel. Gleichzeitig dient der Landschaftspark als Rückzugsort für andere bedrohte Tierarten wie die Teneriffa-Rieseneidechse.

Die vielseitige landschaftliche Schönheit des Teno zeigt sich in den tiefen, zum Meer hinabfallenden Schluchten, den schroffen Gebirgsrücken sowie den imposanten Felsenklippen, die teilweise über 500 Meter in die Tiefe stürzen. Auch die einsame Hochebene von Teno Alto und die fruchtbaren Täler im Nordosten der Region gehören zum Landschaftsbild.

Die Bevölkerungszahl im Gebiet des Landschaftsparks liegt bei unter 1.500 Einwohnern. Diese leben in kleinen Dörfern wie Masca, El Palmar und Teno Alto. Meist betreibt man traditionelle kanarische Land- und Viehwirtschaft zur Selbstversorgung und zum Nebenerwerb.

Lavaformationen an der Punta de Teno

Das Teno-Gebirge bereitet vor allem Natur- und Wanderfreunden großes Vergnügen. Zwischen den hohen Felswänden der Masca-Schlucht führt eine spektakuläre Tour zum Meer hinunter. Über alte Hirtenwege lassen sich die Gebirgsgrate und Hochebenen erwandern.

Bild o. die Schlucht von Masca
Bild r. das Teno-Gebirge

Blick über die schroffen Barrancos des Teno-Gebirges zum Atlantik

GEOLOGISCHE URSPRÜNGE

Das Teno-Gebirge (Macizo de Teno) im äußersten Nordwesten Teneriffas bildet zusammen mit dem Anaga-Massiv und der Region um Adeje das geologisch älteste Gebiet der Insel. Bereits vor 7 Millionen Jahren erhob es sich zunächst als selbstständige Insel über die Meeresoberfläche des Atlantischen Ozeans. Infolge fortdauernden Vulkanismus kam es rund 4 Millionen Jahre später zum Zusammenschluss zu einer Insel.

Heute ist das Teno die wildeste und raueste Region der ganzen Insel. Der Gipfel des höchsten Berges, des Cruz de Gala, erhebt sich auf eine Höhe von 1.354 Metern. Das Gebirge ist geprägt von gewaltigen Steilküsten, einsamen Hochebenen und tiefen Schluchten, die extrem steil zur Küste hin abfallen.

vertikaler Lavagang aus jüngerem Basaltgestein

Der Erosion hielten hauptsächlich harte vulkanische Gesteinsschichten aus rötlich gefärbtem Trachyt stand. Teilweise werden diese von jüngerem Basaltgestein durchsetzt. Besonders gut sichtbar werden die vulkanischen Gesteinsschichtungen und Lavagänge an der Steilküste von Los Gigantes.

Im Teno-Gebirge liegt der westlichste Punkt der Insel, die Punta de Teno. Sie entstand durch Lavaströme, die ins Meer flossen, dort erkalteten und schließlich erstarrten.

Lavaküste an der Punta de Teno

Bild o. schroffe Schlucht im Teno-Gebirge
Bild r. erodiertes Vulkangestein am Guergues Steig

AUSSICHTSPUNKTE IM TENO

Die gewaltige Berg- und Schluchtenlandschaft des Teno-Gebirges bietet zahlreiche beeindruckende Panoramen. Die
Landstraße TF-436, die die Orte Santiago del Teide und Buenavista del Norte miteinander verbindet, bietet grandiose
Ausblicke über die Bergkämme und tiefen Schluchten des Gebirgsmassivs.

MIRADOR CRUZ DE HILDA

Der Mirador Cruz de Hilda liegt auf 780 Meter Höhe, von Buenavista del Norte kommend, auf dem Weg nach Masca. Am
Aussichtspunkt befindet sich ein kleines Restaurant mit Terrasse, von der man die wunderbare Aussicht auf das geschützte
historische Ensemble des Örtchens Masca genießen kann.

*Blick auf das Örtchen
Masca vom Mirador Cruz
de Hilda*

MIRADOR DE CHERFE

Der auf 1.100 Meter gelegene Mirador de Cherfe befindet sich
südlich von Masca, Richtung Santiago del Teide. Der Sicht reicht
nicht nur nach Masca, sondern bis zur benachbarten Insel
La Gomera. Von hier hat man einen perfekten Blick auf die verschiedenen Generationen von Vulkanismus auf Teneriffa: alte
Formationen wie das Teno-Massiv auf der einen Seite und den
geologisch jungen Teide auf der anderen Seite.

*Ausblick vom
Mirador de Cherfe*

MIRADOR ALTOS DE BARACÁN

Der Aussichtspunkt Mirador Altos de Baracán liegt an einer
Passhöhe der TF-436. Der exponierte, oft sehr windige Standort bildet gleichzeitig eine Wetterscheide. So kann man mit ein
bisschen Glück die unterschiedlichen Klimazonen der Nord-
und Südseite der Insel hautnah erleben. Von hier überblickt
man das weite Tal von El Palmar und gleichzeitig die Schlucht
und das Bergmassiv von Los Carrizales.

*Ausblick vom Mirador Altos
de Baracán*

LORBEERWALD MONTE DEL AGUA Y PASOS

Dieser immergrüne, subtropische Urwald liegt an der östlichen Grenze des
Landschaftspark Teno. Der Monte del
Agua y Pasos gilt mit seinen Lorbeerbäumen, Farnen, Lianen und Baumhei-
debüschen als einer der schönsten Lorbeerwälder Teneriffas. Ein 2,5 Kilometer
langer Wanderweg (PR-TF 52), der die
Orte Las Portelas und Erjos miteinander
verbindet, durchquert den Wald.
Neben dem Anaga befindet sich hier
die größte Lorbeerwaldfläche der Insel.
Das rund 800 Hektar große Areal des
Waldes gehört zu den wichtigen Ökosystemen der Insel. Der dichte Wald
bindet Feuchtigkeit und schützt vor Aus-
trocknung. Er bildet einen wirksamen

der Lorbeerwald Monte del Agua

Erosionsschutz und gibt zahlreichen
endemischen Pflanzen und Tieren ein
Zuhause.

SANTIAGO DEL TEIDE

Zwischen dem westlich gelegenen Teno-Gebirge und dem östlich gelegenen
Teide-Nationalpark liegt das kleine Örtchen Santiago del Teide auf etwa 900
Metern Höhe.

Sehenswert ist die Kirche San Fernando Rey aus dem 18. Jahrhundert, die
mit ihren weißen Kuppeln an die maurischen Einflüsse erinnert.

Die Umgebung ist vor allem durch die
Landwirtschaft geprägt. Angebaut wer-
den Wein, Getreide und Mandelbäume.
Die Mandelblüte – meist Ende Januar

bis Anfang Februar – verleiht der Landschaft um Santiago del Teide eine ganz
besondere Atmosphäre.

Santiago del Teide eignet sich auch
ausgezeichnet als Ausgangspunkt für
Ausflüge und Wandertouren ins Teno-
Massiv.

Mandelblüte

EINRICHTUNGEN IM TENO

Besucherzentrum Los Pedregales

Das Informationszentrum Los Pedregales befindet sich in einem schönen alten Herrenhaus mit traditionellem Innenhof. Informationstafeln und Videos vermitteln allgemeine Informationen über den Teno Landschaftspark, die Region und die Insel.

Hier beginnen die von Parkmitarbeitern geführten Wanderungen, für die hier auch die Plätze reserviert werden müssen. Regionstypische Produkte wie Honig und Safran werden hier ebenfalls verkauft. Sonntagvormittags findet neben dem Besucherzentrum ein kleiner Bauernmarkt statt.

ÖFFNUNGSZEITEN

Montag bis Freitag von 9 bis 14 Uhr
Sonntags:
Bauernmarkt von 9:30 bis 13 Uhr

ANREISE / KONTAKT

an der Straße nach Teno Alto
Finca Los Pedregales s/n. El Palmar,
38480 Buenavista del Norte
Tel.: +34 922 447 974
E-Mail: tenoparque@tenerife.es

Zeltplatz Los Pedregales

Wer Campen möchte, kann dies beim rund einen Kilometer vom Besucherzentrum entfernten Picknickgelände tun. Der Aufenthalt muss vorher bei der Inselverwaltung reserviert werden (auch online möglich) und ist auf 7 Tage beschränkt. Wohnwagen und Wohnmobile sind nicht erlaubt.

Kontakt/Reservierung
centralreservas.tenerife.es

»Albergue de Bolico«

Das Hostel liegt außerhalb von Las Portelas, einem Ortsteil von El Palmar, an den Hängen des Teno-Gebirges. Von hier genießt man einen wunderbaren Ausblick auf die umliegenden Berge und über das Tal von El Palmar.

KONTAKT/RESERVIERUNG

Camino Charcos las Portelas, s/n,
38489 Teno
Tel.: +34 922 127 938
E-Mail: info@albergebolico.com
www.albergebolico.com

PREISE

Schlafsaal (10 – 12 Pers.): 14,00 € / Pers.
Exklusivzimmer (1 – 6 Pers.): 25,00 € für 1 Pers., 45,00 € für 2 Pers., + 15,00 € je zusätzl. Pers.
Bettwäsche: 3 € / Küchennutzung: 1 €
Ermäßigung für Mitglieder eines Bergvereins, Familien über 4 Personen, unter 12 Jährige, Senioren, Studenten oder Gruppen ab 10 Personen.

PUNTA DE TENO

Die flache Landzunge Punta de Teno bildete sich durch Lavaströme, die sich hier ins Meer ergossen, erkalteten und schließlich erstarrten. Dabei ist eine wilde Lavalandschaft mit wenigen
kleinen, versteckten Sandstränden, Klippen, Basaltbögen und
vom Wasser geschliffenen Gesteinsformationen entstanden.

Dieser westlichste Punkt Teneriffas genießt die meisten Sonnenstunden im Jahr. Hier herrscht oftmals auch dann Sonnen-
schein, wenn der Norden der Insel in Passatwolken gehüllt ist.
Auf dem Kap thront der 1976 errichtete Leuchtturm Faro de
Teno. Sein 1893 erbauter Vorgänger steht nur wenige Meter
entfernt. Beide sind heute nicht mehr zugänglich.

*Wolfsmilchgewächse und
Opuntien an der Punta
de Teno*

Für Spaziergänger wurden Wege, Aussichtsplattformen und
Holzstege angelegt, auf welchen man durch eins der botanisch
reichhaltigsten Gebiete der Insel gehen kann. Auf der kleinen
Halbinsel kommen über 300 verschiedene Blühpflanzen vor,
welche sich in den Winter- und Frühjahrsmonaten von voller
Pracht zeigen.

*Lavawüste am westlichsten
Punkt der Insel*

Der Zugang ist zurzeit beschränkt. Die nach einem Erdrutsch
erst Anfang 2017 wieder geöffnete Zufahrtstraße TF-445 ist für
den Privatverkehr an Wochenenden und Feiertagen gesperrt.
Die Halbinsel ist aber über eine Abwanderung von Teno Alto
erreichbar. Der Rückweg könnte dann per Taxi eingeschlagen
werden. Alternativ fährt an diesen Tagen die Buslinie 369 von
Buenavista del Norte nach Punta de Tenc.

Weitere Zugangsbeschränkungen sind im Gespräch. Die Inselregierung plant, nach aktuellem Stand, zukünftig nur noch einer täglich begrenzten Zahl von Besuchern den Zugang nach
Punta de Teno zu erlauben. Nachgedacht wird über eine Maut-
strecke und einen kostenpflichtigen Shuttleservice.

*der Faro de Teno mit
seinem älteren Vorgänger
im Hintergrund*

Bild l. von Vulkanismus und Meer geschaffene Küste

TENO ALTO

Baumheide wächst in den Schluchten

In einem recht abgeschiedenen Gebiet des Landschaftsparks Teno liegt das auch als Los Bailaderos bekannte kleine Dörfchen Teno Alto auf der gleichnamigen Hochebene. Nur eine schmale, kurvenreiche Straße führt über bewaldete Hänge von El Palmar hinaus ins Bergdorf auf 780 Meter Höhe.

In Teno Alto haben zahlreiche ländliche Traditionen überdauert. Die Bauart der Häuser ist geprägt vom traditionellen kanarischen Stil. Es gibt dort eine kleine Kapelle und zwei kleine Bars, eine davon mit einem winzigen Dorfladen. Angeboten werden lokale landwirtschaftliche Produkte wie z.B. ein für Teno Alto typischer Ziegenkäse.

Dorfkirche in Los Bailaderos

Hinter dem Bergdorf öffnet sich eine Landschaft, die im Gegensatz zum restlichen Tenogebirge steht. Statt schroffer Gebirgszüge findet man hier ein oft windgepeitschtes Hochplateau mit sanften Hügeln. Dazwischen liegen terrassierte Felder und vereinzelte Ziegenhöfe, deren Tiere auf den Grasflächen weiden.

Die entlegene Berglandschaft ist ein wahres Paradies für Wanderfreunde. Von der kargen Hochebene Teno Alto führen zahlreiche Wanderwege hinab ins Tal, entlang des Bergkamms und bis zu den Steilküsten.

Bild o. alter gemauerter Ziegenstall
Bild r. die Hochebene von Teno Alto

MASCA

Das kleine Bergdörfchen Masca mit rund ´00 Einwohnern liegt im Süden des Teno-Gebirges. Es war jahrhundertelang nur über enge Pfade zugänglich, daher nannte man Masca auch das verschwundene Dorf.

Masca liegt auf einer Höhe von 650 bis 800 Metern über dem Meeresspiegel. Das Dorf besteht aus mehreren Ortsteilen, die sich über die umliegenden Berghänge verteilen. Terrassierte Felder umgeben die Siedlungen. Dort wird auch heute noch Landwirtschaft betrieben. Das Dorf verfügt noch über ein altes Wassergesetz, dass jeder Finca zu bestimmten Zeiten das Recht verleiht, ihre Felder kostenlos aus den Wasserstollen der Umgebung zu bewässern.

Blick übers Dorf

Eine Besonderheit findet sich in der traditionellen Architektur der zweistöckigen Häuser des Dorfes. Die einzelnen Räume waren von innen nicht miteinander verbunden, sondern über separate Eingangstüren zugänglich. Masca ist nationales Kulturgut in der Kategorie »Historisches Ensemble«.

Der Ort hat sich im Laufe der letzten Jahrzehnte zu einem Touristenmagneten entwickelt und ist zum täglichen Ziel zahlreicher Reisebusse geworden. Enge, serpentinenreiche Straßen führen hinunter in das kleine Dorf, auf denen die Vorbeifahrt an entgegenkommende Autos und Bussen zum Nervenkitzel werden kann. Wer mit dem Auto anreist, hat früh morgens noch die besten Chancen, einen Parkplatz zu ergattern.

Häuschen im Ort

Bild o. die Kirche von Masca
Bild l. Ortsteil von Masca mit charakteristischem Felsen

BARRANCO DE MASCA

Felsformationen über der Masca-Schlucht

Ein besonderes Erlebnis ist eine Wanderung durch die beeindruckende Masca-Schlucht. Zu beiden Seiten steigen die Felswände senkrecht empor und lassen an manchen Stellen kaum Sonnenlicht in die Schlucht eindringen. Von dem Dorf Masca aus führt die Schlucht über 650 Höhenmeter hinab bis zum Meer und endet an der Playa de Masca, einem groben Kiesstrand. Vor allem diese Wanderroute hat das kleine Bergdorf Masca in den Fokus des Tourismus gerückt.

Im Frühjahr sammelt sich nach den winterlichen Niederschlägen Wasser am Grund der Schlucht und bildet einen kleinen Bachlauf. In dieser relativ feuchten Zone haben sich wasserliebende Pflanzen wie Binsen und Schilfgräser angesiedelt. Auch Feuerlibellen und das Quaken von Wasserfröschen begleiten den Wanderer durch die Schlucht.

Zwischen der traumhaften Szenerie der steil abfallenden braunen Felswände und zerklüfteten Felsen sticht eine Formation besonders hervor. Ein natürlicher runder Felsbogen, der an die Form eines Elefantenrüssels erinnert.

Wer die Wanderung nicht hin und zurückgehen möchte, kann den Abstieg mit einer Bootsfahrt nach Los Gigantes kombinieren. Es empfiehlt sich sehr, die Tickets für die Taxiboote vorher online zu reservieren bzw. zu kaufen. Der Preis liegt in der Regel bei 10,- € pro Person (Stand März 2017)
Anbieter: www.trekkingmasca.com

Wasserlauf in der Schlucht

Bild o. beliebtes Fotomotiv: Felsboden in Form eines Elefantenrüssels
Bild r. die steil abfallenden Felswände der Masca-Schlucht

Sonnenstrahlen dringen in den Barranco de Masca

»MASCA-SCHLUCHT«

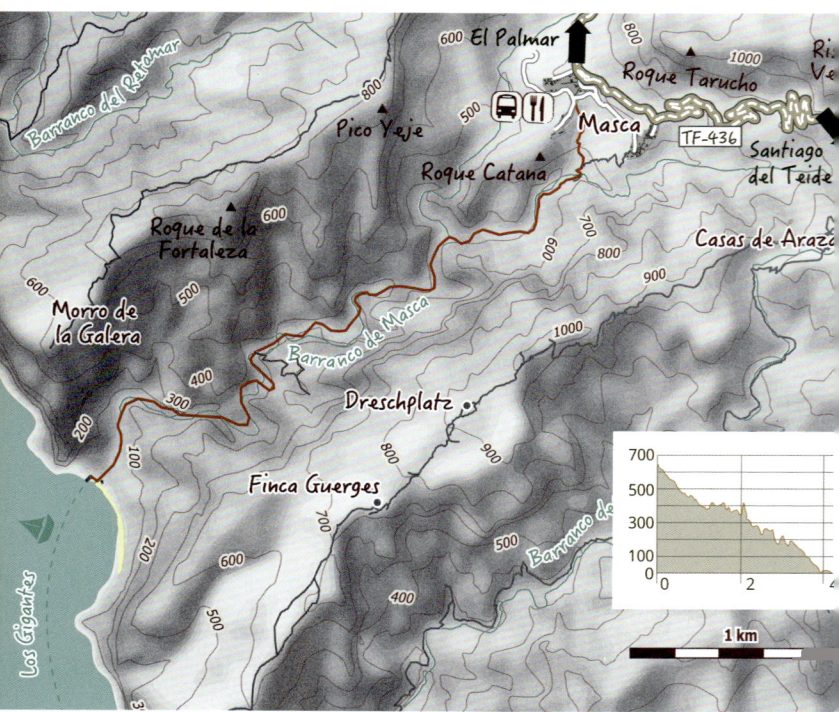

TOURENCHARAKTER

Eine Wanderung durch die Masca-Schlucht, eine der ältesten geologischen Formationen Teneriffas, ist ein echtes Erlebnis. Am Grund der Schlucht wandert man auf engen Pfaden zwischen den himmelwärts ragenden Felswänden und kann dabei Flora und mit etwas Glück auch Fauna der Schlucht bewundern.

HINWEIS

Wer nur den einfachen Weg gehen will, sollte sich um das Ticket für den Boottransfer nach Los Gigantes im Voraus kümmern.

Nach oder bei Regenfällen sollte die Tour nicht unternommen werden. Zu viel Wasser steht dann im Flussbett, der Pfad ist rutschig und das umherliegende Geröll birgt ernste Verletzungsgefahr.

Ausgangs- und Endpunkt:
Bushaltestelle im Dorf Masca

Schwierigkeitsgrad: schwer

Dauer:
2 bis 2,5 h (ca. 4 km, nur Hinweg)
6 bis 7 h (ca. 8 km, Hin- und Rückweg)

Höhenunterschiede:
ca. 39 m Aufstieg, 680 m Abstieg

Voraussetzungen:
festes Schuhwerk

Mitnehmen: Proviant, Wasser, winddichte Jacke, Sonnenschutz

ROUTE

Nach Masca gelangt man wahlweise mit dem Auto über die TF-436 oder mit den Buslinien 355 und 363, die von Buenavista oder Puerto de la Cruz starten. Von der Bushaltestelle aus sieht man bereits eine abwärts führende Treppe. Vom Parkplatz aus folgt man der Straße zunächst einige Schritte nach unten. Die Treppe führt an der Kirche von Masca vorbei, im Anschluss passiert man die Casa Enrique. Unmittelbar links davon führt der Weg weiter nach unten. Neben einem grünen Drahtzaun befindet sich ein Schild mit Informationen über Schlucht und Wanderung.

Über einen steinigen Weg geht es nach unten. Vorbei an Kakteen, Sukkulenten und Terrassenfeldern gelangt man schließlich zu einer Brücke, hinter der der Weg weiter ins Tal hinab und in die Schlucht hineinführt. Von Zeit zu Zeit muss hier ein Bach überquert werden,

Felstürme am Eingang der Schlucht

Bild o. Brücke über die Schlucht
Bild u. bizarre Gesteinsformationen

der ausgewaschene Grund der Schlucht

Bild o. eng zusammenstehende Klippen
Bild u. kammförmige Gesteinsformation

dabei dienen darin befindliche Steine als Tritthilfe.

An manchen Stellen wird der Wanderweg von großen Brocken aus Lava und Basalt versperrt. Dort muss man sich durch Spalten quetschen oder gegebenenfalls vorsichtig über die Hindernisse klettern bzw. springen.

Ein Vorteil der Strecke besteht darin, dass man sich quasi unmöglich verirren kann. Die in der engen Schlucht seitlich abzweigenden Sackgassen enden stets schon nach wenigen Schritten. Auch zahlreiche kleine Steinmännchen am Wegrand helfen bei der Orientierung. Sie verweigern ihren Dienst lediglich an einer Stelle, an der die Schlucht so eng ist, dass man gezwungenermaßen einen von Schilf bewachsenen Bach durchqueren muss. Hierbei dienen die Steine im Bach zwar als Tritthilfe, jedoch verhindert das immer dichter werdende Schilf schon nach 5 Metern jegliches Weiterkommen. An dieser Stelle muss man sich ohne richtungsweisende Steinmännchen durch das Schilf nach rechts kämpfen, um auf den schmalen Pfad zu gelangen, der zwischen Felswand und Schilf entlang nach einigen Metern wieder »ins Freie« führt.

In scheinbar unzähligen Windungen zieht sich die Schlucht dahin, bis sich das nahende Ziel durch Wellenrauschen und salzigen Meeresgeruch ankündigt. Man erreicht die Playa de Masca, einen groben Kiesstrand, schließlich nach einer 2- bis 2,5-stündigen Wanderung.

Bootstransfer nach Los Gigantes

Tickets können unmittelbar vor der Wanderung in den Läden von Masca oder im Hafen von Los Gigantes erworben werden. Das Ticket kann auch direkt vor Abfahrt am Boot gekauft werden, aber Passagiere, die bereits ein Ticket besitzen, werden vorrangig befördert. Die Fahrten finden nur bei ruhigem Wellengang statt, da das Schiff sonst nicht anlegen kann.

Masca Express
Tel.: +34 607 169 886
E-Mail: info@trekkingmasca.com
www.trekkingmasca.com

PREISE

Erwachsene: 10 €,
Kinder (2 – 12 Jahre) 5 €,
20% Rabatt bei Online-Reservierung.

FAHRPLAN

Los Gigantes — Masca	Masca — Los Gigantes
09:30	11:30
10:30	12:30
11:00	13:30
12:00	14:30
13:00	15:30
14:00	16:30
–	17:30

Busverbindungen nach Masca:
355, 365 – www.titsa.com

die Masca-Schlucht

Bild o. Basaltbogen am Wegesrand
Bild u. die Playa de Masca vom Boot aus gesehen

185

DIE STEILKÜSTE VON LOS GIGANTES

die Klippen halten de von Norden kommenden Passatwolken zurück

Die Klippen von Los Gigantes (Acantilados de Los Gigantes) sind Teil des Landschaftsparks Teno. Die Steilküste erreicht an einigen Stellen eine Höhe von bis zu 600 Metern über dem Meeresspiegel und fällt nahezu senkrecht zum Meer hin ab. Damit zählen sie zu den höchsten Steilküsten Europas.

Die Gewässer am Fuße der Klippen erreichen eine Tiefe von etwa 30 Metern und besitzen eine artenreiche Unterwasserwelt. Die Westküste ist bekannt für Sichtungen von Delfinen, Pilot- und Grindwalen, die durch die Meerenge zwischen Teneriffa und La Gomera ziehen.

Gesteinsschichtungen

Im Hafen von Los Gigantes können Bootsausflüge zu deren bevorzugten Aufenthaltsorten gebucht werden. Eine Kajaktour, geführt oder auf eigene Faust, ist die sportliche Variante. Auch hier finden sich Anbieter von Touren und Kajakverleih am Hafen von Los Gigantes.

Spektakulär anzusehen sind die Lavaschichtungen der zerklüfteten Steilküste, die sich in verschiedenen Farbschattierungen abzeichnen. Bei einer Bootsfahrt vom Ort Los Gigantes aus lassen sich die imposanten Klippen optimal von der Meeresseite her bestaunen.

Bild o. der Ausgang einer der tiefen Schluchten des Teno zum Meer
Bild r. die Steilküste von Los Gigantes

LOS GIGANTES

Von der Hafenstadt Los Gigantes hat man einen wunderbaren Ausblick auf die gleichnamige Steilküste. Der Ort punktet mit vielen Sonnenstunden, da das Tenogebirge in der Regel die Wolken zurückhält.

Los Gigantes ist stark touristisch geprägt und besitzt zahlreiche Hotels und Ferienhäuser. Hier haben sich viele Briten niedergelassen, was auch in der örtlichen Infrastruktur an Bars und Restaurants deutlich wird.

der Hafen von Los Gigantes

Vom Hafen starten zahlreiche Bootstouren, sodass sich die steilen Felswände auch vom Meer aus bewundern lassen. Darüber hinaus werden Bootsausflüge zur Walbeobachtung, zum Hochseeangeln und Tauchtouren angeboten.

Wanderer können hier einen Shuttle Service zur Durchquerung der Masca-Schlucht bei verschiedenen Anbietern buchen.

Stadtstrand in Puerto de Santiago

Ferienanlage

PUERTO DE SANTIAGO

Auch das beachtliche Touristenzentrum Puerto de Santiago, war einstmals ein kleines Fischerdorf. Heute ist es längst mit den benachbarten Orten Los Gigantes und Playa de La Arena zusammengewachsen. Neben zahlreichen touristischen Geschäften und Lokalen befinden sich hier einige angelegte Stadtstrände.

Bild l. Panoramablick vom Mirador Archipenque über Los Gigantes zu den gleichnamigen Klippen

189

Der Süden

192 — 251

Im Südosten der Insel findet man zahlreiche faszinierende Küstenlandschaften und traumhafte Strände. Im Hinterland liegen, in Kulturlandschaften eingebettet, einige historische Ortschaften Teneriffas. Hier bekommt der Besucher einen Einblick in das ländliche und bürgerliche Leben vergangener Zeiten.

Neben den großen Tourismuszentren von Los Cristianos bis Costa Adeje bietet der Südwesten Teneriffas wunderschöne Natursehenswürdigkeiten wie den Barranco del Infierno. Taucher finden in der Meerenge zwischen Teneriffa und La Gomera eine unglaublich artenreiche Unterwasserwelt.

Die Metropolregion

252 — 301

Die dicht besiedelte Region um Santa Cruz de la Palma und San Cristóbal de la Laguna bildet das kulturelle und wirtschaftliche Zenrum Teneriffas. Ein absoluter Höhepunkt ist ein Besuch der alten Inselhauptstadt, die aufgrund ihres historischen Stadtbildes zum Weltkulturerbe erklärt wurde.

Der Norden

302 — 327

Der Norden Teneriffas hat einiges zu bieten. Hier findet der Besucher ein abwechslungsreiches Programm aus zahlreichen historischen Ortschaften, den Naturschönheiten des Orotavatals, Stränden und Meerwasserbädern sowie gelebten Traditionen.

DER SÜDEN

DER SÜDEN

historischer Altstadtkern von Adeje

Im Südwesten Teneriffas befinden sich die großen Tourismuszentren. Der südliche Küstenstreifen, von Costa Adeje über Playa de las Américas bis nach Los Cristianos, ist nahtlos zu einer Stadt zusammengewachsen. Hier findet man verschiedenste Freizeitparks, unzählige Wassersport- und Ausflugsangebote sowie Stadtstrände mit perfekt ausgebau-ter Infrastruktur. Playa de las Américas gilt als Teneriffas Night Live Hauptstadt. Weiter im Norden geht es gediegener zu, neben gehobeneren Hotelanlagen finden sich kleine, feine Strände und Meerwasserschwimmbecken, wie bei Alcalá und Playa San Juan.

Wasserfall im Barranco del Infierno

Blick von El Palmar an die bebaute Küste bei Los Cristianos

Entfernt man sich weiter von der Küste in die ländlicheren Bergregionen, trifft man auf historisch gewachsene Städtchen und traditionelle Dörfer, wie Guía de Isora, Adeje oder Arona.

Für Natur- und Wanderfreunde hat das Naturschutzgebiet Barranco del Infierno einiges zu bieten. Taucher finden in der Meerenge zwischen Teneriffa und La Gomera eine reiche Unterwasserwelt mit Populationen von Walen, Delfinen und Meeresschildkröten.

die Hafenpromenade von Playa San Juan

Der warme und sonnige Südosten Teneriffas bietet abwechslungsreiche Landschaften. In der Küstenregion findet man kleine, verträumte Fischerdörfer und traumhafte Strände.

In Schutzgebieten wie dem Montaña Amarilla oder dem Montaña Roja finden sich faszinierende Küstenlandschaften vulkanischen Ursprungs. El Médano mit den umliegenden Stränden gilt als das Surferparadies Teneriffas.

Gemeindekirche in Arico

Iglesia de San Antonio de Padua in Granadilla

ländliche Tradition in Icor

Unternimmt man eine Ausflugsfahrt entlang der alten Verbindungsstraße TF-28, erhält man einen Einblick in die traditionellen Ortschaften Teneriffas, deren frühe Bauwerke großteils auf das 16. Jahrhundert zurückzuführen sind. Hier findet man ländliche, bürgerliche und sakrale Architektur im klassisch kanarischen Stil.

Tiefe, eindrucksvolle Schluchten ziehen sich von den Höhenlagen bis hinunter zum Ozean. Von den höher gelegenen Orten kann man traumhafte Wanderungen durch die Kulturlandschaften und in den Naturpark Corona Forestal unternehmen. Vilaflor, das höchstgelegene Dorf Teneriffas ist der ideale Ausgangspunkt für Ausflüge in den Teide Nationalpark.

Dünenlandschaft bei El Médano

GUÍA DE ISORA

Bei klarem Wetter hat man von Guía de Isora einen traumhaften Blick zur Nachbarinsel La Gomera. Im Umland des Städtchens wird intensiv Landwirtschaft betrieben. Geerntet werden vor allem Tomaten und kanarische Bananen.

Die Altstadt von Guía de Isora steht seit 2009 unter Denkmalschutz. Schön anzuschauen sind die ländlich geprägten Wohngebäude aus dem 18. Jahrhundert. Weitaus mehr Gebäude stammen jedoch aus dem 19. und 20. Jahrhundert. Zu dieser Zeit fand ein wirtschaftlicher Aufschwung statt, da ehemalige Auswanderer nun gut situiert aus Kuba und Venezuela heimkehrten.

Bananenanbau

Die dreischiffige Kirche »Nuestra Señora de la Luz« stammt aus dem 16. Jahrhundert. Sie steht auf einem idyllischen Platz umgeben von Lorbeerbäumen. Auch das dem alte Rathaus liegt am Kirchplatz.

Im Gemeindegebiet liegt der Montaña de Tejina zwischen den tiefen Erosionsschluchten Guaria und Cuéscara. Aufgrund seiner besonderen Gesteinszusammensetzung wurde er zum geologischen Schutzgebiet erklärt.

Montaña de Tejina

Über die Landstraße von Guía de Isora erreicht man die beiden ursprünglichen Dörfer Aripe und Chirche. Beide liegen inmitten einer spektakulären Vulkanlandschaft. Das auf einer früheren Guanchensiedlung errichtete Chirche liegt am Treffpunkt zweier Schluchten. In Aripe befindet sich die erste Petroglyphenfundstätte der Insel.

zwei traditionelle Dörfer: Aripe und Chirche

Bild o. die Altstadtgassen von Guía de Isora stehen unter Denkmalschutz
Bild l. die Marienkirche Iglesia de la Virgen de la Luz in Guía de Isora

ALCALÁ

Meerwasserbad

Direkt im ruhigen kleinen Fischerdorf Alcalá befindet sich die kleine schwarze Sandbucht Playa de Alcalá. Oberhalb des Strandes befinden sich mehrere Cafés und Restaurants, die frischen Fisch und Meeresfrüchte anbieten. Besucht man die Küste von Alcalá in den Abendstunden, kann man einen wunderschönen Sonnenuntergang mit Blick auf die Insel La Gomara erleben.

Die gut ausgebaute Küstenpromenade Paseo Maritimo führt als Rad- und Fußweg am Meer entlang weiter nach Norden. Unterhalb des schön gestalteten Hotelkomplexes Hotel Gran Meliá Palacio de Isora befinden sich zwei Meerwasserschwimmbecken mit angelegten Liegeflächen. Ein weiteres Meerwasserbad liegt nördlich des gut ausgestatteten Strands Playa de La Jaquita.

Die Playa de La Jaquita besteht aus drei kleineren Buchten. Der Strand ist bewacht und infrastrukturell hervorragend erschlossen. Es gibt einen eigenen Kinderbereich, Umkleidekabinen, Duschen, Toiletten und einen barrierefreien Zugang. Strandliegen und Sonnenschirme können angemietet werden. An der Promenade befindet sich eine kleine Strandbar.

Angler an der Lavaküste

Die Küste bei Alcalá ist auch ein wunderbares Tauchgebiet. Diese Region durchstreifen regelmäßig Exemplare der unechten Karettschildkröte und der Suppenschildkröte.

Bild o. die Küstenpromenade Paseo Maritimo mit kleinen schwarzen Sandsstränden und Meerwasserschwimmbecken

PLAYA SAN JUAN

Der Touristenort Playa San Juan gehört zur Gemeinde Guía de Isora und liegt an der Mündung des Barrancos von Guía direkt am Meer. Vom Hafen aus erstreckt sich eine etwa zwei Kilometer lange Promenade den Strand und die Küste entlang.

Das Zentrum des Ortes konzentriert sich rund um den Hafen. Er dient Fischern und privaten Bootsbesitzern als Liegeplatz. Hier befinden sich auch mehrere Restaurants, Cafés und Ladengeschäfte.

die Hafenpromenade mit Restaurants und Cafés

Direkt neben dem Hafen beginnt der Stadtstrand von Playa San Juan. Er erstreckt sich gegenüber der Mole und liegt so geschützt vor Wind und Wellen. Der Zugang zum schwarzen Sandstrand ist barrierefrei. Zur guten Ausstattung gehören Duschen, Sonnenschirme und Strandliegen zur Miete und gastronomischen Einrichtungen.

Folgt man der Promenade weiter ortsauswärts, gelangt man am Ende der Bucht zu einem alten Kalkbrennofen (span. Horno de Cal) aus dem 19. Jahrhundert. Oberhalb des Ofens befindet sich ein Aussichtspunkt mit Blick auf Playa San Juan und die Küste.

Von der Küstenstraße Avenida Emigrante erfolgt der Zugang zum Meerwasserschwimmbad mit eben angelegten Liegeflächen.

Stadtstrand in Playa San Juan

Bild o. Meerwasserbad im Zentrum des Ortes

ADEJE

Bis Mitte des letzten Jahrhunderts war Adeje, auch Villa de Adeje genannt, ein kleines Dorf in den Küstenbergen. Heute zählt der Costa Adeje genannte Küstenstreifen der Gemeinde zu den favorisierten Touristenzentren der Insel.

Der historische Ortskern des alten Hauptorts der Gemeinde ist einen Besuch wert. Das älteste Bauwerk ist die Casa Fuerte, die 1555 zum Schutz gegen Angriffe englischer und französischer Piraten errichtet wurde. Im Jahre 1655 wurde das Gebäude Gerichtsstandort des Marquis von Adeje, Juan Bautista de Ponte Fonte y Pagés. Die Casa Fuerte liegt im ältesten Ortsteil von Adeje unweit der ebenfalls unter Denkmalschutz stehenden Kirche Santa Úrsula. Ihren Ursprung hat die Kirche in einer Kapelle aus dem 16. Jahrhundert. Die beiden Schiffe des Gotteshauses wurden in verschiedenen Perioden erbaut.

wehrhaftes Mauerwerk

Wenige Schritte entfernt in der Calle Grande steht die Klosterkirche Nuestra Señora de Guadalupe y San Pablo. Imposant ist die bemalte Kassettendecke im Mudéjar-Stil aus Tea-Holz. Das Hauptportal wird vom Marmorwappen des Marquis Juan Bautista de Ponte Fonte y Pagés geziert. Die Kapelle San Sebastián nahe der Küste wurde Anfang des 16. Jahrhunderts errichtet. Immer am 20. Januar findet hier ein großes Fest mit Musik und gutem Essen zu Ehren des Heilgen Sebastians statt.

Rund um Adeje gibt es zahlreiche Wandermöglichkeiten, z.B. im Landschaftsschutzgebiet Barranco del Infierno, zum Roque del Conde und im Kiefernwald bei Ifonche.

Bild o. u. r. historischer Altstadtkern von Adeje

BARRANCO DEL INFIERNO

Das Naturschutzgebiet Barranco del Infierno umfasst eine Fläche von etwa 1.840 Hektar und liegt im Adeje-Massiv, einem der drei ältesten Gebirgszüge Teneriffas. Die Erosion hat hier tiefe Schluchten geformt, darunter die Schluchten von El Hoyo, Fañabé, El Agua und El Infierno. Im Gebiet liegen auch die Berge Roque del Conde, Imoque und Abinque.

Der Barranco del Infierno selbst ist eine tief ins Gebirge eingeschnittene Schlucht, die sich zum Berg hin verengt. Der Höhepunkt der Wanderung durch die Schlucht ist eine mehrstufige Kaskade, die über eine Gesamthöhe von etwa 150 Metern hinabfließt. Besonders eindrucksvoll ist der Wasserfall in den Wintermonaten, da die Quelle des El Roque Abinque dann mehr Wasser führt.

Die Pflanzenwelt besteht aus zahlreichen endemischen Arten, wie der vom Aussterben bedrohten Goldgelben Leuchterblume. In der Tierwelt trifft man auf zahlreiche Singvögel und auch das scheue Steinhuhn. Entlang des Wasserlaufs sieht man rote sowie blau und grün schimmernde Libellen.

Der Zugang in den Barranco del Infierno ist reglementiert. Pro Tag wird 300 Personen Einlass gewährt. Die einfache Wanderung führt auf gut ausgebauten Wegen mit kleinen Aussichtspunkten in die Schlucht hinein und auf gleichem Weg zurück. Am Eingang verteilt das Personal Schutzhelme und gibt Anweisungen zur Aufenthaltsdauer und Haltepunkten.

Feuerlibelle

im Barranco findet man viele Wolfsmilchgewächse

EINTRITT

Erwachsene: 8,00 €
Kinder 5 – 12 Jahre: 4,00 €
Online-Buchung möglich.

ANREISE / KONTAKT

Calle Molinos 46, 38670, Adeje
Tel.: +34 922 780 078
E-Mail: info@barrancodelinfierno.es
www.barrancodelinfierno.es

ÖFFNUNGSZEITEN

täglich: 8:00 – 14:30 Uhr
Der Wanderweg schließt um 18 Uhr. Bei schlechtem Wetter bleibt der Wanderweg geschlossen.

abgestorbener Baum

Bild l. mehrstufiger Wasserfall im Barranco del Infierno

»WANDERUNG DURCH DEN BARRANCO DEL INFIERNO«

täglich: 8:00 – 14:30 Uhr
Der Wanderweg schließt um 18 Uhr. Bei schlechtem Wetter und Steinschlaggefahr bleibt der Wanderweg geschlossen.

Erwachsene: 8,00 €
Kinder 5 – 12 Jahre: 4,00 €

KONTAKT/BUCHUNG

Tel.: +34 922 780 078
E-Mail: info@barrancodelinfierno.es
www.barrancodelinfierno.es

HINWEIS

Zutritt begrenzt auf 300 Personen pro Tag. Aufgrund des Andrangs und des oft schwülen Klimas ist es sinnvoll, früh zu starten.

ROUTE

Die Route startet am Ende der Calle de los Molinos in Adeje am Kassenhäuschen.

Anfänglich verläuft der Wanderweg in leichtem Auf und Ab den Hang entlang auf einem alten Hirtenweg. Der Weg ist gut ausgebaut, zur Schlucht hin hat man abschüssige Bereiche mit Holzpfosten begrenzt, auch mit Steinen gemauerte Aussichtspunkte wurden angelegt.

Ausgangs- und Endpunkt:
Am oberen Ortsende von Adeje, Calle Molinos 46

Schwierigkeitsgrad: leicht

Dauer: ca. 3 h / 6 km

Höhenunterschiede:
ca. 300 m Auf- und Abstieg

Voraussetzungen:
festes Schuhwerk

Mitnehmen: Proviant, Wasser, winddichte Jacke, Sonnenschutz

Einkehrmöglichkeit: Bar / Restaurant in Adeje

Bild o. Blick in den Barranco del Infierno

der Weg ist gesäumt mit Wolfsmilchgewächsen

Bild o. und u. fließender Wasserlauf im Endtal des Barrancos

Rechts und links des Weges sieht man Bienenstöcke und zahlreiche Wolfsmilchgewächse. Eine stillgelegte Wasserleitung verläuft weite Strecken parallel zum Pfad, es gibt auch einen kleinen Aquädukt zu sehen. Weiter hinten im Tal verengt sich die Schlucht und man nähert sich dem Barranco-Grund, der in diesem Bereich noch kein Wasser führt.

Der weitere Wegverlauf führt nun zwischen vertikalen Felswänden hindurch. Man wird von einem kleinen Bach begleitet, der teils durch felsiges Terrain und Wasserbassins fließt. Hier haben sich Kanarische Weiden und Kastanienbäume angesiedelt. Der Weg wechselt mittels einer kleinen Brücke die Talseite und führt nun über ein paar Stufen weiter Richtung Endtal.

Bald erreicht man den Höhepunkt der Wanderung, die imposante Kaskade, die versteckt hinter der letzten Wegbiegung liegt. Der Wasserfall fließt über mehrere Stufen durch die Steilwand in ein Wasserbecken.

Mit ein bisschen Glück kann man unterwegs Vögel, wie das Rotkehlchen, den Kanarenpieper oder auch Mauersegler und Turmfalken beobachten. Auf dem Rückweg ergeben sich traumhafte Ausblicke über die Schlucht und auf Adeje bis hin zum Ozean.

Nach der leichten Wanderung bietet sich noch eine kleine Erkundungstour durch die Altstadt von Adeje an.

Bild r. der Wasserfall am Ende des Talkessels

COSTA ADEJE

Costa Adeje hat sich erst vor wenigen Jahrzehnten als Touristenzentrum etabliert. Man findet hier vorwiegend Hotels der geho-
benen Mittelklasse, es gibt zahlreiche Freizeitparks, den Sporthafen Puerto Colón, in dem man Bootsausflüge buchen kann, und
einen Golfplatz. Die Stadt geht nahtlos in die im Süden angren-
zende Tourismusmetropole Playa de las Américas über.

Im Ort gibt es größere Shopping-Zentren, wie die Fañabé Plaza
und die Plaza del Duque, in denen man Designerkleidung be-
kannter Marken, Accessoires und Parfums erstehen kann.
Entlang der Strandpromenaden findet man viele kleine Läden,
die sich auf die touristischen Bedürfnisse ausgerichtet haben.

*Kakteen in den
Parkanlagen*

In Costa Adeje kommt das Nachtleben auf keinen Fall zu kurz.
In den zahlreichen Bars und Diskotheken ist immer etwas los,
auch bis in die frühen Morgenstunden. Auch die Restaurants
decken eine Bandbreite der verschiedensten Nationalitäten ab,
bekannte Fast-Food-Ketten haben hier ebenfalls mit mehreren
Niederlassungen Fuß gefasst.

Das Touristenzentrum hat mehrere künstlich angelegte Strände
zu bieten, die alle über eine gut ausgebaute Infrastruktur verfügen. Mit hellem Sandstrand, Palmen und Sonnenschirmen aus
Bambus lockt die Playa del Duque gehobenere Besucherkrei-
se an. Für Familien ist die Playa de Fañabé geeignet. Ebenfalls
besonders kinderfreundlich ist die Playa de Torviscas durch den
flachen Einstieg ins Meer. Doch auch Erwachsene kommen hier
mit Tretboot, Jetski und Paragliding ganz auf ihre Kosten. Wie die
Playa de Torviscas ist auch die Playa de El Bobo von zwei Molen
eingefasst und verfügt über einen schwarzen Sandstrand. Dank
einer durchschnittlichen Jahrestemperatur von 24 °C und fast 300
Sonnentagen im Jahr kann man fast ganzjährig baden.

In Adeje gibt es unzählige Tauchcenter, die Tauchkurse anbieten
oder Tauchgänge in die reiche Unterwasserfauna der Küstengewässer organisieren. Auch Walbeobachtungstouren werden
im Hafen angeboten.

*Feriensiedlung bei Playa
del Duque*

Bild l. der Strand im Ferienort Playa de Ajabo

ARONA

traditioneller Balkon

Zur Gemeinde Arona gehören einige bekannte Touristenzentren an der Südwestküste Teneriffas. An ihrem über 15 Kilometer langen Küstenstreifen liegen die beiden Touristenhochburgen Playa de las Américas und Los Cristianos, die der Gemeinde zu Wohlstand verhalfen. Auch die weniger bekannten Küstenabschnitte Costa del Silencio und Las Galletas gehören zum Gemeindegebiet.

Das historische Städtchen Arona liegt im ländlichen Bereich auf etwa 600 Metern über dem Meer und konnte sein traditionelles kanarisches Ambiente wahren. Im Zentrum befindet sich die aus dem 18. Jh. stammende Kirche San Antonio Abad. Auf dem Kirchenvorplatz steht ein alter, knapp neun Meter hoher Mastixbaum. Er zählt zum kulturellen Erbe Aronas, seine Darstellung findet sich im Gemeindewappen.

In den umliegenden, schön gepflasterten Gassen lassen sich noch einige historische Gebäude bestaunen.

Gasse in Arona

Arona ist der ideale Ausgangspunkt für Wanderungen auf den imposanten Roque del Conde oder um den Roque Imoque, die beide im Naturschutzgebiet Barranco del Infierno liegen.

In der Nähe liegt auch der Gleitschirmstartplatz Ifonche, von dem aus Flüge über traumhaftes Küstenpanorama bis Playa de La Caleta unternommen werden können.

Bild o. ländliche Kulturlandschaft rund um Arona
Bild r. die Kirche San Antonio Abad im Ortskern von Arona

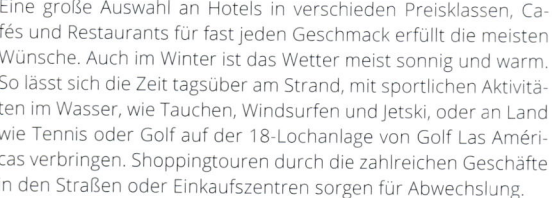

PLAYA DE LAS AMÉRICAS

Playa de las Américas gehört zu den beliebtesten Reisezielen auf Teneriffa. Hier ist immer etwas los. Nachtschwärmer kommen hier ebenso auf ihre Kosten wie Familien, die einen unterhaltsamen Badeurlaub verbringen wollen.

Eine große Auswahl an Hotels in verschieden Preisklassen, Cafés und Restaurants für fast jeden Geschmack erfüllt die meisten Wünsche. Auch im Winter ist das Wetter meist sonnig und warm. So lässt sich die Zeit tagsüber am Strand, mit sportlichen Aktivitäten im Wasser, wie Tauchen, Windsurfen und Jetski, oder an Land wie Tennis oder Golf auf der 18-Lochanlage von Golf Las Américas verbringen. Shoppingtouren durch die zahlreichen Geschäfte in den Straßen oder Einkaufszentren sorgen für Abwechslung.

Mit seinem quirligen Nachtleben zieht Playa de las Américas auch ein jugendliches Partypublikum an. Hier findet man Abend für Abend Bars mit Live-Musik, Diskotheken und Nachtclubs. Wer es etwas weniger wild mag, genießt die Abende in den Terrassencafés der Standpromenade.

Bild o. und l. belebte Strände entlang der Küste von Playa de las Américas

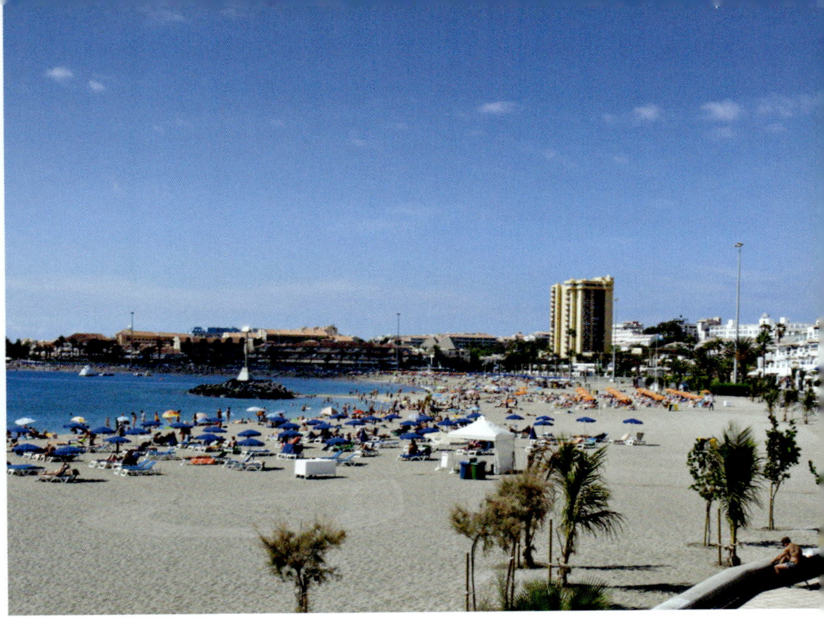

LOS CRISTIANOS

Von seinem Ursprung als Fischerdorf hat sich Los Cristianos weit entfernt. Die historischen Wurzeln findet man aber noch im Hafen und in der Altstadt. Die Tage lassen sich meist das ganze Jahr über am Strand oder im bzw. auf dem Wasser verbringen. Wem ideale Badebedingungen, feiner Sand und die Bars und Restaurants der Promenade nicht für einen schönen Tag am Meer reichen, kann sich zur Abwechslung ein Kajak, Surf- oder Paddling-Board ausleihen. Und wem der Sinn gar nicht nach Strand steht, kann in den zahlreichen Geschäften seine Urlaubskasse leeren.

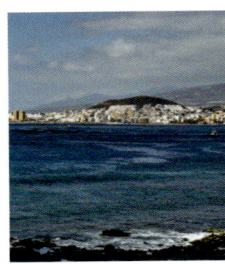

Der Hafen von Los Cristianos ist Ausgangspunkt für Bootsausflüge zum Angeln, Tauchen oder der Beobachtung von Walen und Delfinen. Von hier aus legen auch die Fähren ab, die Teneriffa mit den kleineren Nachbarinseln El Hierro oder La Gomera verbinden.

Ein kleiner Zoo in der Nähe von Los Cristianos hat sich auf Affen spezialisiert. Unsere verspielten Verwandten aus der Tierwelt dürfen von ganz Mutigen auch gefüttert und gestreichelt werden.

Blick von Palm-Mar auf die Tourismusmetropolen

Bild o. Playa de Las Vistas in Los Cristianos

VILAFLOR

Vilaflor ist mit seiner Lage auf 1.466 Metern das höchstgelegene Dorf Teneriffas. Die Umgebung ist hautsächlich von der auf Terrassenfeldern betriebenen Landwirtschaft geprägt. Es werden vor allem Kartoffeln, Mandeln und Wein angebaut. Weitere Wirtschaftsfaktoren sind, neben dem Tourismus, die in Vilafor abgefüllten Mineralquellen Pinalito und Fuente Alta sowie die Herstellung von Kunsthandwerk.

Auf der Plaza San Pedro steht die im kanarischen Stil erbaute Kirche San Pedro Apóstol aus dem 17. Jahrhundert. Sie wurde im Inneren mit Holzvertäfelungen im Mudéjar-Stil ausgebaut.

Kanalsystem der alten Wassermühle

Parkanlage im Ortskern

Unterhalb der Kirche befindet sich eine kleine, schön angelegte Parkanlage mit Wasserläufen, die rechts und links von traditionellen Bürgerhäusern umgeben ist. Sehenswert sind auch die Reste der alten Wassermühle aus dem Jahr 1644 , die bis 1915 in Betrieb war.

Vilaflor ist der perfekte Ausgangspunkt und Wohnort für Wanderurlauber, die den Teide Nationalpark besuchen möchten. Von hier starten auch zahlreiche Touren in den Naturpark Corona Forestal, z. B. zu den bekannten Paisaje Lunar.

Steintreppe an der Wassermühle

Kanarisches Landhaus aus dem 17. Jahrhundert,
»La Casa de la Familia Soler« an der Plaza San Pedro in Vilaflor

PINO GORDO

Folgt man der TF-21 von Süden aus in Richtung Teide-Nationalpark, erreicht man nur wenige Kilometer oberhalb von
Vilaflor den Mirador Pino Gordo.

Hier stehen zwei spektakuläre Kanarische Kiefern von einzigar-
tiger Größe. Die Kiefer mit dem Namen »Pino Gordo« befindet
sich unterhalb der Straße auf einer von einer Steinmauer um-
gebenen Terrasse. Die gewaltige Kiefer hat eine Höhe von etwa
45 Metern und einem Stammumfang von knapp 9 Metern.

grobe Kiefernborke

Die zweite Kiefer »Pino de las dos Pernadas« findet man ein
kleines Stück versetzt oberhalb der Straße. Sie bringt es auf
eine Wuchshöhe von über 56 Metern.

Auch wenn die Kanarischen Kiefern nicht so beeindruckend
anzusehen sind wie die Riesenmammutbäume in den USA
oder Kanada, so sind die gewaltigen Bäume doch sicherlich
nicht zu unrecht ein beliebtes Fotomotiv.

Zudem bietet die Terrasse am Mirador Pino Gordo einen wunderbaren Ausblick über Vilaflor.

der mächtige Stamm der
Pino Gordo

Bild o. Blick über Vilaflor vom Aussichtspunkt
und l. die kleinere der beiden Kiefern »Pino Gordo«

SAN MIGUEL DE ABONA

Kirche in San Miguel

Die Ursprünge der Gemeinde San Miguel de Abona lassen sich bis zur Zeit der Ureinwohner zurückverfolgen. Das Städtchen selbst hat einige Sehenswürdigkeiten im kleinen Altstadtkern. Die Casa Museo El Capitán ein Gebäude im typischen, traditionellen kanarischen Baustil mit Innenhof, Halbsouterrain mit Weinkeller, Kelter und Getreidespeichern. Weitere Sehenswürdigkeiten sind die Hauptpfarrkirche San Miguel Arcángel aus dem 18. Jahrhundert und das Geburtshaus von Juan Bethencourt Alfonso (1847 geborener Arzt, Historiker, Anthropologe, Ethnograph, Lehrer und Journalist), das 200 Jahre alte, schlichte Gebäude der Gemeindebibliothek, die Casa Azul (heutiges Rathaus) im brasilianischem Baustil aus den 1920er Jahren sowie die Casa Cuatro Esquinas, in der sich das Tourismusbüro befindet.

GEOLOGISCHES SCHUTZGEBIET ROQUE DE JAMA

Die Entstehung des Roque de Jama steht in enger Verbindung mit dem Ursprung der alten Abschnitte des Adeje-Massivs. Er stellt außerdem einen wichtigen Lebensraum für sogenannte Lithophyten dar, diese Pflanzen wachsen ohne Erde in oder auf Gestein.

Bild o. der Roque de Jama mit seinem schönen, die Küste überragenden Gipfel
Bild r. Museo Casa el Capitán in San Miguel de Abona

GEOLOGISCHES SCHUTZGEBIET MONTAÑA AMARILLA

Das Monumento Natural de Montaña Amarilla liegt auf dem Gemeindegebiet von San Miguel und Arona auf einer Fläche von rund 28 Hektar.

Der Montaña Amarilla (dt. gelber Berg) ist der südlichste aus einer Reihe von Vulkankegeln, die in einer direkten Linie ausgerichtet sind. Sie entstanden durch unterseeische Eruptionen und zeichnen sich durch eine helle Farbgebung des Vulkangesteins aus.

kristallklares Wasser

Erosion durch die auftreffenden Wellen des Meeres formte die bizarren Gesteinsformationen an der Seeseite des Montaña Amarilla. Am westlichen Küstenabschnitt befindet sich eine fossile Düne, die ebenfalls durch Erosion freigelegt wurde. Bei Ebbe lassen sich die imposanten Formen im gelben Felsgestein erkunden.

Die Playa de Amarilla ist kein Sandstrand. doch es finden sich Liegebereiche auf den Steinplateaus und angelegte Treppen, die zum Meer führen. Im klaren Wasser am Fuße des Vulkans wird gerne getaucht und geschnorchelt.

Ein Spazierweg führt um den Vulkankege herum, über ausgetretene Pfade kann man auch den Kraterrand erreichen.

vom Meer geformtes Gestein

Bild o. die kleine Playa Amarilla
Bild l. der Montaña Amarilla

GRANADILLA DE ABONA

Granadilla de Abona im ländlichen Südosten Teneriffas verfügt über einen sehr schönen Altstadtkern.

Bei einem Spaziergang durch die schmalen, gepflasterten Gässchen lassen sich die traditionellen, farbenfroh gestrichenen kanarischen Stadthäuser bewundern. Gebäude mit zwei Stockwerken schmücken sich auch gerne mit einem typischen Holzbalkon.

traditioneller Balkon

Zu den Sehenswürdigkeiten zählt die Pfarrkirche San Antonio de Padua. Nach ihrer Fertigstellung im 17. Jahrhundert fiel sie einem Brand zum Opfer und musste 100 Jahre später erneut aufgebaut werden.

Innerhalb der Kirche erwarten den Besucher kunstvolle Schnitzereien und Schmiedearbeiten aus Gold und Silber.

Ein schattiges Plätzchen findet man auf dem von Bäumen umsäumten Vorplatz des ehemaligen Franziskanerklosters »San Luis Obispo«. Der Konvent aus dem 17. Jahrhundert wurde direkt nach seiner Errichtung 1745 komplett zerstört und von den Mönchen verlassen. Um 1970 wurde er von der Regierung wieder aufgebaut und beherbergt heute ein Centro Cultural.

ehemaliges Konvent San Francisco

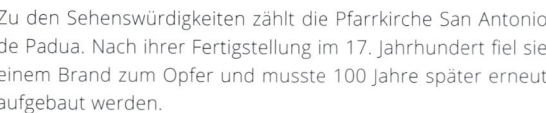

Bild o. Altstadtgasse in Granadilla
Bild r. Iglesia de San Antonio de Padua

LAS VEGAS

Das Dörfchen Las Vegas soll die erste spanische Siedlung auf dem Gemeindegebiet von Granadilla de Abona gewesen sein. Die kleine Hochebene auf 650 Meter Höhe bot, auch wegen der nahen Quellen, das beste Potenzial, Land urbar zu machen.

Las Vegas hat heute nur noch knapp 180 Einwohner, sein ländliches Flair mit traditionellen Gebäuden ist jedoch gut erhalten. Teilweise wurden die verlassenen Häuser in nette ländliche Ferienunterkünfte umgestaltet.

Blick in einen Patio

Wanderweg bei Las Vegas

Das nahe dem Naturpark Corona Forestal gelegene Örtchen ist der ideale Ausgangspunkt für Wanderungen. Direkt an der Kapelle Nuestra Señora de la Encarnación startet ein etwa 8 Kilometer langer Rundwanderweg, der an zahlreichen Quellen und Wasserkanälen vorbei durch lichten Kiefernwald führt.

Eine weitere Sehenswürdigkeit in der Umgebung sind die Wohnhöhlen, die bereits von den Guanchen genutzt wurden. Man sieht sie besonders oft in der Region um Las Vegas aber auch im gesamten Süden der Insel. Meist wurde eine natürliche Höhle im leicht zu bearbeitenden Tuffstein weiter ausgebaut.

Unweit von Las Vegas liegt auch die tief eingeschnittene Schlucht Barranco del Río.

Barranco del Río

Bild o. und l. traditionelles kanarisches Landhaus

NATURSCHUTZGEBIET MONTAÑA ROJA

rotes Gestein an der Montaña Roja

Das Naturschutzgebiet (Reserva Natural Especial) umfasst eine Fläche von etwa 166 Hektar. Im Gebiet finden sich Sandflächen und Feuchtgebiete, die als Rückzugsort geschützter Vogelarten, wie dem seltenen Seeregenpfeifer, dienen. Dieser hat hier sein einziges Brutgebiet auf den Kanarischen Inseln.

Am Fuße des 171 Meter hohen Vulkans Montaña Roja liegt eine der letzten gut erhaltenen Dünenlandschaften der westlichen Kanaren. Die oft hohen Temperaturen in Kombination mit geringen Niederschlägen und der salzhaltigen Meeresluft haben einen wüstenartigen Lebensraum erschaffen.

felsiger Küstenabschnitt

Neben dem Montaña Roja liegt der kleinere Montaña Bocinegro, der ebenfalls eine rote Färbung aufweist. Beide Berge können erwandert werden. Am besten man wählt den Weg von El Médano entlang der Küste vorbei an der zwischen den Dünen eingebetteten Salzwasserlagune. Sie speist sich durch Meerwasser, das bei Flut durch den Sand eindringt. Vom Gipfel des Montaña Roja bietet sich ein traumhafter Rundblick entlang der Küste.

Bild o. ausgewaschenes Gestein prägt die Landschaft; Bild r. die Playa de Montaña Roja mit Montaña Bocinegro und Montaña Roja im Hintergrund

direkt an der Küste: der nur 36 m hohe Vulkan Bocinegro

EL MÉDANO

Das an der Südküste Teneriffas gelegene El Médano gilt als das Surferparadies der Insel. Die drei dazugehörigen Strände eignen sich allerdings in erster Linie nur für echte Könner. An der Playa El Cabezo finden sogar alljährlich Weltcup-Rennen statt. So ist es nur naheliegend, dass die Stadt vollkommen auf die Bedürfnisse der Surfer ausgelegt ist und mit vielen Surfschulen und Brettverleihern aufwarten kann.

Puerto de El Médano

Hotels und Apartmentwohnungen sorgen für eine große Auswahl an Übernachtungsmöglichkeiten, während zahlreiche Cafés, Bars und Restaurants zu einem abwechslungsreichen Nachtleben beitragen.

PLAYA DE LA TEJITA

Der Sandstrand Playa de la Tejita liegt auf der Westseite des Montaña Roja noch im Bereich des Naturschutzgebiets. Der etwa einen Kilometer lange schwarze Naturstrand fällt flach zum Meer hin ab und eignet sich somit perfekt zum Baden. Obwohl hier ähnliche Windverhältnisse herrschen, bevorzugen Surfer die Playa de El Médano.

Am Strand befindet sich ein kleines Café, an dem auch Sonnenliegen und Schirme gemietet werden können. An diesem Strand ist das Nacktbaden offiziell erlaubt.

Playa de la Tejita

Bild o. die bei Surfern beliebte Playa de El Médano
Bild l. Dünenlandschaft mit Lagune um El Médano

VILLA DE ARICO

Häuschen in der Calle Benitez de Lugo

Arico setzt sich aus den Ortsteilen Arico Viejo, Arico Nuevo, Lomo de Arico sowie einigen Häuseransammlungen zusammen. Die Gründung des Ortes geht auf das 16. Jahrhundert zurück, als in El Lomo de Arico die ersten Häuser errichtet wurden. Gleichzeitig wurde die Wallfahrtskapelle San Juan Bautista gebaut, an deren Stelle heute die gleichnamige Gemeindekirche aus dem 18. Jahrhundert steht.

Ein Jahrhundert später entstand Arico Viejo. Arico Nuevo wurde im 18. Jahrhundert gegründet. Wassermangel zwang die Bewohner von El Lomo de Arico zur Ansiedlung an einer neuen Quelle. Hier wurden im 18. Und 19. Jahrhundert vor allem vornehme Stadtvillen errichtet. Der Ortsteil Arico Nuevo wurde von der Inselregierung unter Denkmalschutz gestellt.

traditioneller Aufgang ins Obergeschoss

Im Jahr 1916 wurde der Gemeinde durch König Alfons XIII. mit dem Titel »Villa« das Stadtrecht verliehen. Verwaltungssitz und Zentrum der Gemeinde befinden sich im Ortsteil Lomo de Arico, oftmals auch einfach Villa de Arico genannt.

Bild o. und r. Iglesia Villa de Arico

CASERÍO DE ICOR

Auf einer Ausflugsfahrt entlang der TF-28 sollte man auf jeden Fall einen Halt in Icor einlegen. Die kleine Siedlung liegt direkt an der beeindruckenden Schlucht Barranco de Icor.

Schon in der Zeit vor der Eroberung sollen hier Guanchen gesiedelt haben, man soll hier die Überreste eines Versammlungsplatzes, eines Tagoror, gefunden haben. Ab Mitte des 16. Jahrhunderts sollen die Ureinwohner den Ort gemeinsam mit den spanischen Eroberern bewohnt haben. Heute steht der nahezu verlassene Ort unter Denkmalschutz.

alte Wasserleitung entlang der Dorfstraße

Sehenswert ist das Ensemble wegen der gut erhaltenen traditionellen kanarischen Architektur der Bauwerke. Die Häuser wurden aus vulkanischem Tuffstein errichtet. Der Grundriss ist rechteckig mit klassischem Innenhof. Das zweite Stockwerk diente als Getreidespeicher und war nur über eine Außentreppe aus Stein oder Holz erreichbar. Die Dachkonstruktion wurde als Satteldach ausgeführt und mit vor Ort hergestellten Ziegeln eingedeckt.

Der Standort der Häuser wurde nach dem Verlauf der zum landwirtschaftlichen Anbau nötigen Wasserkanäle bestimmt. Die Bewässerungsleitungen wurden zum Teil aus Stein gebaut oder auch in den Fels geschlagen.

Barranco de Icor o las Carretas

Bild o. und l. Häuser aus Tuffgestein in Caserio de Icor

SAN MIGUEL DE TAJAO

San Miguel de Tajao

Der kleine verschlafene Fischerort San Miguel de Tajao ist bis heute weitgehend vom Tourismus verschont geblieben. An der Hafenpromenade befinden sich mehrere einfache Fischrestaurants, die auch gerne von Einheimischen aufgesucht werden. Der fangfrische Fisch wird hier zu relativ günstigen Preisen angeboten.

Das Dorf liegt eingebettet in eine sandfarbene Tuffsteinlandschaft, die direkt bis zum Atlantik reicht. Besonders spektakulär ist die wilde Bucht direkt neben dem Hafen. Das von Wind und Wellen erodierte Vulkangestein zeigt sich hier in bizarren Formen und Farbabstufungen.

Tuffgestein an der Küste

Die Playa de Tajao liegt direkt neben dem Hafen. Der unbewachte 50 Meter lange Strand besteht aus flachen Steinen und schwarzem Sand.

der Hafen von San Miguel de Tajao

Bild r. imposante Tuffsteinbucht am Hafen des kleinen Ortes

ABADES

Die eher unbekannte Feriensiedlung Abades an der warmen und sonnigen Südostküste Teneriffas besticht vor allem durch ihre wunderschönen Sandstrände. Die dunklen, feinsandigen Naturstrände verteilen sich auf drei geschützte Buchten, welche von interessanten Lavaformationen eingerahmt werden. Die Strände sind durch angelegte Wege miteinander verbunden, Liegestühle können gemietet werden.

Auch als Tauchspot ist die Küste vor Abades beliebt. In der reichen Unterwasserwelt lassen sich zahlreiche Fischarten, darunter auch Barrakudas beobachten.

Badebuchten bei Abades

Im kleinen Örtchen findet man Fischrestaurants, Bars und Einkaufsmöglichkeiten. Einige der Ferienhäuser sind im Besitz von Einheimischen aus dem Norden der Insel, die hier gerne den Sommer oder das Wochenende verbringen.

Abades wurde in den 1940er Jahren mit dem Namen »Sanatorio de Abona« als Lepra-Station mit Krankenhaus, Krematorium und Kirche errichtet. Später wurde das Gebiet zu militärischem Sperrgebiet erklärt. Ab 1978 wurden erste einfache Ferienhäuser an der Küste errichtet, das Örtchen trug derzeit den Namen Los Abriguitos. Um 1986 wurde das heutige Abades gegründet, massive Ferienhäuser mit Parkplatzanlagen wurden errichtet, dazu ein Tennisplatz und eine kleine Parkanlage.

aufgrund der schönen Unterwasserwelt werden die Strände auch häufig von Tauchern besucht

Bild o. natürlicher Hafen bei Abades
Bild l. an der Küste von Abades findet man mehrere geschützte Sandbuchten

PUNTA DE ABONA

An der Punta de Abona liegt die Playa Grande geschützt in einer Bucht aus Vulkangestein. Hinter dem gelben Strand türmt sich der vom Wind angewehte Sand zu einer Art Düne auf.

Wer der wunderschönen Badebucht in den Morgenstunden einen Besuch abstattet, kann an klaren Tagen die Nachbarinsel Gran Canaria über dem in der Sonne glitzernden Meer erkennen.

Oberhalb des Strandes liegt eine hübsche kleine Siedlung mit wenigen Wohnhäusern, die sich um die Kirche Nuestra Señora de Las Mercedes reihen. Von dort hat man einen schönen Ausblick auf die gegenüber liegenden Orte Porís de Abona und Casablanca sowie entlang der Küste.

die Playa Grande wird auch gerne von Surfschulen aufgesucht

Etwas weiter entfernt befindet sich der Leuchtturm Faro de Abona, zu dem man entweder über eine staubige Piste oder über Spazierwege entlang der Lavaküste gelangt. Der alte Leuchtturm, ein rechteckiges Gebäude mit Lichtkuppel, ist seit 1976 nicht mehr in Betrieb. Im Jahr 1978 wurde der neue Turm errichtet. Er dient vor allem als Navigationshilfe für die Schifffahrt zwischen Santa Cruz und den westlichen Kanarischen Inseln.

Bild o. Blick auf die Orte Porís de Abona und Casablanca
Bild r. die Playa Grande

FASNIA

Fasnia hat neben seiner landschaftlichen Schönheit auch Historisches zu bieten. Auf dem Gemeindegebiet wurden archäologische Fundstätten entdeckt. In dieser Region sollen, nach Schriften aus dem 16. Jahrhundert, die Ureinwohner friedlich mit den spanischen Eroberern zusammengelebt haben.

Der alte Verbindungsweg »Camino Real« aus 17. und 18. Jahrhundert ist in Fasnia stellenweise noch erhalten. Begehen kann man ihn auf dem Bergrücken Lomo de la Ovejera und in der Schlucht von Herques.

Zwischen den beeindruckenden Schluchten finden sich weitere Sehenswürdigkeiten, wie die Kapelle Nuestra Señora del Carmen (18. Jahrhundert), ein traditioneller Brunnen in der Schlucht von La Zarza sowie die Ruine der Kirche San Joaquín aus dem 17. Jahrhundert.

Moderne Gemeindekirche im Ortsteil La Zarza

Das Schutzgebiet der Steilküstenlandschaft »Acantilado de La Hondura« steht in enormen Kontrast zu den Kiefernwäldern der höheren Lagen. Die mittleren Lagen sind von Trockenheit geprägt, unterbrochen von Anbauflächen mit Wein, Kartoffeln und auch Tomaten.

ERMITA LA MONTAÑA

Hoch oben auf dem roten Vulkankegel Montaña Fasnia steht die kleine Kapelle »Ermita La Montaña«. Sie wurde zur Verehrung der Virgen de los Dolores, der schmerzensreichen Mutter Christi erbaut.

Bei der Kapelle befindet sich ein Aussichtspunkt, der ein traumhaftes 360° Panorama ermöglicht. Man blickt über die terrassierten Felder entlang der Lavaküste auf den Ozean bis nach Gran Canaria. Im Hintergrund erheben sich die bewaldeten Berge auf der Cumbre Dorsal.

die kleine Kapelle Ermita de la Virgen de los Dolores

Bild l. das an den Hang gebaute Örtchen La Zarza in der Gemeinde Fasnia

GÜÍMAR

Brunnen am Rathaus

Güímar zählt zu den ältesten Gemeinden Teneriffas und hat dementsprechend einige historische Gebäude zu bieten. Neben traditionellen Bürgerhäusern sind vor allem die beiden aus dem 17. Jahrhundert stammenden Kirchen Iglesia Santo Domingo de Guzmán und Iglesia de San Pedro sehenswert.

Die Iglesia de San Pedro Apóstol steht unter Denkmalschutz. Ihr barockes Portal aus Quadersteinen wird von einer schön gefertigten Haupttür aus Riga-Holz (Kiefer) geziert. Im Inneren befinden sich ein Hochaltar aus ziseliertem Silber und eine Figur des heiligen Petrus aus dem 18. Jahrhundert.

Einer der letzten erhaltenen Teile des 1649 erbauten Dominikanerklosters ist die Iglesia Santo Domingo de Guzmán. Sie beherbergt Heiligenfiguren aus dem 17. Jahrhundert.

Auch das Rathaus ist in einem Gebäude des ehemaligen Klosters untergebracht. Im Innenhof befindet sich ein Kreuzgang mit Holzschnitzereien. Schön anzusehen ist der Rathausvorplatz von Güímar. Dort plätschert ein vierstufiger Brunnen im Schatten alter Lorbeerbäume.

historisches Gebäude in der Calle de Canarias

Bild o. unrestauriertes traditionelles Bürgerhaus
Bild r. Rathausvorplatz von Güímar

Die Gemeinde liegt im gleichnamigen Tal »Valle de Güímar«. An der Küste erstreckt sich das Naturschutzgebiet »Malpaís de Güímar«, in das der Montaña Grande seine riesigen Lavamassen zum Meer hin ergossen hat. Weiter oben erstrecken sich der Naturpark Corona Forestal und das landwirtschaftlich geprägte Naturschutzgebiet Siete Lomas.

Teil des ehemaligen Dominikanerklosters

Portal der Iglesia de Santo Domingo de Guzmán

PIRÁMIDES DE GÜÍMAR

Die Hauptattraktion des vom norwegischen Forscher Thor Heyerdahl gegründeten ethnografischen Parks sind die umstrittenen Stufenpyramiden, die heute zweifelsfrei ins 19. Jahrhundert zurückdatiert werden. Im Außenbereich werden Rundgänge angeboten, die sich entweder mit kanarischer Kultur, Wirtschaft, Botanik oder dem Vulkanismus befassen.

ÖFFNUNGSZEITEN

täglich: 9:30 – 18:00 Uhr
1. Jan / 25. Dez geschlossen

ANREISE / KONTAKT

C/ Chacona, s/n 38500 Güimar
Tel.: +34 922 514 510
E-Mail: piramides@piramidesdeguimar.es
www.piramidesdeguimar.es

PREISE

Je nach Buchung und Tour:
Erwachsene: 11,90 – 18,00€
Ermäßigung für Kinder bis 12 Jahre und Studenten.

ARAFO

Arafo liegt umgeben von einer wunderbaren Landschaft im Tal von Güímar. Das landwirtschaftlich geprägte Naturschutzgebiet Siete Lomas, der Barranco de Añavingo mit seinen Wasserstollen und Quellen, die Caldera Pedro Gil und der Volcán de las Arenas machen Arafo zu einem idealen Ausgangspunkt für Wanderungen.

Vulkanlandschaft mit der Caldera Pedro Gil oberhalb von Arafo

Im gepflegten Ortskern findet man schöne Gebäude im traditionellen Stil. Weiße, mit bunten Blumen geschmückte Häuser reihen sich hier aneinander. Sehenswert sind die Dorfkirche San Juan Degollado, deren Vorplatz von Lorbeerbäumen umgeben ist, und die historische Wassermühle mit dem ehemaligen öffentlichen Waschplatz.

Arafo wird auf Teneriffa seit je her das Dorf der Musik genannt. Viele Musikkapellen und Karnevalsgruppen führen das musikalische Erbe bis heute fort.

In der modernen Markthalle Arafos finden regelmäßig Kunsthandwerksmessen statt, auf denen man das eine oder andere Souvenir erstehen kann. Die Auswahl ist vielfältig, angeboten werden Kleidung, Schmuck oder Instrumente.

das Rathaus von Arafo

Bild o. Blick entlang der Calle Jose Antonio
Bild r. die Kirche San Juan Degollado

Punta del Hidalgo

Playa del Arenal

Castillo de Bajamar

Bajamar

TF-13

TF-13

Roque M.
(795)

Punta de la
Baracuda

Mesa de Tejina
(360)

TF-161

Tejina

El Socorro

Teguaste

TF-16

TF-13

TF-163

Valle Guerra

El Pris

TF-156

Piscina Natural

TF-165

TF-16

Mesa del Mar

Guamasa

El Espigal

Lomo la Bandera

Montaña de la
Atalaya

Playa Mesa del Mar

Los Naranjeros

El Portezuelo

Playa del Camello

El Torreón

TF-5

Flughafen Teneriffa Nord

El Sauzal Tacoronte

TF-237

TF-172

TF-152

Playa de
Rosas

TF-228

TF-24

Los Baldios

TF-5

Agua García

TF-237   TF-237

TF-258

TF-265

El Caletón

TF-215

TF-226

La Esperanza

Los

TF-5

TF-217

La Matanza de Acentejo

Montaña
el Playa

Montaña
el Cerro   La Montañeta

TF-24

TF-227

TF-5

TF-217

La Victoria de Acentejo

Montaña
del Fiel

TF-227

La Galle

TF-213   TF-217

Montaña
Cabeza de
Toro
(980)

Montaña Grande

Montaña Chica
(1080)

TF-274

El Tablero

Santa Úrsula

TF-217

TF-24

TF-274

TF-256

El Rosar

Montaña
la Mesa

Montaña
el Topo

Montaña
de la Culata

El Chorrillo

TF-

Naturschutzgebiet
Las Palomas

Landschaftschutzgebiet
Las Lagunetas

Montaña
del Gaime

Barranco Hondo

Tabaiba

TF-24

TF-252

Rebalo

TF-24

TF-1

TF-523

Playa de las Caletas

TF-28

Playa de las Arenas

TF-24

Araya

TF-523

Candelaria

TF-28

Basílica de Nuestra Señora de Candelaria

DIE METROPOLREGION

DIE METROPOLREGION

Im Nordosten der Insel liegt die dicht besiedelte Metropolregion. Per Definition werden nur Santa Cruz und La Laguna sowie deren Vororte als Metropolregion bezeichnet. Das Gebiet erstreckt sich von dem südwestlichen Vorort El Rosario über die Inselhauptstadt Santa Cruz entlang des Hafens bis zum Stadtstrand von San Andrés, dem nordöstlichen Vorort von Santa Cruz. Vom Hafen geht es stetig bergaufwärts bis nach La Laguna, welches den Ort Tegueste komplett umschließt.

Gefühlt kann dieser Definition nur widersprochen werden, das gesamte Gebiet beginnend mit dem dreispurigen Ausbau der Autopista del Sur kurz vor Candelaria entlang der Autopista del Norte bis nach Puerto del la Cruz ist ein durchgehend urbanes Gebiet. Von den ca. 890.000 Einwohnern der Insel leben hier auf etwa einem Viertel der Fläche rund 60 Prozent der Bevölkerung.

Playa de Las Teresitas

Kirche in El Sauzal

Inmitten dieser lebendigen Region liegen auch die kolonialen Wurzeln der Insel. Die ehemalige Hauptstadt San Cristóbal de la Laguna (meist nur La Laguna genannt) ist aufgrund des historischen Stadtbildes UNESCO Weltkulturerbe.

Wappen an der Casa Mesa in La Laguna

Bild o. Auditorio de Tenerife; Bild l. Hauseingang mit Blick in den Patio der Casa Alvarado Bracamonte in La Laguna

CANDELARIA

Der Ort Candelaria mit seinen rund 26.750 Einwohnern (Stand Januar 2016) gilt als der bedeutendste katholische Wallfahrtsort der Kanaren. Am 15. August jeden Jahres machen sich Pilger aus allen Teilen der Insel auf den Weg zur Basilika Nuestra Señora de la Candelaria.

Der Legende nach soll etwa einhundert Jahre vor der Eroberung Teneriffas durch die Spanier die Heiligenstatue einer Jungfrau gefunden worden sein. Die Guanchen verehrten die Figur unter dem Namen Chaxiraxi. Die ursprüngliche Heiligenfigur fiel 1826 einer Sturmflut zum Opfer. Im Jahr 1599 wurde die Jungfrau von Papst Klemens VIII. zur Schutzheiligen der Kanaren (Virgen de la Candelaria) erklärt. 1959 errichtete man die Basilika von Candelaria zu ihren Ehren.

Bronzestatue eines von neun Guanchen-Häuptlingen

Auf dem Kirchenvorplatz, der Plaza de la Patrona de Canarias, stehen die überlebensgroßen Bronzestatuen der bekanntesten Guanchen-Häuptlinge. An die Plaza schließt eine großzügig angelegte Strandpromenade mit einem schmalen Stadtstrand an. In der Fußgängerzone befinden sich zahlreiche Souvenir Shops und an der Avenida Marítima verschiedene Restaurants, Bars und Cafes mit Blick auf den Ozean.

Bild o. Basílica de Nuestra Señora de Candelaria; Bild r. Strandpromenade von Candelaria hinter der Plaza de la Patrona de Canarias

»SANTA CRUZ DE TENERIFE«

Das im Nordosten Teneriffas gelegene Santa Cruz de Tenerife ist sowohl Hauptstadt der Insel als auch der gleichnamigen Provinz, zu der neben Teneriffa noch die westkanarischen Inseln La Palma, La Gomera und El Hierro gehören.

In der 1494 gegründeten Stadt leben heute mehr als 203.000 Menschen. Mit ihrem bedeutenden Hafen ist sie nicht nur politisches, sondern auch wirtschaftliches Zentrum der Insel. Auch wenn das dichte Verkehrsaufkommen ebenso abschrecken mag wie die vielen Wirtschaftsgebäude oder der Industriehafen, ist Santa Cruz doch zweifellos einen Besuch wert. Zahlreiche Plätze, Denkmäler und Gebäude im Kolonialstil verleihen der Stadt ihren Reiz.

Stadthaus im traditionellen Stil

monumentales Bauwerk, die Kongress- und Konzerthalle von Santa Cruz

Besonders hervorzuheben ist beispielsweise die am Meer gelegene Plaza de España. Hier findet sich nicht nur der prachtvolle Sitz des Cabildo Insular, der Inselregierung, sondern auch ein Denkmal für die Toten des Spanischen Bürgerkrieges.

Folgt man der hier beginnenden Strandpromenade, so gelangt man zum architektonischen Highlight von Santa Cruz de Tenerife: dem Auditorio de Tenerife Adán Martín.

farbenprächtige Mimose

Bild l. das Auditorio de Tenerife entworfen vom Architekten Santiago Calatrava

Santa Cruz ist in kultureller Hinsicht allgemein sehr reizvoll und hat eine Vielzahl an Museen zu bieten, unter anderem das Museo de la Naturaleza y el Hombre, das sich der Natur- und Kulturgeschichte Teneriffas widmet, das Museo Militar de Almeyda in der Calle San Isidro, in dem jene Kanone zu bestaunen ist, die den englischen Admiral Horatio Nelson vor mehr als 200 Jahren den Arm kostete, oder auch das Museo de Bellas Artes de Asturias im Franziskanerkloster an der Plaza del Príncipe de Asturias, in dem zahlreiche Werke kanarischer Künstler gezeigt werden.

Parque Marítimo César Manrique

die Casa de la Pólvora an der Uferpromenade

Sehenswert sind auch die Kirchen, allen voran die Iglesia Matriz de la Concepción. Die ursprünglich aus dem Jahre 1502 stammende Kirche musste nach einem Brand im 17. Jahrhundert wiederaufgebaut werden. Die weiße Kirche, die durch Vulkangestein gestützt wird, beeindruckt in ihrem Inneren mit barocker Pracht. Unter anderem wird hier das »Kreuz der Eroberung« beherbergt, das Alonso Fernández de Lugo bei seiner Landung auf Teneriffa im Jahre 1494 mit sich führte.

Ferner wurde im 17. Jahrhundert die Iglesia de San Francisco errichtet. Bei ihrem Bau wurde ebenfalls Vulkangestein verwendet. Die künstlerisch reich gestalteten Holzdecken sind besonders eindrucksvoll. Aufgrund ihrer hervorragenden Akustik finden in der Kirche häufig Konzerte statt.

Iglesia Matriz de la Concepción

Bild r. Glockenturm der Iglesia Matriz de la Concepción

Im Parque García Sanabria kann man nach dem reichen Kulturprogramm auch ein wenig Natur genießen. Die vielfältige Bepflanzung spendet im Sommer erfrischenden Schatten und die Wege, die zwischen mehreren Brunnen, Arkaden und Statuen entlang führen, laden zu ausgiebigen Spaziergängen ein.

Natur gibt es auch an der bereits erwähnten Plaza del Príncipe de Asturias. Alte Bäume und subtropische Pflanzen verschaffen dem Platz eine ganz besondere Atmosphäre.

An der palmengesäumten Plaza del 25 Julio befindet sich ein Brunnen mit Wasser speienden Fröschen, während die Plaza de la Candelaria von der aus Carrara-Marmor gefertigten Statue der Schutzheiligen Teneriffas, der Virgen de la Candelaria, beherrscht wird.

Colegio de la Asunción

Palacio Insular

Stets belebt ist die Straße »La Rambla«, eine mit Palmen, Parkbänken und Kunstwerken von berühmten Künstlern wie Joan Miró geschmückte und mit mehreren Kiosken ausgestattete Promenade, die zu beiden Seiten von Autospuren gesäumt wird.

Auch zum Bummeln und Flanieren bietet Santa Cruz reichlich Gelegenheit. Auf der Shoppingmeile Calle Castillo reihen sich Boutiquen und allerlei andere Geschäfte aneinander. Mit zahlreichen Bars, Kneipen und Restaurants ist auch für ein abwechslungsreiches Nachtleben gesorgt.

begrünte Parkanlagen

Bild l. Rambla de Santa Cruz

1. Parque Marítimo Céasar Manrique
2. Casa de la Pólvora
3. Castillo de San Juan
4. Auditorio de Tenerife
5. Mercado Nuestra Señora de África
6. TEA Tenerife Espacio de las Artes
7. Museo de la Naturaleza y el Hombre
8. Ermita de San Telmo
9. Iglesia de la Concepcíon
10. Puente General Serrador
11. Recova Vieja
12. Teatro Guimerá
13. Cabildo Insular
14. Plaza de España
15. Casino de Tenerife
16. Palacio de Rodríguez Carta
17. Iglesia de San Francisco
18. Museo de Bellas Artes
19. Parlamento de Canarias
20. Rambla de Santa Cruz
21. Parque García Sanabria
22. Museo Militar Almeyda

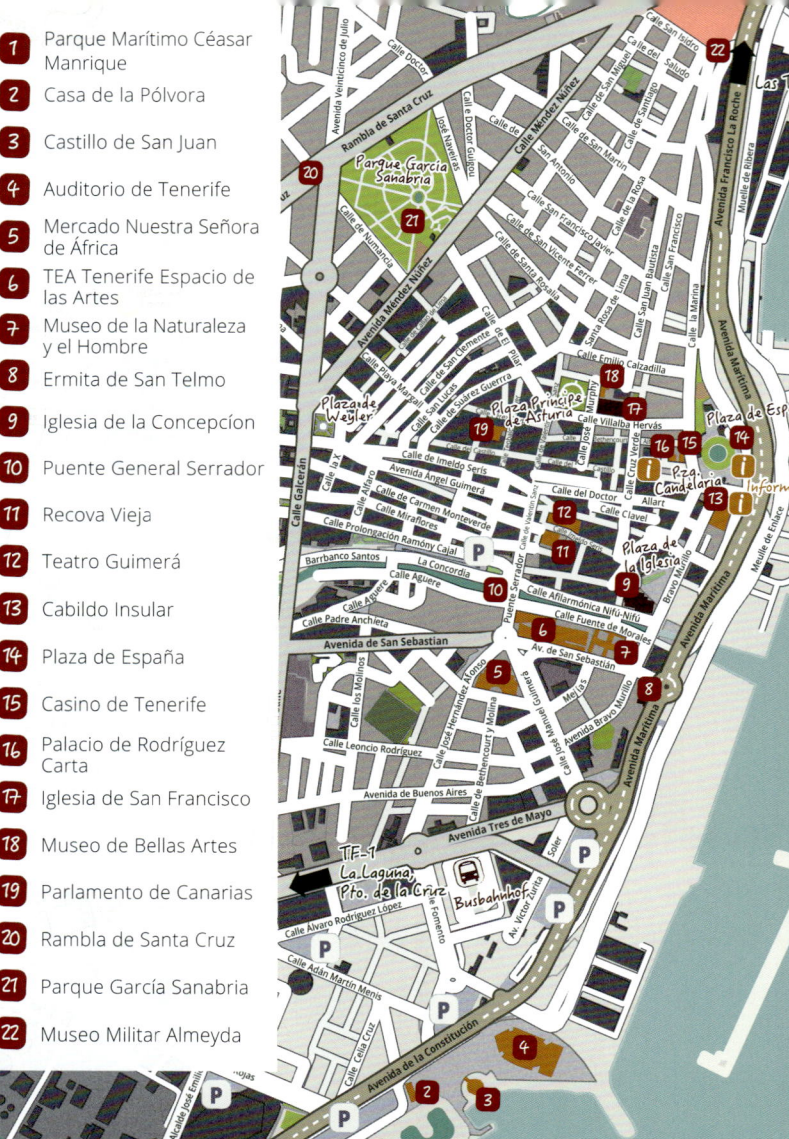

Santa Cruz de Tenerife

250 m

Museo de la Naturaleza y el Hombre

Das Museum über Natur und Mensch bietet Einblicke in die Natur der Kanaren und die Kultur der Ureinwohner Teneriffas, der Guanchen. (Texte im Museum auf Spanisch)

ÖFFNUNGSZEITEN / PREISE

Die – Sa: 9 – 20 Uhr;
So, Mo, Feiertags: 10 – 17 Uhr.
24. 25. / 31. Dez, 1. / 6. Januar, Fastnachtsdienstag geschlossen.
Eintritt: 5 €, Audioguide deutsch: 3 €

ANREISE / KONTAKT

C/ Fuente Morales, 1
38003 Santa Cruz de Tenerife
Tel.: +34 922 535 816
E-Mail: marketing@museosdetenerife.org

Museo de Bellas Artes

Im Städtischen Museum der schönen Künste werden Werke aus dem 16. bis 20. Jahrhundert ausgestellt, vor allem Gemälde aber auch Bildhauerei.

ÖFFNUNGSZEITEN / PREISE

Die – Fr: 9 – 20 Uhr;
Sa / So, Feiertags: 10 – 15 Uhr
Eintritt frei

ANREISE / KONTAKT

C/ José Murphy, 12. Pza. del Príncipe
38005 Santa Cruz de Tenerife
Tel.: +34 922 244 358

Tenerife Espacio de las Artes – TEA

Im Kunst- und Kulturzentrum befinden sich verschiedene Ausstellungs-, Kino- und Vortragssäle sowie die öffentliche Bibliothek und das Fotografiezentrum. Beeindruckend ist bereits die Architektur des Gebäudes an sich. Die Ausstellungen widmen sich vor allem zeitgenössischer Kunst.

ÖFFNUNGSZEITEN / PREISE

Die – So: 10 – 20 Uhr; Mo geschlossen
Eintritt: 7 €, Ermäßigt: 5 €

ANREISE / KONTAKT

Avda. de San Sebastián, 10
38003 Santa Cruz de Tenerife
Tel.: +34 922 849 057
E-mail: tea@tenerife.es

Museo Militar Almeyda

Das Kanarische Militärmuseum wurde in der Festung Castillo de Almeida eingerichtet. Es zeigt zahlreiche Waffen, historische Uniformen und mit der Militärgeschichte der Kanaren verbundene Objekte. (Texte im Museum auf Spanisch)

ÖFFNUNGSZEITEN / PREISE

Die – Fr: 9 – 15, Sa + So: 10 – 14 Uhr
Eintritt frei

ANREISE / KONTAKT

C/ San Isidro,1 (Castillo de Almeida)
Santa Cruz de Tenerife
Tel. +34 922 298 557

PLAYA DE LAS TERESITAS UND PLAYA DE LAS GAVIOTAS

Ein goldgelber, von Palmen umsäumter Sandstrand, blaues Meer und ein ebenso blauer Himmel – das ist die Playa de las Teresitas bei San Andrés. Den Strand muss man sich aber mit zahlreichen Badegästen teilen, denn die Playa de Las Teresitas ist der Hausstrand der Inselhauptstadt Santa Cruz.

San Andrés

Der Strand wurde in den 1970er Jahren künstlich angelegt – mit Sand, der eigens aus der Sahara herantransportiert wurde. Wellenbrecher schützen den Strand vor Erosion und tragen zu einem ungestörten Badevergnügen bei. Am gut 1,5 Kilometer langen Strand sorgen zahlreiche Bars und Restaurants für das leibliche Wohl der Badegäste.

Playa de Las Gaviotas

Playa de Las Teresitas

In der nächsten Bucht hinter Las Teresitas befindet sich der feine schwarze Sandstrand Las Gaviotas direkt unterhalb der Steilküste des Anaga-Gebirges. Vom oberhalb gelegenen Aussichtspunkt kann man beide Strände überblicken.

An der Playa de Las Gaviotas ist Nacktbaden erlaubt.

Bild l. Playa de Las Teresitas mit San Andrés

SAN CRISTÓBAL DE LA LAGUNA

Stadt mit tragischer Geschichte

Der Ursprung der Stadt liegt auf einem Plateau 550 m über dem Meeresspiegel. Die fruchtbare Ebene des von den Ureinwohnern Aguere genannten Tals war im Jahr 1495 Schauplatz der Eroberung von Teneriffa durch den Adelantado* Alonso Fernández de Lugo.

*Adelantado – Beamter/Statthalter der kastilischen Krone mit der Befugnis für die Regierung, Rechtsprechung und Militärgewalt für einen festgelegten Bereich.

Der erste Versuch der Eroberung Teneriffas durch Alonso Fernández de Lugo im Jahr 1494 mit 1.500 Infanteristen und 150 Reitern scheiterte kläglich. Mit den Menceyes (Fürsten) von Anaga, Güímar, Abona und Adeje konnte der königliche Beamte Friedensverträge schließen, nicht jedoch mit Bencomo dem Mencey von Taoro. Die Guanchenfürsten von Taoro, Tegueste, Tacoronte, Icod y Daute waren nicht bereit sich den katholischen Königen zu unterwerfen. Die darauffolgende Schlacht bei Acentejo entschieden die Guanchen in einer engen Schlucht für sich. Nur 300 Fußsoldaten und wenige Reiter überlebten und flüchteten im Juni 1494.

Die Schlacht von Aguere

1495 traf eine neue Streitmacht der kastilischen Truppen auf die Guanchen des Nordteils Teneriffas und fügte den Guanchen eine vernichtende Niederlage zu.

Am 14. November stand die kastilische Armee den Ureinwohnern unterhalb der heutigen Innenstadt von La Laguna auf einem offenen Gelände gegenüber. Vor der Schlacht forderte der Adelantado die Guanchen zur Unterwerfung auf. Einen Kampf auf ebenem Terrain konnten die Guanchen nicht gegen die mit Feuerwaffen und Armbrüsten ausgestatteten Kastilier gewinnen.

Nachdem die Niederlage der Guanchen unvermeidbar erschien, berichten verschiedene Quellen über eine Flucht der Überlebenden in das schwer zugängliche Anaga-Gebirge. In der Schlacht im Aguere-Tal sollen zwischen 1500 und 2000 Guanchen ihr Leben gelassen haben.

Am Ort des historischen Ereignisses steht die erst 2006 unter Denkmalschutz gestellte Kapelle Nuestra Señora de Gracia.

Fresko der Kapitulation der Guanchen im Rathaus

Kurz nach der Schlacht begann die Besiedlung rund um das heutige La Laguna. Zur Zeit der Gründung durchfloss ein Bach den namensgebenden See – La Laguna. San Cristóbal de La Laguna hat zwei Ortskerne. Die ursprüngliche beziehungsweise ungeplante Oberstadt und die Unterstadt, welche als stadtplanerische Meisterleistung nach philosophischen Prinzipien angelegt wurde. Breite Straßen führen über Plätze und Freiflächen zu einer Reihe von schönen Kirchen, öffentlichen und privaten Gebäuden aus dem 16. bis 18. Jahrhundert.

Die sogenannte Oberstadt ist die erste Gründungsstätte neben dem längst überbauten See (Laguna) und hat eine ungeplante Struktur. Die östlich gelegene Unterstadt wurde nach Plan mit klarem Raster entworfen. Die Stadtplanung, mit der sich die Situation änderte, entstand nach der Rückkehr Alonso Fernández de Lugo von einem Besuch auf dem Festland. Der architektonische Trend der Renaissance sah eine schachbrettförmige Planung für neu anzulegende Städte vor. Diesem standen in La Laguna bereits vorhandene Wege und die Bodenbeschaffenheit entgegen. Mit der am 9. Juli 1497 eingeführten Stadtverwaltung begann die Entwicklung der heutigen Altstadt durch die Vergabe von Baugrundstücken, dem Bau von Straßen und einer Trinkwasserversorgung aus dem Mercedeswald.

Alonso Fernández de Lugo ließ seine Residenz an der später nach ihm benannten Plaza del Adelantado erbauen.

Brunnen an der Plaza del Adelantado

Blick vom Glockenturm der Iglesia de la Concepcíon Richtung Anaga

Kloster Santa Catalina an der Plaza del Adelantado

Es entstand die Keimzelle der Unterstadt Villa de Abajo. Anstelle der alten Casas de Adelantado steht heute das Kloster Santa Catalina.

Die Entscheidung des Alonso Fernández de Lugo für einen Neubeginn der Siedlung verpflichtete die Bürger, sich in der Unterstadt anzusiedeln. Um das wilde Wachstum zu stoppen, wurden Handel und Neubauten in der Oberstadt verboten. Die Stadtverwaltung stellte durch diverse Erlasse sicher, dass die Bürger gute Baumaterialien verwendeten und die Bauvorhaben in das zukünftige Straßenbild passten.

La Laguna ist eine der ersten Städte außerhalb des europäischen Festlandes, welche nach einem Raster entworfen wurde. Es ist die erste »ideal geplante Stadt«, die nach philosophischen Prinzipien und königlichen Vorschriften entworfen wurde. Der Aufbau erfolgte strukturiert um den Gründungsplatz Plaza del Adelantado. Von 1470 historischen Gebäuden sind in San Cristóbal de La Laguna 627 öffentliche und privat

klassifizierte Gebäude erhalten. 361 wurden zwischen dem 16. und 18. Jahrhundert gebaut und gehören zur sogenannten Mudéjar-Architektur. 96 sind aus dem 19. Jahrhundert und 170 aus der ersten Hälfte des 20. Jahrhunderts.

La Laguna inspiriert durch das architektonische Erbe seiner Bauwerke mit Mudéjarstil, den Einflüssen der späten Renaissance, des Neoklassizismus, des Modernismus, Rationalismus sowie der zeitgenössischen Architektur, die bis jetzt lebendig und aktiv geblieben sind.

San Cristóbal de La Laguna ist die erste unbefestigte Kolonialstadt und damit der direkte Vorläufer für viele spanische Städte in Amerika. Die Kastilier gründeten 8 Städte auf Basis einer Rasterplanung auf den Kanarischen Inseln. Die Städte dienten als politisches Mittel für die Erschließung des angeeigneten Territoriums und entstanden »ex novo« also auf unbebauten Boden. Diese Vorgehensweise übertrugen die Spanier auf die Kolonialisierung Nord- und Südamerikas.

San Cristóbal de La Laguna ist ein lebendiges Beispiel für den Austausch von Einflüssen zwischen der europäischen und amerikanischen Kultur. Im späten 15. Jahrhundert und zu Beginn des 16. Jahrhunderts wurden die Kanarischen Inseln und speziell San Cristóbal de La Laguna zu einem Schmelztiegel der Kulturen.

Portugiesische, kastilische und holländische Einflüsse sowie der Mudéjar-Stil prägten Städteplanung und religiöse Architektur. Das kulturelle Erbe findet sich auch in Möbeln, Skulpturen, Gemälden, Gold- und Silberartikel, Türen, Fenstern und Textilien wieder.

Kirchendecke im Mudéjar-Stil

Im ersten Stadtplan aus dem Jahr 1588 des italienischen Ingenieurs Leonardo Torriani kann die Entstehung des historischen Stadtkernes bis zum Ende des 16. Jahrhunderts nachempfunden werden. Er zeigt das heute noch bestehende und kaum veränderte Straßennetz der Altstadt. Weitere Häuser und Gebäude folgten zu Beginn des 16. Jahrhunderts durch die steigende Einwohnerzahl. Die städtische Kultur ist letztlich auch der Verpflichtung der Landeigentümer zu einem städtischen Wohnsitz geschuldet. Wer sein zugeteiltes Land nicht verlieren wollte, wohnte in der Stadt.

das Stadtwappen von La Laguna am Rathaus

Seit dem Jahr 1510 zieren das Stadtwappen Erzengel Michael über einem Felsen (Gipfel des Teide) sowie eine Burg und ein Löwe für Castilla y León.

Im Jahr 1531 erhielt La Laguna das offizielle Stadtrecht und war zu diesem Zeitpunkt die größte Stadt der Kanaren. Am 8. September 1534 wurde dem Titel das Attribut Noble hinzugefügt. Heute führt die Stadt den offiziellen Titel: Muy Noble, Leal, Fiel y de Ilustre Historia Ciudad de San Cristóbal de La Laguna.

Zu dieser Zeit begann die Bebauung der heutigen Altstadt mit zivilen, öffentlichen und sakralen Bauwerken. Im 17. Jahrhundert stagnierte die Entwicklung durch das Aufblühen der Stadt La Orotava. Aufgrund des Hafens und der landwirtschaftlichen Produktion entwickelte sich La Orotava wirtschaftlich besser und schneller.

Der wirtschaftliche und politische Niedergang verstärkte sich durch die Verlegung des Regierungssitzes im Jahr 1723 nach Santa Cruz. Im 18. Jahrhundert entwickelte La Laguna sich zum Zentrum für Kunst, Kultur, gesellschaftliche Anlässe und zu einem Treffpunkt für Intellektuelle.

Im 19. Jahrhundert nahm die wirtschaftliche und politische Bedeutung weiter ab. Santa Cruz, das ehemalige Fischerdorf, übernahm die Verwaltungsaufgaben und wurde der Sitz neuer Einrichtungen. Auch die Gründung der Universität San Fernando und die

Einrichtung des Bischofssitzes führten nicht zu einem Aufblühen der Stadt.

Erst in der ersten Hälfte des 20. Jahrhunderts begann das Wachstum der Stadt. In den 60er-Jahren des vorigen Jahrhunderts überschritt man erstmals eine Einwohnerzahl von 50.000. Der wirtschaftliche Aufschwung zwischen 1975 und 1995 ließ in der Universitäts- und Verwaltungsstadt neue Arbeitsplätze entstehen. 1999 wurde die Stadt zum UNESCO-Welterbe und belebte das Interesse zur Erhaltung der vorhandenen Substanz durch die Stadtverwaltung.

Geschichte der Universität

die Universität von La Laguna

Der Ursprung einer akademischen Lehrtätigkeit für religiöse Studien kann auf die Arbeit der Augustinermönche im Jahr 1701 datiert werden. Per königlichem Dekret vom 11. März des Jahres 1792 wurde die Schaffung einer Universität angeordnet, aber nicht umgesetzt. Eine neue königliche Anordnung aus dem Jahr 1816, die Universität San Fernando zu gründen, wurde am 12. Januar 1817 mit der Eröffnung realisiert.

Ein königlicher Erlass von 1845 begrenzte die Anzahl der Universitäten in Spanien auf zehn und die Bildungsanstalt diente als einziges Gymnasium der Kanarischen Inseln. Erst im Jahr 1913 begann erneut die Lehrtätigkeit mit der Einrichtung einer Philosophischen und einer Philologischen Fakultät. Das Institut für Rechtswissenschaften wurde

1921 gegründet und wertete La Laguna zur vollwertigen Universitätsstadt auf.

Am 21. September 1927 wurde durch den königlichen Erlass formell die Universität La Laguna geschaffen. Nach und nach entstanden die Abteilungen für Anglistik (1963), für Biologie (1967), die Medizinische Fakultät (1968) und das Institut für Mathematik (1969). Die weitere Entwicklung beinhaltete die Gründung einer Fachhochschule für Betriebswirtschaft, einer Abteilung für Bautechnik und die Institute für Pharmazie und für Wirtschaftswissenschaften. In den folgenden Zeiten passte sich die Hochschule fortwährend mit den Angeboten an den Bedarf für zeitgerechte Studiengänge an. Über 20.000 Studenten nutzen das Bildungsangebot der Hochschule.

Bild r. Altstadtgasse in La Laguna

SEHENSWERTE BAUWERKE IN DER HISTORISCHEN ALTSTADT

Am besten erfolgt die Erkundung der Altstadt zu Fuß. Als Ausgangspunkt bietet sich die Plaza del Adelantado an. Alles wirklich Sehenswerte befindet sich von hier in einem Radius von einem Kilometer.

1 Plaza del Adelantado

Die Plaza del Adelantado, ehemals Plaza San Miguel benannt, war der wichtigste Platz der Stadt. (siehe Geschichte von La Laguna) Verwaltung und das sakrale Leben waren hier angesiedelt. Bis in das 19. Jahrhundert diente der Platz für Märkte, Feierlichkeiten, Prozessionen, Stierkämpfe und der öffentlichen Bestrafung. Die bis in das Jahr 1842 aktive Wasserversorgung aus dem Mercedeswald endete hier. Der Platz veränderte im Lauf der Geschichte sein Erscheinungsbild. Die Bebauung wurde größer und dichter. Ende des 18. Jahrhunderts wurde der Platz erstmals mit Pflastersteinen befestigt. Den heutigen Platz gibt es in seinen Proportionen seit ungefähr 1870. Einige der Bäume sind deutlich älter.

Altstadtgasse in La Laguna

Brunnen auf der Plaza del Adelantado

2 Casa natal del Padre Anchieta

Das ursprüngliche Haus stammt aus dem beginnenden 16. Jahrhundert und ist das Geburtshaus des heiliggesprochenen José de Anchieta (1534 – 1597). Die auch durch sein Mitwirken aufgebaute Missionsstation Piratininga war der Grundstein des heutigen São Paulo.

Bild !. Casa natal del Padre Anchieta

3 Ermita de San Miguel

Die einschiffige Kapelle San Miguel liegt an der Ostseite der Plaza del Adelantado. Die Kapelle steht seit 1999 unter Denkmalschutz und gilt heute als Vorbild für charakteristische religiöse Bauwerke auf den Kanarischen Inseln.

4 Ex Convento und Iglesia Santo Domingo

Das ehemalige Kloster und seine Kirche stehen in der Calle Santo Domingo, rund 150 m von der Plaza del Adelantado entfernt. Die Mönche des Dominikanerordens begannen in den Jahren 1527 bis 1528 auf dem Grundstück der Kapelle »Ermita de la Concepción« mit dem Bau des Kloster Santo Domingo de la Concepción. Die Klosterkirche entwickelte sich aus der Kapelle. Der aus dem 18. Jahrhundert stammende Glockenturm (Espadaña) verbindet die beiden Gebäude.

Im Rahmen der Desamortisation wurde auch das Kloster Santo Domingo in La Laguna aufgelöst und der Besitz eingezogen. Nach der Auflösung des Klosters wurden die Gebäude als Gemeindehaus und zeitweise sogar als Bischofssitz genutzt. Heute ist es der Sitz des Amtes für Kultur und das geschichtlich-

Ermita de San Miguel

Kreuzgang des ehemaligen Klosters

Fresken in der Kirche

Bild o. Ex-Convento und Iglesia de Santo Domingo
Bild r. prunkvoller Hochaltar in der Iglesia de Santo Domingo

Ayuntamiento de la Laguna

Ehemalige Schule der Dominikanernonnen

Casa del Corregidor

Casa Alvarado-Bracamonte

künstlerische Erbe der Stadt La Laguna. Die Kirche dient heute als Gemeindekirche und steht seit 1986 unter Denkmalschutz.

5 Antigua Casa del Cabildo Ayuntamiento (Rathaus) La Laguna

Das Eckgebäude der von der zentralen Plaza del Adelantado abgehenden Straße »Calle Obispo Rey Redondo« beherbergt das Rathaus und die Stadtverwaltung »Casas Consistoriales«. Zu Beginn des 16. Jahrhunderts als Tagungsort errichtet, änderte sich die Struktur und Äußere des Bauwerks immer wieder. Die neoklassizistische Fassade aus regionalem Naturstein »Cantería azul« besteht seit dem Jahr 1823. Der Giebel der Fassade trägt das Wappen der Stadt.

6 Casa del corregidor

Zum Haus des Corregidor (Bürgermeister) folgt man der Calle Obispo Rey Redondo (Calle Carrera) ab dem Rathaus ca. 50 Meter. Seit der Fertigstellung im Jahr 1545 diente das Haus dem Bürgermeister während seiner Amtszeit als Wohnsitz.

Der rote Eingangsbereich ist einer der wenigen Orte auf Teneriffa, an denen der platereske Stil (spanisch: estilo plateresco), eine architektonische Stilrichtung der spanischen Renaissance anzutreffen ist. Elemente der Gotik, des Mudéjar sowie der Renaissance zieren die Fassade.

7 La Casa Alvarado-Bracamonte

1624 übernahm Diego de Alvarado y Bracamonte die Ämter des Gouverneurs, Bürgermeisters und des Oberkommandierenden der Inseln Teneriffa und La Palma. Das im Familienbesitz gebliebene Haus wurde bis zum Jahr 1723 durch seine Nachfolger als Residenz genutzt. Nach mehreren Verkäufen erwarb die Stadt das Gebäude im Jahr 1976 und stellte das Haus 1981 unter Denkmalschutz. Das Gebäude beherbergt heute einen Teil der Verwaltung. Nur der Eingang, also das Portal und die Fensterfassungen aus Haustein, stammt aus dem 17. Jahrhundert. Zur Dekoration kam unterhalb der Dachkante die Kratztechnik Sgraffito entlang der gesamten Fassade zum Einsatz.

Bild r. Patio des Casa Alvarado-Bracamonte

8 Iglesia und Convento de Santa Catalina de Siena

Das im Jahr 1611 geweihte Kloster der Heiligen Katharina von Siena, einem dominikanischen Nonnenkloster, basiert auf ersten Planungen zur Gründung aus dem Jahr 1524. Es entstand auf dem Grundstück des Hauses des Adelantado. Der weitere Ausbau des reichen Klosters erfolgte stetig und die Anzahl der Ordensfrauen stieg auf über hundert an. Aufgrund der Größe war das Kloster nicht von der Desamortisation betroffen. Bis heute leben hier Ordensschwestern. Die einschiffige Kirche ziert eine Holzdecke im Mudejar-Stil.

Monasterio Santa Catalina de Siena

9 Palacio de Nava

Das prächtige Gebäude wurde für Tomás Grimón, den damaligen Regenten von Teneriffa, im Jahr 1585 erbaut. Das seit 1976 unter Denkmalschutz stehende Gebäude zeigt den kanarischen Baustil mit Stilelementen des Barock, Klassizismus und Manierismus, wie viele Gebäude der Spätrenaissance.

Casa Nava y Grimón
Wappen der Familie Grimón

10 Palacete Rodríguez Azero / Casino

Nahe der Plaza del Adelantado liegt das Casino de La Laguna. 1899 gegründet fand es 1973 in dem vom Architekten Mariano Estanca im modernistischen Stil entworfenen Haus seinen Platz. Schon allein der Besuch im Restaurant oder im Terrassencafé lässt auch weniger spielfreudige Besucher in die Entstehungszeit des Gebäudes im frühen 20. Jahrhundert eintauchen. Das 1909 errichtete Objekt versprüht den Charme einer mondänen Epoche.

11 Convento Santa Clara — Convento De Las Claras

Santa Clara de Asís, das erste Nonnenkloster auf den Kanarischen Inseln, bezog 1577 das Gebäude. Die ersten Ordensschwestern kamen im Jahr 1547 auf Teneriffa an. Während des 17. Jahrhunderts war die Zahl der Ordensschwestern auf 150 angewachsen. Bis heute praktizieren hier Ordensschwestern der Klarissen ihren Glauben.

Brunnen vor dem Casino

Die heutige Gebäudehülle fand ihre Form im 18. Jahrhundert. Elemente im maurischen Stil prägen das seit 1978 unter Denkmalschutz stehende Gebäude.

Bild l. Palacio Nava y Grimón, auch Palast der Marqueses de la Villanueva del Prado

Convento Santa Clara

12 Casa Montañés

Das Haus diente als Wohn- und Geschäftshaus des Händlers Francisco Montañés, der auch Hauptmann der Miliztruppen war. Die Fertigstellung des Handelshauses erfolgte im Jahr 1746. 1985 erwarb die Regierung der Kanarischen Inseln das typisch kanarische Herrenhaus und nutzt es heute als Sitz des Beirates der kanarischen Regierung »Consejo Consultativo de Canarias«.

Casa Montañés: Portal und Patio (Bild links)

13 Casa Lercaro, Museo de Historia de Tenerife

Das im Jahr 1593 für Francisco Lercaro de León errichtete Gebäude diente als Privathaus.

Eine Besonderheit sind die freigelegten Kratzungen (Sgraffiti). Nach einer zwischenzeitlichen Nutzung durch das Militär und der Philosophischen Fakultät der Universität erwarb die Inselverwaltung im Jahr 1976 das Anwesen.

Casa Lercaro

Das seit 1983 unter Denkmalschutz stehende Gebäude ist seit 1993 Heimat des Museo de Historia de Tenerife.

14 Casa de los Jesuitas oder Universidad de San Fernando

Das Bauvorhaben in der Calle San Agustin begann im Jahr 1733 und wurde im Jahr 1737 fertiggestellt. Nach der Ausweisung der Jesuiten im Jahr 1767 wurde der Besitz verstaatlicht.

Casa de los Jesuitas

15 Casa Salazar, Patio

Giebelwappen des Palacio Salazar

Der Palacio Salazar entspricht den kanarischen Gebäuden der Barockarchitektur. Das 1687 fertiggestellte Gebäude diente zwischenzeitlich auch als Bischofssitz. Merkmale wie das Familienwappen der Salazars, Wasserspeier und der Innenhof wurden nach dem Brand im Jahr 2006 sorgfältig restauriert und größtenteils authentisch wiederhergestellt.

16 Kirche und Krankenhaus Nuestra Señora de los Dolores

Dieses architektonische Ensemble liegt zwischen dem Bischofssitz und dem ehemaligen Kloster San Agustín. Heute beherbergt das ehemalige Kloster die Gemeindebibliothek.

Nuestra Señora de los Dolores

17 und 18 IES Canarias Cabrera Pinto — Naturkundemuseum im ehemaligen Kloster San Agustín

Das Naturkundemuseum befindet sich in der obersten Etage des Instituto Cabrera Pinto, dem ehemaligen Kloster San Agustin in der gleichnamigen Straße. Die Sammlung besteht zu geringen Teilen aus der Zeit vor 1846 und im Wesentlichen aus dem späten 19. und frühen 20. Jahrhundert.

Das heutige Institut IES Canarias Cabrera Pinto hat seinen Sitz in dem zu Beginn des 16. Jahrhunderts gegründeten Kloster San Agustín. Das Kloster wurde als Honorierung des Augustinerordens für die Unterstützung bei der Eroberung und Kolonisation der Insel gewährt.

Ruine der abgebrannten Kirche des Klosters San Agustín

Bild r. Patio des Palacio Salazar; Bild o. Fassade des ehemaligen Bischofssitzes

Kirche und ehemaliges Kloster San Agustín

Die urkundliche Erwähnung des Klosters Espíritu Santo (Heiliger Geist) stammt aus dem Jahr 1504. Im Jahr 1506 begann der Bau des Klostergebäudes und endete Mitte des 16. Jahrhunderts. In dieser Zeit wurden auch schon Latein und Grammatik unterrichtet.

Die Augustina nahm als erste Universität der Kanarischen Inseln hier kurzzeitig im 18. Jahrhundert die Lehrtätigkeit auf. Von 1821 bis 1836 nahm die Universidad Literaria de San Fernando erneut die Lehrtätigkeit in den Klosterräumen auf, welche jedoch mit der Aufhebung des Klosters endete.

Herausragend sind die Innenhöfe aus der Renaissance. Der aus dem 18. Jahrhundert stammende zweite Innenhof »Claustro de los Cipreses« (Zypressenhof) ist sehr gut erhalten. Die Kirche brannte im Jahr 1964 bis auf die Außenmauern ab. Seit dem Jahr 1983 steht das Ex-Convento de San Agustín unter Denkmalschutz.

19 Iglesia de La Concepción

Die Kirche »Parroquia Matriz de Nuestra Señora de la Concepción« ist die älteste Gemeindekirche der Insel. Das erste Bauwerk kann auf die Jahre 1496 beziehungsweise 1497 datiert werden. Nach Abriss und Erweiterungen zeigt die Kirche seit dem Jahr 1558 im Wesentlichen das heutige Erscheinungsbild.

Glockenturm der Iglesia de la Concepción

Auf der Nordseite der Kirche steht das Wahrzeichen der Stadt La Laguna – der Glockenturm. Der Turm wurde erst im dritten Anlauf im Jahr 1694 erbaut. Die Kirche steht seit 1948 unter Denkmalschutz.

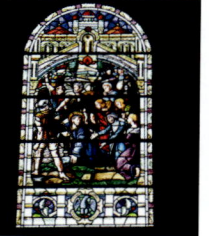

kunstvolles Kirchenfenster

Bild o. Deckenmalerei
Bild r. Kirchenschiff der Iglesia de la Concepción

20 Teatro Leal

Fassade des prachtvollen Teatro Leal

Das Theater aus dem Jahr 1915, welches auch als Kino genutzt wurde, besticht durch seine schöne Fassade.

Diese ist beispielhaft für den Eklektizismus in der Architektur zu Beginn des 20. Jahrhunderts. Das Theater bietet für über 1.000 Zuschauer ein Erlebnis.

21 Casa de los Marqueses de Torrehermosa

Das Gebäude wurde 1760 errichtet. Heute befindet sich das Hotel Aguere in den alten Gemäuern des Markgrafen Torrehermosa. Das Gebäude diente im folgenden Jahrhundert als Residenz des Bischofs Luis Folgueras und wurde kurzeitig als Studentenwohnheim genutzt. Im Jahre 1885 wurde das gegenüber dem Teatro Leal liegende Haus durch Benjamín Renshaw in das Hotel mit der besten Lage der Altstadt verwandelt. Der Besuch des Cafés oder eine Übernachtung sind es absolut wert.

22 Casa Ossuna

Casa de los Marqueses de Torrehermosa

Das Gebäude aus dem 17. Jh. lohnt einen Blick auf die besonderen Verzierungen der Holzfenster und des herausragenden Balkons.

23 Iglesia Catedral Nuestra Señora de los Remedios

Die Kathedrale Nuestra Señora de los Remedios ist seit der Gründung des Bistums San Cristóbal de La Laguna im Jahr 1819 Kathedrale und Gemeindekirche.

1515 als zweite Gemeindekirche begonnen, verwandelten die An- und Umbauten der nächsten knapp 300 Jahre das einfache Gotteshaus in eine dreischiffige Kirche mit Glockenturm.

Casa Ossuna

Als Folge der vielen Umbauten ergaben sich Probleme mit der Statik des Gebäudes und die Kirche wurde mit Ausnahme eines Teils der Fassade abgerissen. Die Neugeburt der Kathedrale erfolgte Anfang des 20. Jahrhunderts, wieder als dreischiffige Kirche. Während die Außenwände an die aus den 1820er-Jahren erhaltenen, von der Kathedrale in Pamplona inspirierten,

Bild r. eklektische Fassade des Teatro Leal

Kathedrale Nuestra Señora de los Remedios

barockes Portal der Casa Mustelier

Santuario Cristo de La Laguna

klassizistischen Fassaden und Türme angepasst wurden, erfuhren die Innenräume eine neugotische Gestaltung. Nach einer erneuten, rund elfjährigen Restaurierung, öffnete die Kirche am 31. Januar 2014 wieder ihre Pforten.

24 Casa Mustelier

Das Bauwerk aus dem 18. Jahrhundert zeichnet das Eingangsportal im Barockstil aus. Die Namensgeber stammten aus Frankreich.

25 Gemeinekirche Ermita San Juan Bautista

Die Kirche San Juan Bautista ist einschiffig und wurde im Jahr 2000 unter Denkmalschutz gestellt.

27 Santuario Cristo de La Laguna und Mercado Municipál

Etwas außerhalb der Altstadt, ca. 750 Meter von der Plaza del Adelantado entfernt, befindet sich an der Plaza del Cristo die Markthalle des Mercado Municipal, die täglich von 7:00 Uhr bis gegen 14:00 Uhr frische Lebensmittel anbietet.

Die Kirche Real Santuario Cristo de La Laguna liegt nur wenige Fußschritte entfernt. Das Kruzifix Santísimo Cristo de La Laguna steht in der zum Franziskanerkloster (Convento San Francisco) San Miguel de las Victorias gehörenden Kirche. Das gotische Werk stammt aus der 2. Hälfte des 15. Jahrhunderts. Es soll sich um eine Schenkung des Herzogs von Medina-Sidonia aus Andalusien handeln. Eine Prozession am 9. September jeden Jahres überbringt die Christus-Statue in die Kathedrale von La Laguna und am 14. September wieder zurück.

Bild r. das Kruzifix Santísimo Cristo de La Laguna

Museen in La Laguna

Palacio Lercaro
Museo de Historia y Antropología de Tenerife — MHA

Das prächtig restaurierte Palais aus dem 16. Jahrhundert ist Hauptsitz des Geschichts- und Anthropologiemuseums. Die Sammlung mit Ausstellungsstücken aus dem 15. bis 20. Jahrhundert gibt Einblick in die Zeit der Eroberung, die Evangelisierung, den Alltag der Inselbewohner sowie die wirtschaftliche Entwicklung auf Teneriffa.

ANREISE / KONTAKT

C/ San Agustín, 22 38201 La Laguna
Tel.: +34 922 825 949
E-Mail: marketing@museosdetenerife.org

Museo de Historia y Antropología de Tenerife — MHA

Mit der Casa Carta hat das Geschichts- und Anthropologiemuseum einen weiteren Sitz in La Laguna. Dort steht die ländliche Tradition Teneriffas im Fokus. In dem kanarischen Sommerhaus aus dem 18. Jahrhundert werden traditionelle Kleidung, volkstümliche Möbel, Keramik- und Korbwaren und Musikinstrumente ausgestellt.

ÖFFNUNGSZEITEN / PREISE

Täglich: 10:00 – 17:00 Uhr
24. 25. / 31. Dez, 1. / 6. Januar, Fastnachtsdienstag geschlossen.
Eintritt: 5,00 €, Ermäßigt: 3,50 €

ANREISE / KONTAKT

C/ del Vino, 44 - Valle de Guerra
38270 La Laguna
Tel.: +34 922 546 308
E-Mail: marketing@museosdetenerife.org

Museo de La Ciencia y El Cosmos — MCC

1993 gründeten die Inselregierung und das Institut für Astrophysik der Kanaren das Wissenschafts- und Kosmosmuseum. Neben dem Besuch eines Planetariums und eines Spiegellabyrinths besteht auch die Möglichkeit, vom Dach des Museums Botschaften ins Weltall zu senden.

ÖFFNUNGSZEITEN / PREISE

Die – Sa: 9:00 – 20:00 Uhr,
So, Mo, Feiertags: 10:00 – 17:00 Uhr
24. 25. / 31. Dez, 1. / 6. Januar, Fastnachtsdienstag geschlossen.
Eintritt: 5,00 €, Ermäßigt: 3,50 €

ANREISE / KONTAKT

Avda. Los Menceyes, 70
38200 La Laguna
Tel.: +34 922 315 265

La Laguna

250 m

1 Plaza del Adelantado

2 Casa natal del Padre Anchieta

3 Ermita de San Miguel

4 Ex Convento und Iglesia Santo Domingo

5 Antigua Casa del Cabildo Ayuntamiento (Rathaus)

6 Casa del Corregidor

7 Casa Alvarado Bracamonte

8 Iglesia und Convento de Santa Catalina de Siena

9 Palacio de Nava

10 Palacete Rodríguez Azero, Casino

11 Convento Santa Clara – Convento De Las Claras

12 Casa Montañés

13 Palacio Lercaro, Museo de Historia de Tenerife

14 Casa de los Jesuitas oder Universidad de San Fernando

15 Casa Salazar, Patio

16 Kirche und Krankenhaus Nuestra Señora de los Dolores

17 IES Canarias Cabrera Pinto – Naturkundemuseum im ehemaligen Kloster San Agustín

18 Iglesia de la Concepción

19 Teatro Leal

20 Casa de los Marqueses de Torrehermosa

21 Casa Ossuna

22 Iglesia Catedral Nuestra Señora de los Remedios

23 Casa Mustelier

24 Gemeinekirche Ermita San Juan Bautista

25 Real Santuario Cristo de La Laguna und Mercado Municipál

TEJINA UND TEGUESTE

Die kleinen Ortschaften Tejina und Tegueste liegen umgeben von ländlicher Kulturlandschaft im Nordosten Teneriffas an den Ausläufern des Anaga-Gebirges. Man findet dort traditionelle Häuser im kanarischen Stil, oftmals mit blumengeschmückten Fassaden.

In Tejina findet Ende August das Fest der Herzen »Corazones de Tejina« zu Ehren des heiligen Bartolomäus statt. Für die Prozession werden in tagelanger Arbeit riesige farbenfrohe Herzen aus Blumen, Früchten und Teigfladen angefertigt. Diese über 100 Jahre alte Tradition gilt als Kulturgut.

Bar in Tejina

Kirchplatz an der Iglesia de San Bartolomé in Tejina

Markttage in Tegueste:
Sa. und So.
8:30 - 14 Uhr

Der Markt in Tegueste gilt als einer der besten der Kanaren. Hier werden hochwertige Lebensmittel wie Obst, Gemüse, Weine, Fleisch, Fisch oder Süßspeisen und traditionelle Handwerksprodukte angeboten.

In der Ringkampfarena von Tegueste wird auch die Tradition des kanarischen Ringkampfs Lucha Canaria gepflegt. Ende April findet die Wallfahrt Romería de Sar Marcos statt. Dann treffen Pilger von allen Inseln, gekleidet in typisch kanarischer Tracht mit geschmückten Wagen, Viehherden, Tanz- und Folkloregruppen in Tegueste ein.

hinter Tegueste erheben sich die Ausläufer des Anaga-Gebirges

Bild l. die Iglesia de San Marcos Evangelista in Tegueste

PUNTA DEL HIDALGO
UND BAJAMAR

Der Küstenstreifen von Bajamar bis Punta del Hidalgo liegt am Fuße des Anaga-Gebirges und ist damit der ideale Ausgangspunkt für Wanderungen, beispielsweise zum kleinen Höhlendorf Chinamada (Weg PR TF-10).

In der Vergangenheit wurden in der Region leider zahlreiche Hotels erbaut, die heute einen eher morbiden Charme verströmen. Davon sollte man sich jedoch nicht abschrecken lassen.

Blick von Bajamar nach Punta del Hidalgo

Faro Punta del Hidalgo

Die Mehrzahl der Einheimischen lebt nicht von Tourismus, sondern von Landwirtschaft und Fischfang. So kann man an der Avenida Marítima in Punta del Hidalgo in den Restaurants und Bars sehr gute Fischgerichte genießen.

Wunderschön sind die Meerwasserbecken und kleinen versteckten Strände, die entlang des gesamten Küstenabschnitts zu finden sind. Herausragend ist dabei das Meerwasser-Schwimmbad Castillo de Bajamar, an dem man bei starkem Wellengang meterhohe Wellen anbranden sehen kann. Punta del Hidalgo ist außerdem der Big Wave Spot Teneriffas. Bei starkem Nordost-Passat bringt der Wind riesige Wellen in die Bucht.

Blick vom Mirador Punta del Hidalgo

Bild r. die Uferpromenade von Bajamar

das Meerwasserbad Castillo de Bajamar bei hohem Wellengang

TACORONTE UND EL SAUZAL

Im alten Ortskern von Tacoronte finden sich historische Bauwerke wie die Kirche Santísimo Cristo de los Dolores, die Pfarrkirche Santa Catalina und der aus dem 17. Jahrhundert stammende öffentliche Getreidespeicher La Alhóndiga.

Die Jardines de Hamilton sind eine einzigartige Gartenanlage mit auf den Kanaren heimischen Pflanzen wie Lorbeer- und Gagelbäumen sowie Baumheiden. Auch typisch kanarische Rebsorten können auf einer speziell dem Weinbau gewidmeten Fläche besichtigt werden.

Jardines de Hamilton:
täglich 10 – 19 Uhr
Eintritt frei

Häuser im kanarischen Stil in Tacoronte

die Kirche San Pedro Apóstol in El Sauzal

El Sauzal besticht vor allem durch seine traumhaften Panoramaaussichten über die gesamte Nordküste Teneriffas. An der Plaza de San Pedro steht die prächtige gleichnamige Kirche, welche die Viertälteste der Insel ist. Daneben befindet sich oberhalb einer kleinen Parkanlage mit Wasserläufen das Rathaus des Ortes.

La Casa del Vino, das Weinmuseum, liegt am Ortseingang von El Sauzal und ist in einem Gutshaus aus dem 17. Jahrhundert untergebracht. Das Honigmuseum, Casa de la Miel, befindet sich im gleichen Gebäude.

das Rathaus von El Sauzal

Bild l. Santísimo Cristo de los Dolores und ehemaliges Kloster Los Padres Agustinos Calzados an der Plaza del Cristo in Tacoronte

MESA DEL MAR

Ein Ausflug nach Mesa del Mar ist ein kleines Abenteuer. Eine steile Serpentinenstraße führt hinunter zur Küste, wo einen zunächst eine in die Jahre gekommene, zwölfstöckige Apartmentanlage erwartet. Sie wurde erbaut, bevor der Tourismus sich nach Puerto de la Cruz verlagerte.

Playa Mesa del Mar

Meerwasserbad

Dennoch ist Mesa del Mar ein beliebter Urlaubsort, vor allem bei der einheimischen Bevölkerung. Direkt am Parkplatz befindet sich ein großes, schön angelegtes, Meerwasserschwimmbad. Über einen Fußgängertunnel gelangt man zum, schwarzsandigen Strand Playa Mesa del Mar, von dem man bis zum Teide blicken kann.

Appartmentanlage von oben

eine Kuriosität: Appartments unter der Zufahrtsstraße

Bild r. Blick entlang der Nordküste über die Playa Mesa del Mar

Map labels:

N W O S
2 km

Playa Leri
Playa del Puertito
Playa de la Caleta
Roque de Garachico
Castillo de San Miguel
Garachico
El Guincho
Santo Dom
Charco
Punta de la Fajana
Punta de Riquer
Playa de San Marcos

Buenavista del Norte
Los Silos
TF-42
Icod de los Vinos
TF-42
TF-362
Bu
TF-436

Parque Rural de Teno

TF-421
TF-423
El Tanque
San Juan del Reparo
TF-82
TF-366
El Amparo
TF-373

El Palmar
Montaña del Teguer
Ruigómez
TF-82
Erjos
La Montañeta

San José de los Llanos
TF-373

Montaña el Topo (1237)

TF-436
Cruz de Gala (1354)
TF-82
Montaña Tomaseche (1279)
Montaña de los Tomillos (1369)
Montaña de las Flores

Roque Canta
TF-436
Santiago del Teide

Montaña del Estrecho
Chinyero (1551)
Montaña Corredera
Montaña de las Cuevitas (1807)

Pa

El Molledo
TF-82
Las Manchas
El Retamar
TF-1

DER NORDEN

Der Norden Teneriffas – von Buenavista del Norte bis Puerto de la Cruz und zum Tal von La Orotava – gewinnt den Besucher mit einem nahezu perfekten Mix aus Naturschönheit, Geschichte, Kultur und Lebensart.

Zwischen Anaga und Teno bietet der Norden das Kontrastprogramm zu den Tourismushochburgen im Süden. In geschichtsträchtigen Orten gibt es bei ganzjährig angenehmen Temperaturen die Möglichkeit, die Traditionen der Insel, ihre Küche, ihr Kunsthandwerk und ihre historische Architektur kennenzulernen. Dabei kommt auch das Strandleben nicht zu kurz.

farbenfrohe Blüten in Parks und Gärten

Dominante Landschaft ist das fruchtbare Tal von Orotava mit seiner reichen Natur. Hauptorte hier sind die Stadt Orotava und das touristische Zentrum der Region, Puerto de la Cruz. Eine Attraktion ist die Altstadt von La Orotava mit ihrem kunstvollen architektonischen Erbe. Hier lassen sich kanarische Gerichte genießen und traditionelles Kunsthandwerk bestaunen. Badespaß am Strand oder in den beliebten Meerwasserschwimmbecken Lago Martiánez verspricht die alte Hafenstadt Puerto de la Cruz. Berühmt ist auch der Zoo »Loro Parque«.

Orotava und Puerto de la Cruz sind dank der Nähe zum Nationalpark El Teide ideale Ausgangspunkte für einen Ausflug dorthin.

Casa de los Balcones

Westlich des Orotava-Tals sind Icod de los Vinos und Garachico einen Besuch wert. Wie der Name andeutet, gibt es in Icod de los Vinos eine lange Weinbautradition. Ein echtes Naturdenkmal ist der Drago Milenario, ein etwa 800 Jahre alter Drachenbaum. Das Städtchen Garachico ist eine der ältesten spanischen Siedlungen der Insel. Gut erhaltene Stadthäuser und Kirchen zeugen noch heute von der einstigen Bedeutung dieses historischen Kulturguts.

Klosteranlage in Garachico

Bild o. Blick über die Dächer von La Orotava
Bild r. Blick über die Nordküste Teneriffas vom Mirador Chipeque

LA OROTAVA

Die vielleicht schönste Stadt im Norden der Insel ist La Oro-
tava. Die im fruchtbaren Valle de la Orotava gelegene alte
Handelsstadt zehrt noch heute von ihrer einstmals großen
wirtschaftlichen Bedeutung für die Insel. Gegründet wurde La
Orotava zu Beginn des 16. Jahrhunderts. Stadtrecht erhielt La
Orotava allerdings erst im Jahre 1648. Davor wurde der Ort von
La Laguna verwaltet. Die Innenstadt, die Unterstadt und das
Viertel El Farrobo (Oberstadt) stehen heute unter Denkmal-
schutz. Besonders die zahlreichen Sakraibauten beeindrucken
durch ihre Schönheit.

*traditionell kanarischer
Balkon*

Blick durch die Calle Tomás Pérez zur Iglesia de Nuestra Señora de la Concepción

Altstadtgasse

Zwei besonders schöne Gartenanlagen schmeicheln dem
Auge des Besuchers. Hinter dem Rathaus liegt »Hijuela del
Jardín Botánico«, eine Nebenstelle des Botanischen Gartens
von Puerto de la Cruz. Der terrassenförmige Park »Jardines del
Marquesado del la Quinta Roja«, auch Jardín Victoria genannt,
wurde zu Ehren von Diego Ponte del Castillo, des achten Marqués de la Quinta Roja, angelegt. Die oberste Terrassenstufe
krönt das nie genutzte Mausoleum des bekennenden Freimau-
rers, das vom renommierten französischen Architekten Adol-
phe Coquet 1882 geschaffen wurde.

*Kreuzgang des ehemaligen
Klosters Santo Domingo*

Bild l. Blick von der Iglesia de Nuestra Señora de ¹a Concepción zum Meer

Blüte einer Bananenstaude

Fuchsienblüte

Calliandra haematocephala

altes Wappen

Bekannt ist La Orotava außerdem für sein Fronleichnamsfest beziehungsweise für die aus diesem Anlass geschaffenen Alfombras, kunstvolle Teppiche aus Blumen oder Sand. Am achten Tag nach Fronleichnam stehen der Rathausplatz und die umliegenden Straßen im Fokus der Feierlichkeiten. Ein großes Gemälde mit biblischen Motiven aus farbigem Sand des Teide Nationalparks schmückt den Platz. Bunte Blumenteppiche zieren derweil die benachbarten Straßen, durch die eine Prozession verläuft. Diese Schönheit ist vergänglich: Schon am nächsten Morgen werden die Überreste des Wunderwerks weggefegt. Wer es nicht zum Fronleichnamsfest nach Orotava schafft, kann aber schon 2 – 3 Wochen davor die Entstehung des Sandgemäldes beobachten.

Das Tal von Orotava

Die Schönheit des Tals ließ selbst den weit gereisten Naturforscher Alexander von Humboldt ins Schwärmen geraten. Die Stelle, von der er das Tal überblickt haben soll, ist der nach ihm benannte Mirador de Humboldt.

Der vulkanische Boden und das feuchte Klima des Orotavatals begünstigen den Anbau von Bananen und Weinreben im Umland der Stadt. Auch Esskastanien, die an den Berghängen wachsen, haben in der Küche Teneriffas eine lange Tradition.

Am Ausgang des Tals, nur wenige Kilometer von La Orotava entfernt liegt Puerto de la Cruz. Das heutige Tourismuszentrum im Norden diente La Orotava als Hafen und hieß bis 1808 noch Puerto de la Orotava.

Bild o. Blick über La Orotava von der Plaza San Francisco
Bild r. das prachtvolle Portal der Casa Mesa

KIRCHEN UND KLÖSTER

Besonders die zahlreichen kirchlichen Bauwerke beeindrucken durch ihre Schönheit und haben bedeutenden Anteil daran, dass der historische Stadtkern Orotavas seit 1976 als historisch-künstlerisches Ensemble besonderen Schutz genießt.

An erster Stelle steht die Kirche Nuestra Señora de la Concepción, ein Musterbeispiel barocker Architektur aus dem 18. Jahrhundert, mit ihren Wasserspeiern, Decken- und Fenstergemälden. Die Hauptkirche der Stadt, seit 1948 Kulturdenkmal, existiert in ihrer heutigen Form seit 1768. Ihre Vorläuferin an gleicher Stelle ging auf eine Kapelle aus dem Jahr 1498 zurück und musste infolge der Erdbeben beim Ausbruch des Vulkans Güímar abgerissen werden.

Wasserspeier

Marienfigur in der Iglesia de Nuestra Señora de la Concepción

An der Plaza de la Constitución befindet sich ein ehemaliges Augustinerkloster mit seiner Kirche San Agustín aus dem 17. Jahrhundert. Schmuckstück des Gotteshauses ist der kunstvoll geschnitzte Hauptaltar mit einer Madonnenstatue. Nachdem die Augustiner im 19. Jahrhundert enteignet wurden, diente das Kloster als Kaserne. Heute ist es ein Kulturzentrum.

Auch das ehemalige Kloster Santo Domingo mitsamt seiner Klosterkirche sticht besonders hervor. Bedeutend sind die Holzschnitzereien der Kanzel, die Heiligenskulpturen und Ölgemälde im Inneren der Kirche. Im einstigen Dominikanerkonvent ist heute das Museum für Iberoamerikanische Kunst untergebracht.

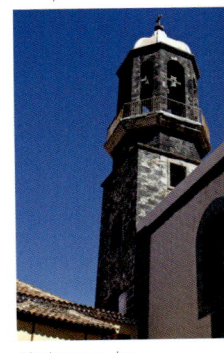

Glockenturm der Iglesia Santo Domingo

Bild o. Hauptaltar der Iglesia Santo Domingo
Bild l. die Iglesia de Nuestra Señora de la Concepción

CASA DE LOS BALCONES

*Detail eines Holzschnitz-
ornaments*

Eine der Hauptsehenswürdigkeiten Orotavas ist das histo-
rische Herrenhaus Casa de los Balcones aus dem 17. Jahr-
hundert. Blickfang des in der Calle San Francisco gelegenen
Hauses sind die aufwendig gearbeiteten Holzbalkone. Auch
der mächtige Balkon des obersten Stockwerks zeugt von der
Handwerkskunst der damaligen Zimmerleute. Im Schatten des
klassischen kanarischen Innenhofs lässt sich die Lebensart der
Vergangenheit erleben. Denn heute ist das Gebäude zugleich
Museum und Zentrum des traditionellen Kunsthandwerks von
La Orotava. Besucher erleben, wie traditionelle Produkte von
Hand hergestellt werden, und können diese dann auch hier
erwerben.

Außenansicht der Casa

Der Eintritt für das Museum liegt, Stand April 2017, bei 4 Euro
pro Erwachsenen.

In der Nachbarschaft stehen weitere alte kanarische Herrenhäuser. Im Haus daneben, Casa de Jiménez Franchy, ist heute das
Museo de Alfombras (zeremonielle Blumen- und Sandteppiche
zu Fronleichnam) untergebracht. Gegenüber der Casa de los
Balcones befindet sich das aus dem 16. Jahrhundert stammende Casa Molina, auch als Casa Turista bekannt, mit dem vermutlich besten Angebot an kunsthandwerklichen Souvenirs.

traditionelle Kochstelle

Bild o. feine Holzschnitzereien
Bild r. der Patio der Casa de los Balcones

Museum für Iberoamerikanisches Kunsthandwerk

Zur Geschichte Teneriffas gehört auch die Emigration beträchtlicher Teile der Bevölkerung nach Lateinamerika. Die dadurch entstandene Bindung wurde verstärkt, indem zahlreiche Auswanderer oder deren Nachkommen wieder in ihre alte Heimat zurückkehrten und kulturelle Einflüsse aus Lateinamerika mit nach Teneriffa brachten.

Das Museo Artesanía de Iberoamericana zeigt zahlreiche Erzeugnisse des lateinamerikanisch beeinflussten Kunsthandwerks.

Innenhof des Museumsgebäudes

ANREISE / KONTAKT

Museum für Iberoamerikanisches Kunsthandwerk von Teneriffa – MAIT
C / Tomás Zerolo, 34 38300 la Orotava
Tel.: +34 922 328 160
E-Mail: mait@tenerife.es
www.artenerife.com

ÖFFNUNGSZEITEN / PREISE

Montag – Freitag von 10:00 – 15:00 Uhr
Eintritt: 2,00 €

Casa de las Alfombras (Museum für Fronleichnamsteppiche)

Das Museum widmet sich den traditionellen Teppichen aus Blumen und Sand vom Teide, die jedes Jahr anlässlich des Fronleichnamsfestes in La Orotava angefertigt werden. Die Ausstellung zeigt außerdem, wie die Teppiche gestaltet und hergestellt werden.

Die Casa de las Alfombras liegt direkt neben Casa de los Balcones.

ÖFFNUNGSZEITEN / PREISE

Montag – Freitag von 10:00 – 14:00 Uhr
Eintritt: 2,00 €

ANREISE / KONTAKT

Casa de las Alfombras
San Francisco, 5, 38300 La Orotava
Tel.: +34 922 324 444

Bild r. Blick über La Orotava von der Plaza San Francisco

250 m

Calle Aceviño
Calle El Drago
La Marzaga
Calle Talinaste
Calle El Drago
Calle La Ratona
Calle El Drago
Calle Talinaste
Pto. de la Cruz
TF-211
Avenida República de Venezuela
Avenida de Comunidad Interoamericana
Avenida Obispo Benítez de Lugo
Calle Pilar Monteverde
Calle Nicandro Gonzáles Borges
Calle Juan Padron
Calle Calvario
Calle eñor Monteverde
16 17
15
Calle Viera
Calle Tomás Zerolo
Calle Rosales
Calle Cantos Canarios
Avenida Emilio Luque Moreno
Avenida Sor Soledad Co
Information
13
P
Plaza Patricio García
14
Calle Carrera
12
Calle de San Agustín
Calle Cologán
Calle Duquesa
7
8
10
P
Calle Folletadora
Calle Domingo
TF-21
quesa
6
9
11
TF-324
Calle Duquesa
Calle Hermano Apolinar
Calle León
Avenida La Torita
Chasna Aguamansa
4
Calle San Franzisco
Calle San Juan
Plaza San Francisco
3
2
1
Calle Nueve
Calle Pescote
Calle Romulo
La Orotava
Calle Salazar
Meneses
Marqués
anco de

1 Iglesia San Juan Bautista
2 Hospital de la Santísima Trinidad
3 Casa del Turista
4 Casa de los Balcones
5 Casa de las Alfombras
6 Casa Lercaro
7 Nuestra Señora de la Concepción
8 Plaza del Ayuntamiento / Palacio Municipal
9 Hijuela del Botanico
10 Museo de Cerámica
11 Jardín Victoria
12 Liceo de Taoro
13 Iglesia San Agustín
14 Plaza de la Constitución
15 Casa Torrehermosa
16 Museo de Artesanía Iberíoamericana
17 Iglesia Santo Domingo

313

PUERTO DE LA CRUZ

Puerto de la Cruz hat eine lange Geschichte als Erholungs- und Urlaubsort. Gegen Ende des 19. Jahrhunderts war der Ort vor allem bei britischen Bürgern ein aufkommendes Reiseziel. Der einstige Hafen La Orotavas hat sich im Laufe der Jahrzehnte zu einem großen Tourismus- und Handelszentrum im Norden Teneriffas entwickelt.

Die wachsende Zahl der Touristen hat die Wahl zwischen den großen und preiswerteren Hotelanlagen bzw. gefälligen Appartementhäusern oder feinen, villenähnlichen Ferienhäusern. Der Küstenstadt gelingt es, vielen Ansprüchen gerecht zu werden. Der malerische historische Stadtkern mit vielen unter Denkmalschutz stehenden Gebäuden lädt zum Bummeln ein.

Architektonisch hat die Stadt einige Schmuckstücke zu bieten, zum Beispiel die Casa de la Real Aduana. Das mit traditionellen Balkonen und kunstvoll verzierten Fenstern versehene ehemalige Königliche Zollhaus stammt aus dem Jahr 1620. Ältestes, noch existierendes Gebäude der ganzen Stadt ist die 1599 erbaute Kirche San Francisco.

Wer hungrig und müde vom Stadtbummel oder Shoppen in den zahlreichen, meist auch sonntags geöffneten Geschäften ist, hat eine gute Auswahl an Restaurants und Tapas-Bars der verschiedensten Preisklassen. Kunstsinnigen sei ein Besuch des historischen Viertels La Ranilla an Herz gelegt. Als eine Art Freilichtmuseum zeigt Puerto Street Art von europäischen Künstlern mit Gemälden gestaltete Fassaden.

Zeitvertreib und Aktivitäten

Als Urlaubsort ist Puerto de la Cruz auch eine ideale Basis für alle, die es gerne aktiv mögen. Wanderer finden auch von hier aus einen Einstieg in das rund 1.000 Kilometer umfassende Wegenetz. Zur Teide-Seilbahn fährt ein Bus aus Puerto de la Cruz. Das Meer ist das Spielfeld für eine Reihe von Wassersportarten wie Surfen oder Tauchen.

Wer einfach nur Baden will, wird in Puerto de la Cruz leicht fündig. Die gut erschlossenen schwarzsandigen Stadtstrände Playa de Martiánez, Playa de San Telmo, Playa Jardín tragen zur Beliebtheit als Ferienort bei und laden zum Bad in der Sonne und den Wellen des Atlantiks ein. Die Uferpromenaden sind gut mit Bars, Restaurants und Geschäften versorgt.

Besonders schön ist der nach Plänen von César Manrique angelegte Strand Playa Jardín, der in eine parkähnliche Gartenanlage eingebunden ist. Immer gut besucht ist auch das ebenfalls von César Manrique gestaltete Freibad Costa Martiánez. Im Zentrum steht ein seeartiges, mit Meerwasser gefülltes Becken. Inseltypische Pflanzen, Skulpturen und Felsinseln geben der Anlage mit 7 weiteren Becken für Erwachsene und Kinder für ein besonders Flair.

Bild i. Castillo San Felipe, Bild o. Playa Jardín, Eild r. das Freibad Costa Martiánez

Ursprünglich als Papageienzucht gegründet zeigt der Zoo Loro Parque heute nicht nur die bunt gefiederten Vögel, sondern Pinguine, Seelöwen, Gorillas und Meeresbewohner wie Haie, Delfine und Orca.

Für Tage mit schlechtem Wetter bieten sich die Museen in Puerto de la Cruz an. Das Museum für zeitgenössische Kunst Eduardo Westerdahl (MACEW) zeigt Arbeiten internationaler Künstler des 20. Jahrhunderts. Das Museo Arqueológico del Puerto de La Cruz vermittelt ein Bild vom Leben der Guanchen vor der spanischen Eroberung. In der Casa Iriarte, einem Herrenhaus aus dem 18. Jahrhundert, empfängt ein kleines Museum für Seefahrtsgeschichte (Museo Naval) interessierte Besucher.

JARDÍN BOTÁNICO

Der Botanische Garten von Puerto de la Cruz zählt zu den schönsten Botanischen Gärten des gesamten Kanarischen Archipels. Er wurde im Jahr 1788 errichtet, als die Ortschaft noch als Hafen La Orotavas fungierte.

Der botanische Garten wurde auf königliche Anordnung als Akklimatisierungsgarten geschaffen, um die in den spanischen Kolonien der Neuen Welt gesammelten exotischen Pflanzen an das Klima in den königlichen Gärten von Madrid und Aranjuez zu gewöhnen.

Auf einer Fläche von rund 60.000 m² wachsen im Jardín Botánico etwa 120 Baumarten, mehr als 5.000 Pflanzenarten und über 50.000 Pflanzen aus fünf Kontinenten. Am häufigsten sind jedoch Maulbeer-, Aronstab-, Bromeliengewächse (auch Ananasgewächse genannt) und Palmen im Botanischen Garten vertreten.

ÖFFNUNGSZEITEN / PREISE

Botanischer Garten:
tägl. 9 – 18 Uhr
Bibliothek / Kräutergarten:
tägl. 9 – 13 Uhr
1. Januar, Karfreitag und 25. Dezember geschlossen.
Eintritt: 3,- €

ANREISE / KONTAKT

Jardín Botánico
C / Retama, nº 2
38400 Puerto de la Cruz
Tel.: +34 922 38 35 72

Brugmansia aurea

Bild r. Strelitzien im Jardín Botánico

SAN JUAN DE LA RAMBLA

Türklopfer

Der Hauptort der gleichnamigen Gemeinde hat einen sehenswerten historischen Stadtkern. Seit 1993 ist er historisches Kulturgut. In pittoresken Gassen schlendert man an herrschaftlichen Häusern und Kirchenbauten im kanarischen Baustil vorbei.

Begründet wurde die Ortschaft durch portugiesische Kolonisten. Die fruchtbare Landschaft steigt von San Juan de la Rambla an der Küste bald auf bis zu 2.000 Meter Höhe, wovon auch heute noch die zahlreichen Terrassenfelder im Umland zeugen.

der Ortskern mit historischen Gebäuden

In den Restaurants und Tapasbars stehen oft traditionelle kanarische Gerichte auf den Speisekarten. Die Fischer des Städtchens versorgen diese auch mit frischem Fisch und Meeresfrüchten.

Das Naturschwimmbecken Charco de la Laja lädt mit seinem ruhigen Wasser zu einem erfrischenden Badespaß ein. Es liegt ein wenig abgeschieden und ist über einen kurzen Spaziergang auf einem ausgebauten Weg erreichbar.

Charco de la Laja

Bild r. die Dorfkirche San Juan Bautista aus dem 16. Jahrhundert

ICOD DE LOS VINOS

Die Wurzeln des Städtchens gehen zurück bis zur Eroberung durch Spanien. Der Ort und seine Umgebung sind traditionell von Landwirtschaft (Weinbau) und Fischfang geprägt.

Die denkmalgeschützte Altstadt lässt sich auf einem Spaziergang durch die Straßen und Gassen erkunden. Besonders sehenswert ist das Gebiet rund um die Hauptkirche San Marcos, die Plätze Plaza Lorenzo Cáceres und Plaza de la Pila (Plaza de la Constitución) sowie um das Franziskanerkloster Convento de San Francisco. Hier im alten Ortskern lässt sich auch die lokale Gastronomie erkunden: Kanarische Kartoffeln mit Mojo, Kanincheneintopf, lokale Käsespezialitäten und Wein aus der Region.

Der Drago Milenario in Icod, ein nationales Denkmal.

der berühmte Drachenbaum Drago Milenario

Brunnen in Icod

Berühmt ist Icod auch für den Drago Milenario, einen rund 800 Jahre alten Drachenbaum (Dracaena Draco Canariensis) im Parque del Drago.

Bei einem Besuch in Icod de los Vinos sollte man auf jeden Fall auch die Cueva del Viento besichtigen. Sie ist mit rund 17 Kilometer Länge die fünftgrößte Lavahöhle der Welt. Führungen ab dem Besucherzentrum werden angeboten. Da die Teilnehmerzahlen in den Gruppen beschränkt sind, empfiehlt sich eine Reservierung.

Cueva del Viento
Tel.: +34 922 815 339
cuevadelviento.net
info@cuevadelviento.net

GARACHICO

Das 1496 gegründete Garachico entwickelte sich schnell zum lange Zeit bedeutendsten Fischerei- und Handelshafen. Der Ausbruch des Vulkans Trevejo beendete seine Zeit als Wirtschaftszentrum, da auch der alte Hafen 1706 den Lavaströmen zum Opfer fiel. Den damaligen Wohlstand kann man noch heute an der städtebaulichen Anlage und dem Baustil der wenigen verschonten Gebäude ablesen.

Fenster mit Schnitzerei

Gasse zum alten Franziskanerkonvent

Die gelassene Atmosphäre der kleinen Stadt eröffnet sich bei einem Spaziergang durch die denkmalgeschützte Altstadt. Malerische Gässchen führen zu den zentralen Plätzen P. de Juan González de la Torre und P. de la Libertad. In deren Umfeld befinden sich einige Sehenswürdigkeiten: die Hauptkirche Santa Ana, die Kapelle Ermita de San Roque, der Convento de Santo Domingo, heute u.a. ein Museum für zeitgenössische kanarische Kunst, die Herrenhäuser der Marqués de la Quinta Roja und der Condes de La Gomera (Casa de Piedra), der Parque de la Puerta de Tierra sowie die kleine Festung San Miguel, die den Hafen vor Piraten schützen sollte, und daneben die Naturbadebecken El Caletón.

Klosterkirche San Francisco

Bei der Anreise mit dem Auto sollte man sich den wohl besten Blick auf die Stadt und den Roque de Garachico nicht entgehen lassen. Den hat man von dem westlich von San Juan del Reparo an der TF-82 gelegenen Restaurant Mirador de Garachico.

Bild o. Altstadtgässchen im Stadtkern
Bild r. Portal der Kirche Santa Ana

PARROQUIA MATRIZ DE SANTA ANA

LOS SILOS

Das Örtchen Los Silos ist vom Andrang des Massentourismus weitgehend verschont geblieben. Ein Bummel durch die historische Altstadt beginnt und endet idealerweise an der Plaza de la Luz. Dichtes Laub der Bäume spendet Schatten und farbenfrohe Gärten erfreuen das Auge. Am Platz sticht natürlich die strahlend weiße Stadtkirche Nuestra Señora de la Luz hervor. In der Nachbarschaft liegt das ehemalige Kloster San Sebastián. Auch wenn die Nonnen vom Zisterzienserorden schon lange verschwunden sind, vermittelt das Gebäude noch immer ein Gefühl klösterlicher Zurückgezogenheit. Den Kreuzgang mit einfachen Holzgalerien beleben heute übrigens die Mitarbeiter der Stadtverwaltung. Seit dem 20. Jahrhundert ist das Gebäude das Rathaus.

Laterne in der Altstadt

BUENAVISTA DEL NORTE

Buenavista del Norte ist die westlichste aller Ortschaften im Norden Teneriffas. Danach beginnt das Teno-Gebirge. Der Reiz des Städtchens liegt aber nicht nur in der Natur der Lage am Fuße der Berge.

Die Altstadt ist durch typisch-historische kanarische Architektur geprägt. Besonders bedeutend ist die Kirche Nuestra Señora de Los Remedios am gleichnamigen Platz, an dem auch die wichtigsten Institutionen des Ortes ihr Zuhause haben. Die Kapelle San Sebastián stammt ebenfalls aus dem 16. Jahrhundert. Mit der Casa de la Viuda lässt sich typische kanarische Architektur des 17. Jahrhunderts von außen wie von innen besichtigen. Der Barranco de Triana zieht sich als grüner Streifen durch den historischen Ortskern Buenavistas. Hier liegen auch die alten Waschplätze, da die Schlucht in der Vergangenheit regelmäßig Wasser führte.

Rathaus von Los Silos

Nach einem Spaziergang durch die Innenstadt ist die Plaza de los Remedios Anlaufpunkt, um bei einem kühlen Getränk oder einem Café cortado etwas Entspannung zu genießen.

Fächerpalme

Bild l. die weiße Kirche von Los Silos aus dem 16. Jahrhundert

Die Insel

330 — 337

Teneriffa liegt als größte der sieben Hauptinseln im Zentrum des Kanarischen Archipels. Die Hauptstadt Santa Cruz de Tenerife ist auch Hauptstadt der gleichnamigen Provinz, der neben Teneriffa noch La Gomera, La Palma und El Hierro angehören.

Klima

338 — 341

Wegen der durchgängig milden Temperaturen und unterschiedlichen Klimazonen eignet sich Teneriffa ganzjährig für Aktiv- und Badeurlauber. Nur in den höheren Lagen im Nationalpark muss im Winter teilweise mit Schnee und frostigen Temperaturen gerechnet werden.

Natur

342 — 345

Die Vulkaninsel Teneriffa bietet unglaublich abwechslungsreiche Landschaften. Auf fast 50% der Inselfläche wurden insgesamt 37 Landschaftsschutzzonen eingerichtet.

Fauna

346 — 363

Vielseitig ist vor allem die Unterwasserwelt Teneriffas. Aber auch in der Vogelwelt finden sich kanarische Endemiten wie der seltene Teidefink, der Kanarienvogel und der Einfarbsegler.

Flora

364 — 377

Klimaeinflüsse, Höhenzonen und Bodenbeschaffenheit haben zur Entstehung von sechs unterschiedlichen Ökosystemen auf der Insel geführt. Man zählt etwa 140 Pflanzenarten, die nur auf Teneriffa heimisch sind.

DIE KANAREN

Lage: westlich von Nordafrika
Fläche: ca. 7.500 km²
Einwohner: ca. 2,1 Millionen
Bevölkerungsdichte: 277/km²
Hauptstadt:
Santa Cruz de Tenerife (ca. 203.000 Einwohner) und Las Palmas de Gran Canaria (ca. 378.000 Einwohner)

EUROP

Azoren

Madrid
•
SPANIEN

Madeira

Teneriffa
KANARISCHE INSELN

AFRIKA

Kapverden

Sprache:
Spanisch (Kastilisch); in Touristen-zentren und größeren Hotels auch Deutsch und Englisch.
Ortszeit:
WEZ, deutsche Urlauber müssen die Uhr bei Ankunft auf den Kanaren um eine Stunde zurückstellen

DATEN UND FAKTEN

Die sieben Kanarischen Inseln gehören politisch zu Spanien und damit zur EU, geografisch werden sie aufgrund ihrer Lage im Atlantischen Ozean – rund 100 bis 500 Kilometer vor der marokkanischen Küste – jedoch Afrika zugeordnet.

Bei der spanischen Staatsform handelt es sich um eine parlamentarische Erbmonarchie. König Felipe VI. von Spanien ist seit 2014 als Staatsoberhaupt im Amt.

95 Prozent der Bewohner der Kanarischen Inseln sind römisch-katholisch. Daneben gibt es protestantische, jüdische sowie muslimische Minderheiten.

Seit 1996 gehören die Kanarischen Inseln zur EU und zum europäischen Zollgebiet. Allerdings gibt es Sonderregelungen in einigen Bereichen. Zudem profitieren sie von einer Reihe von Hilfsprogrammen und Subventionen.

Die Kanarischen Inseln sind eine von 17 Autonomen Gemeinschaften Spaniens. Die gliedern sich in die beiden Provinzen Las Palmas de Gran Canaria (ca. 1.097.000 Einwohner), bestehend aus Lanzarote, Fuerteventura und Gran Canaria, und Santa Cruz de Tenerife (ca. 1.004.000 Einwohner), bestehend aus Teneriffa, La Palma, El Hierro und La Gomera. Beide Städte teilen miteinander den Status als Hauptstadt der Kanarischen Inseln.

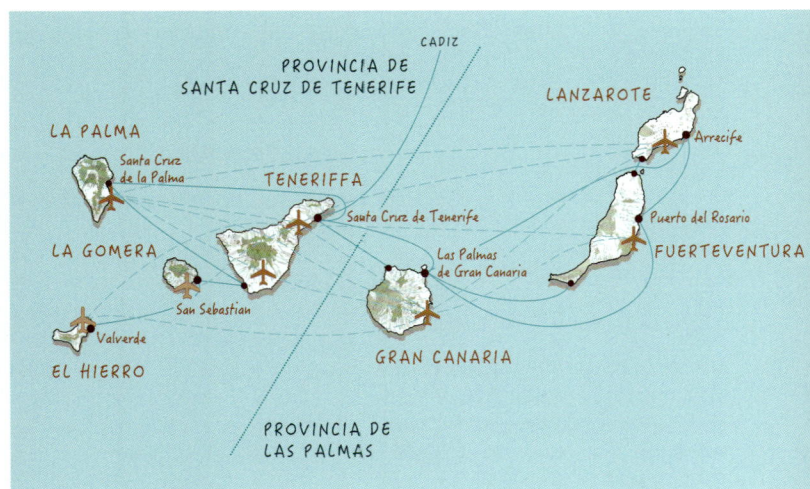

GEOGRAPHIE

Teneriffa liegt als Größte der sieben Hauptinseln im Zentrum des Kanarischen Archipels auf 28° 29' Nord und 16° 34' West. Sie wird von den Inseln Gran Canaria im Südosten und La Gomera im Südwesten flankiert. Vom afrikanischen Kontinent ist Teneriffa knapp 300 Kilometer entfernt, von Spanien um die 1.300 Kilometer.

Die Insel umfasst eine Fläche von 2.034,38 Quadratkilometern und weist eine Länge von circa 80 Kilometern sowie eine max. Breite von etwa 53 Kilometern auf. Die circa 358 Kilometer lange Küstenlinie besticht durch ihre faszinierenden Klippen und Strände. Insbesondere die schwarzen Sandstrände fallen ins Auge.

Wie der gesamte Kanarische Archipel ist auch Teneriffa vulkanischen Ursprungs. Im Zentrum der Insel befindet sich die Landschaft La Caldera de Las Cañadas, der Krater eines gewaltigen Urvulkans. In diesem erhebt sich der Teide, der mit 3.718 Metern nicht nur der höchste Berg der Kanarischen Inseln, sondern auch ganz Spaniens ist. Neben ihm befinden sich noch weitere, kleinere Vulkanberge in den Cañadas.

VERWALTUNG & BEVÖLKERUNG

Sitz der Inselregierung (Cabildo Insular) ist die Hauptstadt Santa Cruz de Tenerife mit circa 203.000 Einwohnern. Diese ist darüber hinaus auch Hauptstadt der gleichnamigen Provinz, der neben Teneriffa noch La Gomera, La Palma und El Hierro angehören. Gemeinsam mit Las Palmas de Gran Canaria teilt sich Santa Cruz de Tenerife schließlich die Funktion der Hauptstadt und des Verwaltungssitzes der Autonomen Gemeinschaft Kanarische Inseln. Während Santa Cruz de Tenerife der ständige Sitz des Parlaments der Autonomen Gemeinschaft ist, wechselt der Präsident der Kanaren seinen Sitz alle vier Jahre zwischen Santa Cruz de Tenerife und Las Palmas de Gran Canaria.

Die Insel ist in 31 Gemeinden unterteilt. Heute leben etwa 900.000 Menschen auf Teneriffa, darunter ein hoher Anteil an Immigranten, der größtenteils aus Deutschen (50.000), Engländern (37.000) und Italienern (24.000) besteht.

Die Einheimischen werden Tinerfeños genannt und sind stolz auf ihre Herkunft. Entsprechend legen sie großen Wert auf ihre eigene kanarische Identität.

INFRASTRUKTUR

Der internationale Flughafen Reina Sofia liegt im Süden der Insel und ist etwa 60 Kilometer von der Hauptstadt Santa Cruz de Tenerife entfernt. Allein 2015 wurden hier mehr als 9 Millionen Passagiere befördert. Im Norden der Insel, nur 10 Kilometer von der Hauptstadt entfernt, befindet sich der Flughafen Teneriffa-Nord. Für tägliche, innerkanarische Flugverbindungen sorgt die Airline Binter Canarias.

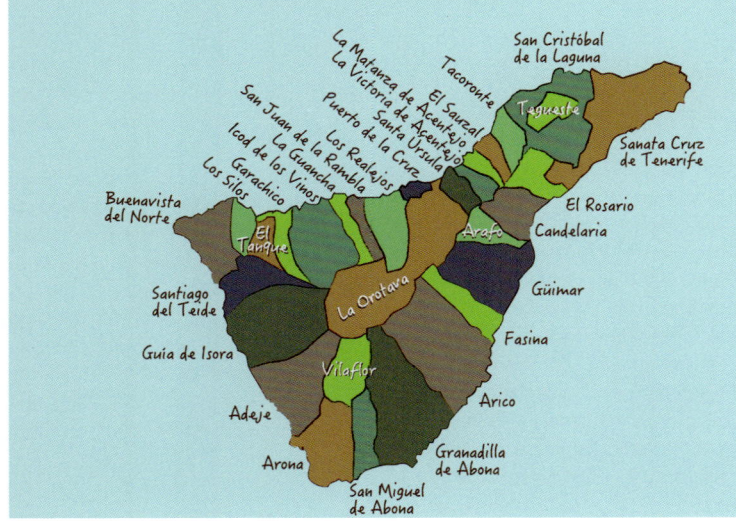

Der Handelshafen von Santa Cruz, in dem täglich zahlreiche Tanker, Container- und Kreuzfahrtschiffe verkehren, bildet einen wichtigen Knotenpunkt zwischen Europa, Afrika und Amerika. Verbindungen zwischen den Kanarischen Inseln werden von den Schifffahrtsgesellschaften Fred Olsen, Naviera Armas und Trasmediterránea angeboten. Letztere tätigt auch Überfahrten zum spanischen Festland nach Cádiz.

Auch vom Hafen Los Cristianos starten täglich Fahrten zu den anderen Kanarischen Inseln. Darüber hinaus werden ebenfalls diverse Touren zu Delfin- und Walkolonien sowie Ausflüge zu der atemberaubenden Steilküste Acantilados de los Gigantes angeboten.

Das gut ausgebaute Straßennetz verbindet die meisten Orte der Insel. Die Nordautobahn TF-5 führt von Santa Cruz über Puerto de la Cruz und bis Los Realejos. Die Südautobahn TF-1 schlängelt sich entlang der Küste über Los Cristianos, Costa Adeje bis Santiago del Teide. Die Bergdörfer sind über asphaltierte Landstraßen erreichbar.

Ein umfangreiches, öffentliches Busnetz wird von dem Unternehmen TITSA betrieben. Ein Sonderfahrstreifen für Busse führt vom Busbahnhof Santa Cruz de Tenerife direkt auf die Nordautobahn. Die 12 Kilometer lange Straßenbahnlinie 1 verbindet die Städte Santa Cruz und La Laguna miteinander. Auch die 2009 eröffnete Linie 2 vernetzt La Laguna (La Cuesta) und Santa Cruz (Tíncer). Ein weiterer Ausbau ist geplant.

WASSERVERSORGUNG

Wasser ist eine knappe Ressource auf der Insel. Ursachen der Problematik bei der Wasserversorgung sind die intensive Landwirtschaft, die erhebliche Entwaldung und natürlich der Tourismus.

Das meiste Wasser stammt heute aus den Stollen und Brunnen der Insel. In den porösen Basaltböden sammelt sich Niederschlagswasser aus Regen, Schnee und kondensierter Luftfeuchtigkeit. Dieses Grundwasser ist die Hauptversorgungsquelle der Insel. Die unterirdischen Speicher werden durch Brunnen oder Stollen angezapft.

Inzwischen gibt es mehr als tausend dieser ins Gestein getriebenen Bohrschächte mit einer Gesamtlänge von 1.700 Kilometern. Viele der rund 500 aktiven Brunnen sind über 100 Meter tief. Staubecken mit rund 22 Millionen Kubikmetern Fassungsvermögen und zwei Meerwasserentsalzungsanlagen ergänzen die Versorgung. Das Wasser wird über ein 4.000 Kilometer langes Netz von Kanälen und Rohren verteilt. Durch ein Kanalsystem werden dabei geklärte Abwässer in den Süden befördert, wovon besonders die Landwirtschaft zwischen Güimar und Arico profitiert.

GESCHICHTE

ERSTE BERICHTE

Schon vor der Ankunft der ersten europäischen Abenteurer waren alle sieben Kanarischen Inseln bewohnt. Man nimmt an, dass die erste Besiedlung der Inseln zwischen dem 5. und 1. Jahrhundert v. Chr. erfolgte. Die Einwanderer kamen vermutlich aus Afrika. Das Wort »Guanche«, das im allgemeinen Sprachgebrauch die Urbevölkerung aller Kanarischen Inseln bezeichnet, bedeutet eigentlich »Mann von Teneriffa«.

Archäologische Funde legen nahe, dass die Guanchen in einer Stammesstruktur unter einem Häuptling lebten. Sie betrieben Ziegenzucht, Fischfang und Landwirtschaft und wohnten in Hütten oder Höhlen.

Im 2. Jahrhundert n. Chr. wurden die Kanarischen Inseln vom griechischen Naturforscher Claudius Ptolemäus kartografiert. Nach dem Untergang des Römischen Reiches gerieten die Kanaren zunehmend in Vergessenheit.

EROBERUNG DURCH SPANIEN

Erst im 14. Jahrhundert wurden die Kanarischen Inseln wieder »neu« entdeckt. 1312 erreichte Lancelotto Malocello Lanzarote.

1402 erhielt schließlich Jean de Béthencourt vom kastilischen König Heinrich III. (1360 – 1422) den Auftrag, die Inseln einzunehmen. Teneriffa selbst wurde jedoch erst 1495, knapp 100 Jahre später, als letzte der Kanarischen Inseln von Alonso de Lugo erobert.

In der Folgezeit ließen sich die Spanier auch hier nieder. Um den Besitz Teneriffas und der Kanaren musste Spanien immer wieder streiten. Ein letzter Eroberungsversuch durch die englische Krone konnte 1797 abgewehrt werden. Dabei verlor der später gegen Napoleon Bonaparte siegreiche Admiral Nelson seinen Arm.

NACH DER EROBERUNG

Nach der Eroberung wurde der Großteil der Guanchen versklavt. Die Überlebenden vermischten sich mit den spanischen Eroberern. Besonders die Töchter führender Guanchen waren aus politischen Gründen beliebte Heiratskandidatinnen.

Viele der Eroberer kamen nicht, um zu bleiben. Erst im Verlauf des 17. Jahrhunderts begann die Bevölkerung Teneriffas zu wachsen. Trotzdem gab es in der Entwicklung immer wieder Dellen, zum Beispiel durch den wiederholten Kollaps der Monokulturwirtschaft (in chronologischer Reihe: Zuckerrohr, Wein, Karmin) Krankheitsepidemien, Piratenüberfälle und Vulkanausbrüche. In Phasen des ökonomischen Abschwungs und der Konzentration des Besitzes auf immer weniger Familien wanderten viele Inselbewohner aus. Beliebteste Ziele auf der Suche nach einem besseren Leben waren spanische Besitzungen in Nord- und Südamerika im heutigen Argentinien, Paraguay, Venezuela, Mexiko und Kuba. Das Museo del Emigrante in Teguise (Lanzarote) dokumentiert diesen Teil der Inselgeschichte.

Eine wichtige Rolle in der Entwicklung spielte der erst im 18. Jahrhundert legalisierte Handel mit Amerika. Einen weiteren Entwicklungsschub bewirkte 1852 die Einstufung als Freihandelszone durch die spanische Krone.

Im Jahr 1817 wurde die erste und einzige Universität der Kanaren begründet. Ab 1822 war Santa Cruz de Tenerife trotz des weiterhin bestehenden Wettbewerbs mit Las Palmas de Gran Canaria bis 1927 formal Hauptstadt des gesamten Kanarischen Archipels.

IM 20. JAHRHUNDERT

Das 20. Jahrhundert wurde für Teneriffa mit dem Ausbruch des Chinyero 1909 eingeläutet. Dieser dauerte neun Tage an, forderte allerdings keine Todesopfer.

Im Juli 1936 putschte General Francisco Franco, Befehlshaber der spanischen Truppen auf den Kanarischen Inseln, gegen die Regierung der 2. spanischen Republik. Dieser Militärputsch leitete den Spanischen Bürgerkrieg (1936 – 1939) ein.

Ende der 1950er-Jahre begann die Entwicklung des Massentourismus. Das erste deutsche Charterflugzeug landete 1959 auf Teneriffa. Heute ist er wichtigster Wirtschaftszweig Teneriffas.

La Laguna wurde 1999, der Teide-Nationalpark 2007 von der UNESCO in die Liste des Weltkultur- bzw. Weltnaturerbes aufgenommen.

KUNST & KULTUR

Auf Teneriffa lassen sich Kunst und Kultur auf vielfältige Weise erleben. Sie sind nicht nur in Museen, Galerien und Konzertsälen zu Hause.

Verschiedene Plastiken im Stadtbild von Santa Cruz de Tenerife finden sich noch heute als Relikte der Internationalen Straßenausstellung von Plastiken (Exposición Internacional de Escultura en la Calle) aus den Jahren 1973 und 1994. Die Skulpturen stammen u.a. von Joan Miro, Henry Moore oder Gottfried Honegger.

Hier hat Kunst ein Dach über dem Kopf. Das Städtische Kunstmuseum auf Teneriffa zeigt in 14 Sälen Gemälde und Skulpturen aus der Zeit vom 16. bis 20. Jahrhundert. Die eigenen Bestände werden immer wieder durch Leihgaben aus dem Museo del Prado in Madrid ergänzt.

In Puerto de la Cruz empfängt das Museum für zeitgenössische Kunst Eduardo Westerdahl (MACEW) Freunde moderner Kunst. Es ist eines der ersten Museen für zeitgenössische Kunst in Spanien und zeigt Arbeiten spanischer, kanarischer und internationaler Künstler aus dem 20. Jahrhundert ab 1934.

Im natur- und menschenkundlichen Museum (Museo de la Naturaleza y el Hombre) in Santa Cruz können auch künstlerische Artefakte der kanarischen Urbevölkerung besichtigt werden.

Im Kulturzentrum Círculo de Bellas Artes mitten in der Fußgängerzone von Santa Cruz ist eigentlich immer was zu sehen. In den 1930er-Jahren sollen u.a. Dalí und Picasso hier ausgestellt haben. Das Café im 2. Stock lädt zu einer Kunstpause ein. Das Tenerife Espacio de las Artes (TEA) ist fast schon Betonkunst der Schweizer Architekten Herzog & De Meuron. Zum Inventar gehören auch Werke des auf Teneriffa geborenen Surrealisten Óscar Domínguez.

Auch Kunstfestivals haben auf Teneriffa eine Heimat:

Fotonoviembre – internationale Biennale der Fotografie – zeigt immer im November eines ungeraden Jahres seit 1991 Werke internationaler Fotokünstler aus allen 5 Kontinenten.
www.fotonoviembre.org

In Guía de Isora findet immer im November das Dokumentarfilmfestival Miradas DOC statt.
www.miradasdoc.com

Freunde von Film und Musik sind absolut richtig beim Fimucité (Festival Internacional de Música de Cine de Tenerife).
www.fimucite.com

Zum Festival de Música de Canarias steht nicht nur Teneriffa im Fokus der Musik. Einen Monat lang erwarten Musikliebhaber Musik und Musiker aus aller Welt vom kleinen oder großen Konzert bis zur Oper. Schauplätze sind u.a. Teatro Guimerá, El Tanque und vor allem Auditorio de Tenerife Adán Martín.
www.gobiernodecanarias.org/cultura/33festivaldecanarias

Das Festival Sabandeño in La Laguna widmet sich ganz der kanarischen Folklore und den Einflüssen aus Lateinamerika. **www.portal.sabandeños.com**

TRADITIONELLE KÜCHE

Einfallsreich kombinierte einfache Zutaten charakterisieren die kanarische Küche. Suppen und Eintöpfe mit viel Gemüse gehören zu den Standards. Fleisch war lange Zeit ein Luxus, den sich die einfache Bevölkerung nur selten gönnte.

Das Grundnahrungsmittel der Kanaren war Gofio, ein Mehl aus gerösteten Getreiden wie Hirse, Gerste oder nach der Entdeckung Amerikas auch Mais. Kreative Köche experimentieren heute mit dem feinen Getreidemehl und interpretieren das traditionelle Produkt neu. Typische kanarische Kost findet man heute häufig in den sogenannten Guachinches, einer Art Besenwirtschaft, die vor allem auf Teneriffa verbreitet ist. Die Getränkeauswahl ist auf Wein aus eigener Herstellung und Wasser beschränkt. Bei den Speisen stehen bis zu drei für die Gegend typische Hauptgerichte auf der Karte. Eine Guachinche darf bis zu vier Monaten öffnen, aber nur so lange der eigene Weinvorrat reicht.

WIRTSCHAFT

Hauptwirtschaftszweig Teneriffas ist der Tourismus. Aus ein paar Hundert englischen Urlaubern im Jahr 1885 sind in 130 Jahren über 5 Millionen aus Spanien, Großbritannien und Deutschland geworden, um nur die größten Kontingente aufzuzählen. Der Anteil am Bruttoinlandsprodukt der Insel liegt bei über 60 Prozent. Den Rest machen Handel und Dienstleistungen, Landwirtschaft sowie Industrie unter sich aus.

Die frühere Paradedisziplin Landwirtschaft macht heute weniger als 10 Prozent der Wirtschaftsleistung aus. Rund 20.000 Menschen sind heute in Ackerbau und Viehzucht tätig. Im Fokus stehen hier Anbau und Export von Tomaten und Bananen vor allem auf das spanische Festland. Die Bananenwirtschaft erfährt von der spanischen Regierung besondern Schutz und wird seitens der EU durch Beihilfen gestützt.

KLIMA UND REISEZEITEN

Nicht ohne Grund werden die Kanaren auch »Inseln des ewigen Frühlings« genannt. Wegen der durchgängig milden Temperaturen eignet sich auch Teneriffa ganzjährig als Reiseziel.

Nur in den höheren Lagen muss im Winter teilweise mit Schnee und frostigen Temperaturen gerechnet werden. Da es in den Wintermonaten auch verstärkt zu Regenfällen kommt, sollte man den ohnehin schon regenreichen Norden eher meiden.

Im Inselsüden ist es in der Regel auch zu dieser Zeit noch möglich, in Badebekleidung am sonnigen Strand zu liegen und im Meer zu schwimmen.

Der Frühling lockt vor allem Naturliebhaber und Wanderer an. Nach den winterlichen Niederschlägen lässt sich die herrliche Blütenpracht der Insel ganz besonders genießen.

Das Klima auf Teneriffa wird im Wesentlichen von zwei Faktoren beeinflusst: dem Kanarenstrom und dem Nordostpassat.

Bei Ersterem handelt es sich um eine Meeresströmung im nordöstlichen Atlantik. Diese versorgt die Gewässer um die Kanarischen Inseln mit kühlem, nährstoffreichem Wasser und trägt so zu angenehmen und milden Temperaturen auf den Inseln bei – im Hochsommer liegen die durch-

schnittlichen Höchsttemperaturen selten über 30 °C, im Winter selten unter 18 °C. Auch die Wassertemperaturen sind ganzjährig angenehm und liegen durchschnittlich bei 19 bis 23 °C.

Zweiter bestimmender Faktor sind die beständig wehenden Passatwinde. Stoßen diese Winde auf ein Hindernis – beispielsweise die Bergketten Teneriffas – steigen die feuchten unteren Luftschichten auf. Ab einer gewissen Höhe kondensiert das in der Luft enthaltene Wasser, es kommt zu Wolkenbildungen und Niederschlägen. Somit muss man im Nordosten der Insel durchaus mit häufigen Regenfällen rechnen.

Diese Niederschläge sorgen für eine reiche, grüne Naturlandschaft, die auf Inseln, die – wie zum Beispiel Fuerteventura – weniger hohe Erhebungen aufweisen, nicht zu finden ist.

Zwischen dem Inselnorden und dem Inselsüden Teneriffas gibt es große klimatische Unterschiede.

Die regenreichste Region, in der ganzjährig mit vielen Niederschlägen zu rechnen ist, erstreckt sich im Nordosten vom Anaga-Gebirge bis zur Hochebene von La Laguna. Nebelschwaden können die Sichtweite einschränken.

Das Wetter an der Nordküste – zwischen dem Orotava-Tal und Buenavista del Norte – ist im Allgemeinen etwas besser, dennoch sollte auch hier mit wolkenverhangenem Himmel oder dichte Nebelschwaden gerechnet werden.

Im kargen, zum Teil sogar wüstenartigen Süden kommt es dagegen nur äußerst selten zu Niederschlägen. Zudem zeigt das Thermometer generell höhere Temperaturen an als im Norden. Es ist kein Wunder, dass hier die großen Touristenzentren entstanden sind.

Abwechslungsreicher ist das Wetter im Zentrum der Insel. Die Gipfel der dortigen Berge, zu denen auch der 3.718 Meter hohe Teide zählt, ragen größtenteils über die Wolkengrenze hinaus. So herrscht hier in der Regel strahlend blauer Himmel. In diesen Höhenlagen kann es jedoch auch recht kalt werden. Die Spitze des Teides liegt im Winter oftmals unter einer Schneedecke.

KLIMA	Tagestemperatur °C	Nachttemperatur °C	Wassertemperatur °C	Sonnenstunden / Tag	Regentage / Monat
Januar	19	14	19	5	11
Februar	19	14	18	6	6
März	20	15	18	6	6
April	21	15	18	7	7
Mai	22	16	19	8	4
Juni	24	18	20	9	1
Juli	25	19	21	10	1
August	26	19	22	9	1
September	25	18	23	6	5
Oktober	24	17	23	6	5
November	22	16	21	5	11
Dezember	20	14	20	5	9

Die angegebenen Werte sind Durchschnittswerte.

WETTERPHÄNOMENE

CALIMA

Durch den Calima macht sich die Nähe der Kanaren zur Sahara bemerkbar. Der heiße Wüstenwind treibt Tonnen an feinem, rötlichen Staub auf die Insel, was Sichtweiten von weniger als 100 Meter und aufgrund dessen einen völligen Verkehrsstillstand bedeuten kann. Das Thermometer kann dabei auf über 40 °C ansteigen. Meist dauert der Calima nicht länger als vier Tage an und tritt in der Regel nur in den Monaten Juni bis September auf.

Während dieser Wetterlage empfiehlt es sich, von sportlichen Aktivitäten abzusehen, da man die Lungenbelastung durch die feinen Staubpartikel nicht unterschätzen sollte.
Der Wüstenwind kann auch verheerende Schäden in der Natur anrichten und außerdem lässt er das Waldbrandrisiko ansteigen.

DIE PASSATWOLKEN

Die Nordostpassatwolken sind das wohl bekannteste Wetterphänomen der Kanarischen Inseln.

Oberhalb von 2.000 Metern Höhe sind die Passatwinde warm und trocken, unterhalb dieser Höhengrenze sind sie kühler und feucht. Diese kühle, feuchte Luft, die aus nordöstlicher Richtung weht, staut sich an den von der Sonne erwärmten Gebirgshängen und steigt nach oben, wo sie sich abkühlt und kondensiert. Zwischen 800 und 1.500 Metern Höhe bilden sich Wolken, die an den hohen Bergen sozusagen hängen bleiben und den Nordosten auf diese Weise mit Feuchtigkeit versorgen. Diese äußert sich seltener in Regen, sondern meist in Tau und Nebel, der Süden und höher gelegene Regionen wie Las Cañadas, die über der Wolkendecke liegen, bleiben dagegen überwiegend trocken und sonnig.

SCHNEE

Die kanarischen Inseln Teneriffa und La Palma verfügen über Höhenlagen von weit mehr als 2.200 Metern. Ab dieser Marke ist mit Schnee zu rechnen. In den Bergen kann es mitunter sehr kalt werden. Grundsätzlich gilt: Alle 100 Höhenmeter wird es 0,6 °C kühler. Während es an der Küste, beispielsweise am

EL HIERRO   LA PALMA   LA GOMERA   TENERIFFA

Surferhotspot El Médano, abends noch relativ heiß ist, können die Temperaturen in den Cañadas bereits nahe dem Gefrierpunkt sein.

NIEDERSCHLÄGE

Die durchschnittliche Niederschlagsmenge liegt bei ca. 230 Millimetern pro Quadratmeter und Jahr.

Dabei gibt es jedoch beträchtliche Unterschiede zwischen den einzelnen Regionen der Insel. Dies ist darauf zurückzuführen, dass die Berge im Zentrum der Insel als eine Art Wasserscheide fungieren und die Regenwolken davon abhalten, in den Süden der Insel vorzustoßen. Stattdessen regnen sie sich im Nordteil Teneriffas ab.

Somit liegt die durchschnittliche Niederschlagsmenge im Süden lediglich bei 100 Millimetern.

Im Norden bzw. in den nördlichen Höhenlagen können dagegen auch mehr als 500 Millimeter pro Quadratmeter erreicht werden.

Besonders viel Niederschlag fällt im Winter, der auch als Schnee fällt und dann nicht nur die Spitze des Teide bedeckt.

In den Monaten November bis März kann mit durchschnittlich 5-6 Regentagen gerechnet werden. Im Sommer hingegen kann es besonders im Süden auch vorkommen, dass monatelang gar kein Regen fällt.

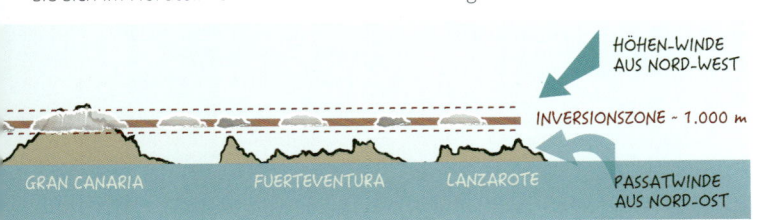

NATURSCHUTZGEBIETE AUF TENERIFFA

Teneriffa verfügt über zahlreiche Naturschutzgebiete. Auf fast 50% der Inselfläche wurden insgesamt 37 Landschaftsschutzzonen eingerichtet. Einige dürfen nur mit Genehmigung betreten werden. Traditionelle Kulturlandschaften, in denen Landwirtschaft, Viehzucht oder Fischerei betrieben werden, wurden innerhalb der Schutzgebiete ebenso berücksichtigt wie reine Naturlandschaften.

Die speziellen geologischen und klimatischen Umgebungsbedingungen Teneriffas haben eine besondere Vielfalt der Ökosysteme geschaffen. Die Insel verfügt aufgrund der immensen Höhenunterschiede und dem allgegenwärtigen Einfluss der Passatwinde über ozeanisches, mediterranes, kontinentales und subalpines Klima.

Flora und Fauna beherbergen eine reiche Anzahl von Endemiten, die nur auf der Insel Teneriffa vorkommen. Die Landschaft ist von extremen Gegensätzen geprägt.

Parque Nacional/Nationalpark:

1   El Teide

Parque Natural/Naturpark:

2   Corona Forestal

Parque Rural/Landschaftspark:

3   Anaga
4   Teno

Reserva Natural Especial/Besondere Naturschutzgebiete:

5   Chinyero
6   Barranco del Infierno
7   Malpaís de la Rasca
8   Montaña Roja
9   Malpaís de Güímar
10 Las Palomas

Integrale Naturschutzgebiete:

11 Ijuana
12 El Pijaral
13 Los Roques de Anaga
14 Pinoleris

Monumento Natural/Naturdenkmäler:

15 Teide
16 Barranco de Fasnia y Güímar
17 Montaña Centinela
18 Los Derriscaderos
19 Las Montañas de Ifara y Los Riscos
20 Montaña Pelada
21 Montaña Amarilla
22 Montaña Colorada
23 Roque de Jama
24 Montaña de Guaza
25 Caldera del Rey
26 Montaña de Tejina
27 Roque de Garachico
28 Montaña de Los Frailes

Paisaje Protegido/Landschaftsschutzgebiete:

29 Rambla de Castro
30 La Resbala
31 Costa de Acentejo

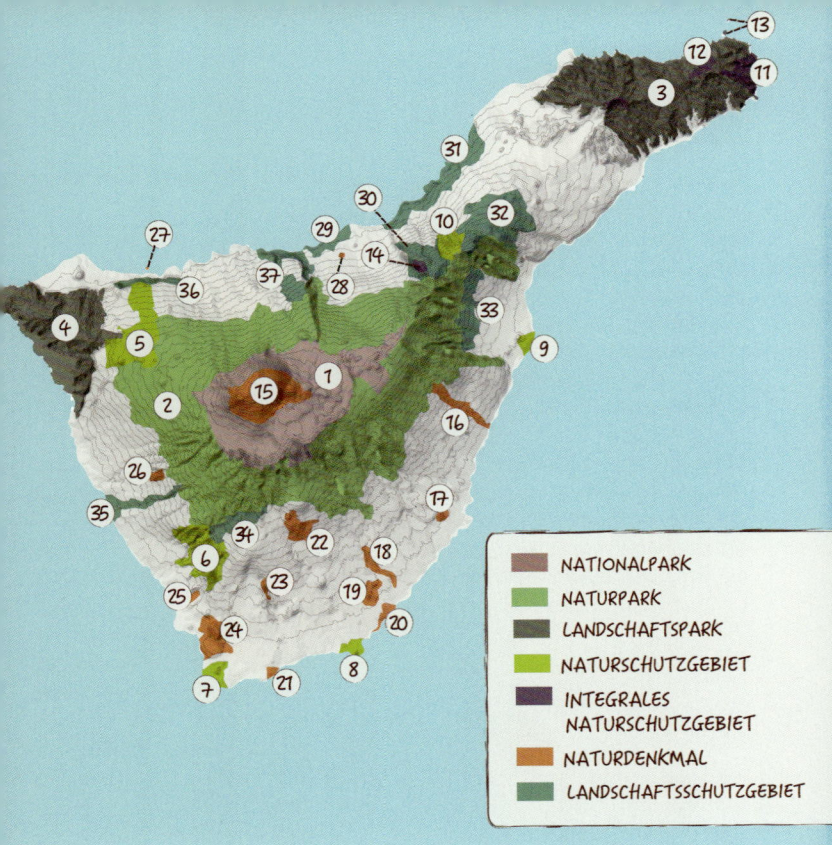

![legend] NATIONALPARK	
NATURPARK	
LANDSCHAFTSPARK	
NATURSCHUTZGEBIET	
INTEGRALES NATURSCHUTZGEBIET	
NATURDENKMAL	
LANDSCHAFTSSCHUTZGEBIET	

32 Las Lagunetas
33 Las Siete Lomas
34 Ifonche
35 Barranco de Erques
36 Los Acantilados de La Culata
37 Los Campeches, Tigaiga y Ruíz

Außerdem wurden 6 weitere Zonen »von wissenschaftlichem Interesse« eingerichtet. Diese sehr kleinen Zonen sind insbesondere zum Erhalt vom Aussterben bedrohter Tier- und / oder Pflanzenarten eingerichtet worden.

Sitio de Interés / Orte von wissenschaftlichem Interesse:

Acantilado de La Hondura
Tabaibal del Porís
Acantilados de Isorana
La Caleta
Interián
Barranco de Ruíz

GEOLOGIE

Teneriffa entstand vor etwa 7 Millionen Jahren durch vulkanische Aktivitäten. Damit befindet sich die Insel nicht nur geographisch, sondern auch geologisch sozusagen in mittlerer Lage – sie ist jünger als die östlich gelegenen Inseln Lanzarote und Fuerteventura, aber älter als die westlich gelegenen Inseln La Palma und El Hierro.

Durch die Vulkanaktivitäten erhoben sich zunächst das Teno-Massiv, das Anaga- und das Adeje-Gebirge als drei selbstständige Inseln aus dem Meer, die erst später durch die Bildung eines Urvulkans miteinander verschmolzen.

Vor sieben Millionen Jahren

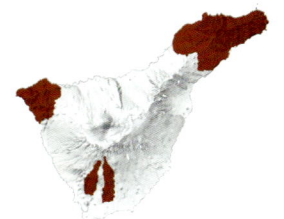

Heute wird angenommen, dass dieser Urvulkan durch einen gewaltigen Erdrutsch zerstört wurde. Dabei entstand nicht nur die 17 Kilometer durchmessende Caldera de Las Cañadas, sondern auch das Orotava-Tal.

In dem Krater gab es auch weiterhin vulkanische Aktivitäten, infolge derer sich neue Vulkanberge wie der Pico del Teide oder der Pico Viejo auftürmten.

Vor drei Millionen Jahren

Noch heute bedecken riesige Lavafelder weite Flächen der Insel und im Teide-Nationalpark findet sich ein großes Obsidian-Feld. Der letzte Vulkanausbruch auf Teneriffa fand 1909 statt. Beim Ausbruch des Chinyero wurde eine Landfläche von 2 Quadratkilometern durch Lavaströme verwüstet. Obwohl dieses Ereignis mehr als 100 Jahre zurückliegt, können vulkanische Aktivitäten auch gegenwärtig nicht völlig ausgeschlossen werden.

Vor einer halben Million Jahren

Neben dem Vulkanismus war auch die Erosion maßgeblich an der Formgebung Teneriffas beteiligt. Mit ihrer gewaltigen Kraft brachte sie im Teide-Nationalpark bizarre Gesteinsformationen wie Los Roques hervor. Außerdem grub sie tiefe Schluchten in das Teno- und das Anaga-Gebirge und verlieh insbesondere Ersterem eine raue und schroffe Gestalt.

VULKANISMUS

Im vulkanischen Gestein auf Teneriffa und den anderen Kanarischen Inseln herrschen Basalte, Trachyte und Phonolithe vor. Die Lava, die bei Basalteruptionen zutage trat, war sehr flüssig und konnte damit über weite Strecken fließen.

Bei Ausbrüchen mit zähflüssiger Lava sammeln sich die Massen nahe dem Ausbruchsschlot und es kommt zum Ausstoß von Gasen. Der daraus entstehende Gesteinstyp ist der Trachyt, der sich durch kleine unregelmäßige Hohlräume im Gefüge und daraus entstehende raue Bruchkanten auszeichnet.

Auf Teneriffa finden sich auch Beispiele für explosiven Vulkanismus. Hierbei wurden große Felsbrocken und Vulkanasche in die Luft geschleudert. Erkennbar sind diese Regionen durch weite Flächen hellen Bimssteins und sogenannten Ignimbrits.

Ignimbrit entsteht durch Bims- oder Ascheauswürfe, die zunächst locker abgelagert wurden, aber bei hohen Temperaturen später auch zu festen Schichten »verschmolzen« wurden.

Im Süden der Insel haben auch hydromagmatische Eruptionen stattgefunden, bei denen heiße Gesteinsschmelze mit Wasser in Kontakt kam.

FAUNA

Grundsätzlich ist die Fauna Teneriffas der Nordafrikas oder Südeuropas nicht unähnlich. Die Tierwelt birgt auch einige Endemiten, welche hauptsächlich im Anaga-Gebirge, dem Teno und den Cañadas del Teide heimisch sind.

Kreuzspinne

Säugetiere sind auf der Insel nur in geringerer Zahl vertreten, die meisten wurden durch den Menschen eingeführt. Darunter ausgewilderte Kaninchen, Spitzmäuse, der algerische Igel sowie einige im Teide-Nationalpark ansässige Mufflons. Zudem zählt man verschiedene Fledermausarten wie die Madeirafledermaus, das Kanaren-Langohr, den Kleinen Abendsegler und die Schwanzfledermaus.

Teneriffas Vogelwelt ist recht vielseitig: 200 Vogelarten besuchen über das Jahr die Insel, 56 leben dauerhaft auf Teneriffa. Darunter auch kanarische Endemiten wie der seltene Teidefink, der Kanarienvogel und der Einfarbsegler.

Schwebfliege
(Chrysotoxum triarcuatum)

Besonders gut an die Berglandschaft und das Klima Teneriffas angepasst sind die Reptilien. Zu ihnen zählen die Westkanareneidechse, der Kanarengecko und der Kanarenskink.

Man schätzt mehrere Tausend wirbellose Arten, von denen 40 % Endemiten sind. Sie leben in allen Vegetationszonen der Insel. Zu den 2 Amphibienarten auf der Insel zählen der Iberische Wasserfrosch und der Mittelmeer-Laubfrosch.

Steinhuhn

Vielseitig ist die Unterwasserwelt. Neben Haien, Barrakudas, Mantarochen, Meeresschildkröten und Trompetenfischen leben hier auch Pilot- bzw. Grindwale und Delfine.

Bild l. Möwe
Bild o. Iberischer Wasserfrosch (Rana perezi)

VÖGEL AUF TENERIFFA

Auf Teneriffa nisten circa 56 Vogelarten, von denen allein 25 zu den Sperlingsvögeln zählen. Der Weidensperling ist der wohl bekannteste Vertreter dieser Ordnung. Zusammen mit den Zugvögeln und Überwinterungsgästen steigt die Zahl der auf der Insel anzutreffenden Vögel auf über 200 Arten an.

Zu den Kanaren-Endemiten gehören Lorbeertaube und Bolles Lorbeertaube, welche in den Lorbeerwaldgebieten der Inseln Teneriffa, La Gomera, El Hierro und La Palma heimisch sind.

Weidensperling

Kolkrabe

Der Kolkrabe ist mit seinen durchschnittlich 60 Zentimetern der größte europäische Rabenvogel. Der Aasfresser lebt bevorzugt im Hochgebirge und nistet in den Felswänden der Gebirgsregionen.

Die Gebirgsstelze hält sich bevorzugt an fließenden Gewässern auf. Erkennungsmerkmale dieses Vogels sind der gelbe Bauch, ihre langen Beine und das typische Schwanzwippen.

Nördlicher Raubwürger

Gebirgsstelze

Bild r. Turteltaube (Streptopelia turtur)

Auch der Turmfalke kommt auf Teneriffa vor. Charakteristisch ist seine Fähigkeit auf der Stelle in der Luft zu flattern. Turmfalken bewohnen gerne Kulturlandschaften von der Küste bis hinauf ins Gebirge. Der Nördliche Raubwürger gehört zu den Vogelarten, die im Nationalpark anzutreffen sind. Sein Gefieder ist grau, schwarz und weiß gefärbt. Charakteristisch ist der schwarze Balken auf Höhe der Augenpartie.

Turmfalke

Buchfink

Mönchsgrasmücke

Die Singvögel werden beispielsweise durch den Kanaren-Zilpzalp, das Rotkehlchen, die Mönchgrasmücke und nicht zuletzt den Kanarenpieper vertreten.

Die Mittelmeermöwe, der Gelbschnabel-Sturmtaucher, der Steinwälzer sowie der überwinternde Regenbrachvogel sind an der Küste anzutreffen. Der seltene Fischadler kann an den Steilküsten der Insel beobachtet werden.

Rotkehlchen

Bilder o. Steinwälzer
Bild l. Regenbrachvogel

Kanaren-Zilpzalp

351

REPTILIEN

DER WESTKANARENSKINK

Der Westkanarenskink fällt durch seine glänzende kupferne Körperfarbe auf. Im Vergleich zu anderen Echsen hat er besonders kurze Beine. Er erreicht eine Körpergröße von bis zu 18 cm. Skinke bewohnen gerne Regionen mit lockerer Vegetation sowie steinige Gebiete mit vielen Rückzugsmöglichkeiten. Auf dem Speiseplan stehen kleine Insekten.

Westkanarenskink

Kanareneidechse (Weibchen)

DIE KANARENEIDECHSE

Die Kanareneidechse bewohnt die Inseln Teneriffa und La Palma. Diese Art teilt sich auf Teneriffa in mehrere Untergattungen: Im Süden und im Zentrum kommt die Gallotia galloti galloti vor. Im Norden Teneriffas lebt die Gallotia galloti eisentrauti und im Anaga-Gebirge ist Gallotia galloti insulanagae anzutreffen.

Verbreitungsgebiet der Kanareneidechse sind offene und zugleich steinige Gebiete. Sie ernährt sich von Pflanzen und Insekten. Die Männchen werden bis zu 30 Zentimeter lang und sind an ihren blauen Kehlen sowie den blauen Seitenpunkten erkennbar. Die etwas kleineren Weibchen schmückt ebenfalls eine hellblau schimmernde Kehlfärbung. Ein längliches, braunes Streifenmuster ziert den Körper der Jungtiere.

Bild r. Kanareneidechse (Männchen)

In der Steilküste des Teno-Gebirges und dem Nordwesten der Insel lebt die vom Aussterben bedrohte Teneriffa-Rieseneidechse (Gallotia intermedia). Sie erreicht eine Größe von bis zu 75 cm, ihre Färbung ist braunschwarz mit gelbem oder blauem Fleckenmuster.

Bild l. Jungtier, Bild o. männl. Kanareneidechse

GECKOS

Der Mauergecko ist die auf den Kanaren am häufigsten vorkommende Gecko-Art. Wie der Name schon andeutet, findet man ihn vorrangig auf Mauern. In der Regel hält er sich dort direkt neben einer Spalte auf, um sich bei Gefahr sofort darin verstecken zu können.

Bild l. u. o. Kanarengecko

Geckos sind nachtaktive Tiere, können aber auch manchmal tagsüber beim Sonnen entdeckt werden. Sie sind braun und ihre Färbung trägt zum Absorbieren von Wärme bei. Geckos werden bis zu 16 Zentimeter lang. Insekten sind die Hauptnahrung von Mauergeckos. Oft lauern sie ihnen in der Nähe von Lampen auf, da diese die Insekten anlocken.

Der Kanarengecko bewohnt ebenfalls weite Teile der Insel: von der Küste bis in Höhenlagen von 2.000 Meter. Wie der Mauergecko bevorzugt er felsige Gebiete und Mauern als Unterschlupf.

Bild l. Mauergecko

SCHMETTERLINGE UND LIBELLEN

SCHMETTERLINGE

Kleiner Kohlweißling

Auf Teneriffa leben zahlreiche farbenfrohe Schmetterlings-arten. Zu den kanarischen Endemiten gehört das bräunliche Kanaren-Waldbrettspiel, der Kanaren-Weißling, der Kanarische Admiral, der Kanaren-Bläuling, der Kleine Kohlweißling und der Kleine Feuerfalter. Während das Kanaren-Waldbrettspiel nahezu in allen Regionen anzutreffen ist, lebt der kleine Kanaren-Bläuling ganzjährig in Höhenlagen von 2.000 bis 2.500 Meter. Der Kanaren-Weißling bevölkert feuchte Schluchten sowie Lorbeerwaldgebiete und der Kanarische Admiral fühlt sich zu Regionen mit üppigem Blumenbewuchs hingezogen.

Kanaren-Weißling

Kanaren-Bläuling

Kleiner Feuerfalter

Kanarischer Admiral

Bild r. Kanaren-Waldbrettspiel

Zu den nicht-endemischen Schmetterlingen zählt der imposante Afrikanische Monarch mit seinen weiß getupften braunschwarzen Flügeln.

Afrikanischer Monarch

LIBELLEN

Die Feuerlibelle ist eine der prachtvollsten Erscheinungen unter den Insekten Teneriffas. Genau wie der blaue Rahmstreif-Blaupfeil liebt sie warme, stehende Gewässer. Man kann sie an Staudämmen, Wasserläufen oder in Schluchten wie dem Barranco del Infierno oder der Masca-Schlucht beobachten.

Bild o. Feuerlibelle
Bild l. Rahmstreif-Blaupfeil

MEERES- UND KÜSTENBEWOHNER

Die Tierwelt des Meeres ist noch artenreicher als die Tierwelt der Insel. Die Gewässer um die Kanarischen Inseln liegen auf der Route zahlreicher Wale und Meeresschildkröten. So trifft man genauso auf Meeresbewohner aus dem kühlen Nordatlantik wie auf Arten aus wärmeren Gewässern. Beispielsweise die Unechte Karettschildkröte hält sich in den Sommermonaten in Küstennähe Teneriffas auf.

Krabbe

Unechte Karettschildkröte

Muscheln werden an den Vulkanfelsen bei Ebbe freigelegt

Kurzflossen-Grindwal

Buckelschnecke

In der Meerenge zwischen Teneriffa und La Gomera leben ganzjährig Kurzflossen-Grindwale und Delfine.

Den Ostatlantischen Roten Felsenkrabben begegnet man an den steinigen Küstenbereichen. Sie sitzen gern auf den Felsen, verschwinden allerdings sofort, wenn man sich ihnen nähert.

Diesen Lebensraum teilen sie sich mit dem nur etwa zwei Zentimeter langen Mittelmeer-Felsenküsteneinsiedlerkrebs.

Bild r. Ostatlantische Rote Felskrabbe

Der Große Tümmler fühlt sich in den warmen Küstengewässern im Südwesten der Insel besonders wohl. Diese Säuger werden bis zu 2,5 Meter groß und zählen zu den beeindruckendsten Meeresbewohnern der Kanaren. Auch Kurzflossen-Grindwale leben in den südlichen Gewässern Teneriffas. Die dortige Population wird zwischen 4 und 5 Metern lang und erreicht ein Gewicht von über 3.000 kg.

Gemeiner Delfin (delfín común)

Einer der größten Wasserbewohner des Archipels ist der bis zu zehn Meter lange Riesenhai. Trotz seiner Größe ist er für Menschen keine Gefahr.

Riesenhai (Tiburon Peregrino)

Auch sehr eindrucksvoll sind der Gestreifte Adlerrochen, der ca. 1,5 Meter lang wird, sowie der um meist einen Meter lange Gemeine Stechrochen, der an seinem Schwanz einen giftigen, mit Widerhaken versehenen Stachel besitzt und der auch Menschen gefährlich werden kann.

Gestreifter Adlerrochen
(Chucho Vaca)

Gemeiner Stechrochen
(Chucho Negro)

Fische, die in küstennahen Gewässern geangelt werden können, sind etwa der bis zu einem halben Meter lange Zackenbarsch und der ca. 70 Zentimeter große Papageienfisch.

Zackenbarsch (Abade)

In den Hafenbecken lassen sich unter anderem zwei interessante Rifffische entdecken: der zehn Zentimeter große Neon-Riffbarsch und der 25 Zentimeter große Meerpfau.

Neon-Riffbarsch (Fula Negra)   *Meerpfau (Pez Verde)*

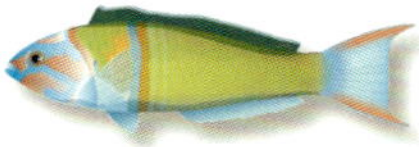

Geschützte Fischarten sind der Meerrabe, das Seepferdchen, Muränen, Aale und der Gefleckte Lippfisch. Teils leben sie in der tiefen See, teils in den flachen Küstengewässern.

Gefleckter Lippfisch (Romero Capitán)   *Meerrabe (Corvina negra)*

Seepferdchen (Caballito de mar)    *Muräne (Morena moteada)*

*Meeraal
(Congrio)*

VEGETATIONSZONEN

Kanaren-Wolfsmilch

Drachenbaum

Lorbeer

Mit etwa 1.400 Pflanzenarten, von denen 200 nur auf den Kanaren und 140 sogar nur auf Teneriffa heimisch sind (sog. Endemiten), weist die Vegetation Teneriffas eine große Vielfalt auf. Klimaeinflüsse, Höhenzonen und Bodenbeschaffenheit haben zur Entstehung von sechs Ökosystemen geführt.

Von der Küste auf bis zu rund 700 Meter Höhe erstreckt sich die Sukkulentenbuschlandschaft. Dort existieren hauptsächlich an Trockenheit, starke Winde und an dauerhafte Sonneneinstrahlung angepasste Gewächse. Die Sukkulenten, auch Dickblattgewächse genannt, werden vor allem durch verschiede Arten von Wolfsmilchgewächsen und Aeonium dominiert.

Nur punktuell, im Osten, Nordosten und im Teno-Gebirge, findet sich die Übergangszone der sogenannten Thermophilen Wälder. Diese bewegt liegt in Höhen zwischen 200 bis 600 Metern. Bei moderaten Temperaturen und mäßigen Niederschlägen entstehen hervorragende Wachstumsbedingungen für Gewächse wie die Kanarische Dattelpalme, Drachenbäume und Wachholderbäume.

Im Norden, vor allem im Anaga-Gebirge, dominiert Lorbeerwald die Vegetationszone zwischen 500 und bis etwa 1.400 Metern. Dieser subtropische Wald liebt eine hohe Feuchtigkeit und stabile Temperaturen. Er besteht aus etwa 20 verschiedenen Baumarten. In seinem Schatten wachsen reichlich Farne, Moose und weitere typische Schattenzonen-Pflanzen. In lichteren und sonnigeren Zonen gedeihen beispielsweise die Kanaren-Glockenblume und der Kanaren-Fingerhut.

Der Baumheide-Buschwald liegt zwischen 1.000 und 1.500 Metern und bildet eine nur regional vorhandene Übergangszone zum Kiefernwald. Auch die Beinwellblättrige Zistrose ist am Rande des Buschwalds anzutreffen.

In Höhenlagen zwischen 800 und 2000 Metern liegen die großen Kiefernwälder Teneriffas. Der Naturpark Corona Forestal,

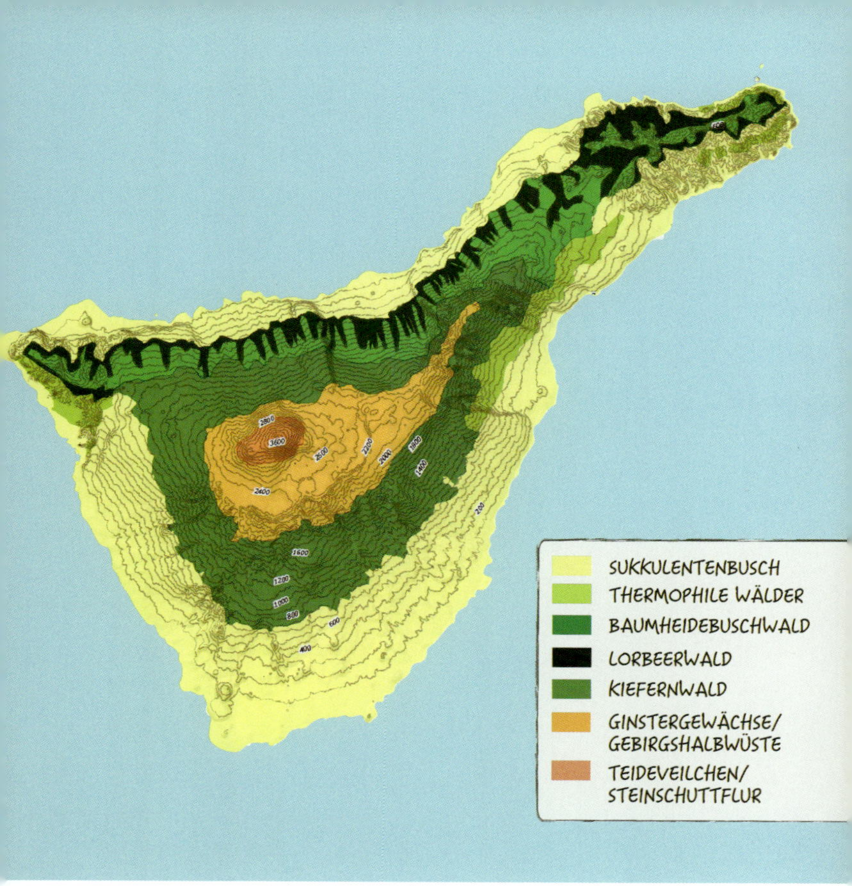

Legende:

- SUKKULENTENBUSCH
- THERMOPHILE WÄLDER
- BAUMHEIDEBUSCHWALD
- LORBEERWALD
- KIEFERNWALD
- GINSTERGEWÄCHSE/ GEBIRGSHALBWÜSTE
- TEIDEVEILCHEN/ STEINSCHUTTFLUR

welcher sich rund um den Nationalpark erstreckt, wurde zum Schutz der einzigartigen Waldgebiete der Kanarischen Kiefer gegründet.

Die Hochgebirgsvegetation oberhalb von 2000 Metern liegt über der Baum- und Wolkengrenze. Hier herrscht ein trockenes Klima mit extremen Temperaturen und starker Sonneneinstrahlung vor. Zu den Überlebenskünstlern der Höhenzonen zählen das Teide-Veilchen, Wildprets Roter Natternkopf und verschiedene Ginsterarten.

Sprossender Zwergginster

WOLFSMILCHGEWÄCHSE

Die Pflanzengemeinschaft, die als Wolfsmilchgewächse bekannt ist, findet man vorwiegend in den niederen bis mittleren
Höhenlagen Teneriffas. Diese an Trockenheit, starke Winde und
an dauerhafte Sonneneinstrahlung angepassten Gewächse
sind extrem vielgestaltig und können kahl oder mit feinen
Haaren bewachsen sein, manche besitzen auch Stacheln und
erinnern in ihrem Wuchs an Kakteen.

Charakteristisch für die Sukkulentenbuschzone der Insel,
finden sich hier unter anderem auch die Balsam-Wolfsmilch
(Euphorbia balsamífera). Das Harz dieser strauchwüchsigen
Wolfsmilch wurde früher als Kaugummi und zum Abdichten
von Weinfässern verwendet.

Früchte der Kanaren-
Wolfsmilch

Balsam-Wolfsmilch

Dunkelpurpurrote
Wolfsmilch

Die endemische Kanaren-Wolfsmilch (Euphorbia canariensis)
ähnelt einem Kaktus, an den Trieben sitzen Dornen und vom
Frühjahr bis zum Sommer trägt sie kleine rote Früchte.

Auch die Dunkelpurpurrote Wolfsmilch (Euphorbia atropur-
purea) und die König-Juba-Wolfsmilch (Euphorbia regis-jubae)
sind auf Teneriffa vertreten.

König-Juba-Wolfsmilch

Bild l. Kanaren-Wolfsmilch

BLÜHENDE INSELBEWOHNER

Montpellier-Zistrose

Die Baumheide war Namensgeber für das Ökosystem des Baumheide-Buschwalds und ist dementsprechend vorwiegend dort anzutreffen. Die Baumheide kann bis zu sechs Meter hoch werden und blüht in den Monaten von Februar bis Juli. Die Blüten sind weiß gefärbt, glockenförmig mit rötlichen Staubgefäßen. Ihre nadelartigen Blätter haben eine Länge von sechs bis acht Millimetern.

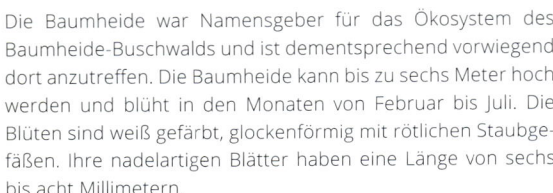

Baumheide

Beinwellblättrige Zistrose

Die Montpellier-Zistrose liebt warme Standorte in Kiefernwäldern. Die 30 Zentimeter bis einen Meter großen Sträucher, die einen aromatischen Duft verströmen, finden sich oftmals in dicht beieinanderstehenden Beständen. Ein weiterer bunter Blickfang ist die rosa blühende Beinwellblättrige Zistrose.

Wollige Cinerarie

Wegerichblättriger Natternkopf

Die Wollige Cinerarie wächst bevorzugt an felsigen Standorten im Bereich des Sukkulentenbusches. Den Wegerichblättrigen Natternkopf findet man häufig an Wegrändern oder auf Brachflächen. Er blüht von Ende März bis Juli. Gegen Ende der Blütezeit nehmen die Blüten eine rosa Färbung an. Der riesige Grünende Natternkopf liebt lichtoffene Orte am Rande der Kiefern- und Lorbeerwälder. Im Süden der Insel bevölkert er die Höhenlagen bis auf 2.000 Meter.

Bild r. Grünender Natternkopf

KAKTEEN UND AGAVEN

Auf Teneriffa finden sich zahlreiche Kakteen und Agaven. Die Pflanzen wurden größtenteils aus Amerika auf die Insel gebracht. Unter den Agaven kommt die Amerikanische Agave am häufigsten vor. Die Pflanze bildet bis zu 1,5 Meter hohe Rosetten, aus denen die langen, spitzen Blätter ragen. Der Blütenschaft kann eine Höhe von zehn Metern erreichen.

Blütenstand der Amerikanischen Agave

Blätter und Knospe der Amerikanischen Agave

Früchte des Dillenius-Feigenkaktus

Weit verbreitet sind die Feigenkakteen, vor allem der Dillenius-Feigenkaktus (Opuntia dillenii) sowie der Echte Feigenkaktus (Opuntia ficus-indica). Die Blätter des Dillenius-Feigenkaktus tragen spitze, bis zu sieben Zentimeter lange Dornen. Seine Früchte erreichen bei Reife eine rote Farbe und werden mit Holzstangen geerntet. Aus diesen Kaktusfeigen werden Desserts und Marmeladen zubereitet. Der Echte Feigenkaktus trägt sehr schöne gelb-orange gefärbte, vier bis fünf Zentimeter große Blüten.

Bild o. Früchte des Echten Feigenkaktus
Bild l. Kräftig orange Blüte des Echten Feigenkaktus

VEGETATION ENTLANG DER KÜSTE

Die meist steilen und felsigen Küstenbereiche Teneriffas sind von Pflanzen geprägt, die auch unter extremen Bedingungen, das heißt in salziger Feuchtluft und auf vulkanischem Gestein, existieren können. Dazu zählen beispielsweise der Strauchige Strandflieder (Limonium fruticans) wie auch der Kammförmige Strandflieder (Limonium pectinatum), die in unmittelbarer Küstennähe auf Felsen vorkommen.

Strauchiger Strandflieder

Kammförmiger Strandflieder

*Nymphendolde
(Astydamia latifolia)*

Die Kristall-Mittagsblume (Mesembryanthemum crystallinum) findet man auf mit Geröll durchsetzten, eher trockenen Böden entlang der Küste. Auf sandigen Böden in der Nähe der Küste wächst das Desfontaines-Jochblatt (Tetraena fontanesii). Auch die Nymphendolde zählt zu den salztoleranten Pflanzen im Küstengebiet.

*Bild o. Desfontaines-Jochblatt
Bild r. Kristall-Mittagsblume*

DAS AEONIUM

Das Aeonium gehört zur Gattung der Dickblattgewächse und hat über 35 Kanaren-Endemiten vorzuweisen, welche allesamt unter internationalem Artenschutz stehen.

Allen gemeinsam ist die rosettenförmige Ausrichtung der Blätter. Der Blütenstand besteht meist aus gelblichen, weißlichen, grünlichen oder rosafarbenen Blüten. Das Tellerförmige Aeonium (Aeonium tabulaeforme) ist ein Endemit, der im Norden der Insel vorkommt. Aeonium decorum findet man auf La Gomera und Teneriffa in Höhen von 100 bis 900 Metern.

Weitere Vertreter sind das Aeonium canariense canariense, das Aeonium cuneatum, das Aeonium lindleyi und das Aeonium haworthii.

Einige Aeonium-Arten nehmen bei Wasserarmut eine rötliche Färbung an.

Goldfarben Blühendes Aeonium (Aeonium holochrysum)

tellerförmiges Aeonium

Bild o. Aeonium canariense canariense
Bild l. Aeonium decorum

Lindleys Aeonium

WAHRZEICHEN DER KANAREN – DIE DRAGOS

Blick durch Geäst und Blattwerk eines Dragos

Früchte des Drachenbaums

Ein charakteristisches Gewächs der Kanaren ist der Drachenbaum, im Spanischen »Drago« genannt. Der Drachenbaum hat die Gestalt eines Baumes, gehört aber zur Gattung der Liliengewächse und ist demnach kein Baum im eigentlichen Sinne. Dragos können eine Wuchshöhe von bis zu 20 Metern erreichen. Junge Pflanzen erkennt man an ihrem dicken Stamm, der noch keinerlei Verzweigungen besitzt. Die erste Verzweigung wächst in der Regel erst nach einem Jahrzehnt.

Die erste Blütenrispe erscheint frühestens nach acht bis elf Jahren. Ab der ersten Blüte kommt es nur etwa alle 15 Jahre zu einer Blüteperiode, die meist mit einer neuen Verzweigung einhergeht und von Juli bis August andauert. Einzig die Anzahl dieser Verzweigungen gibt Aufschluss über das ungefähre Alter eines Dragos, dessen Lebenserwartung bis zu 1.000 Jahre beträgt. Die Krone der Drachenbäume wird aus Blätterbüscheln gebildet, die an den zahlreichen Zweigenden wachsen. Die Büschel bestehen aus grünen, schwertförmigen Blättern, die ca. 40 bis 50 Zentimeter lang werden. Während die Blüten eine grünlich-weiße Färbung tragen, sind die Beeren bräunlich-orange und haben in etwa die Größe einer Kirsche.

Zur Namensherkunft der Drachenbäume gibt es unterschiedliche Theorien: Eine beruht darauf, dass die abgebrochenen Pflanzentriebe neu austreiben und mehrere neue Triebe bilden. Diese Theorie rührt von Drachenlegenden her, in denen einem Drachen beim Abschlagen eines Kopfes sofort zwei neue wachsen. Eine zweite Theorie geht davon aus, dass der Name von dem dunkelroten Harz der Drachenbäume herrührt, das wegen seiner Farbe auch »Drachenblut« heißt und früher als Heilsalbe verwendet wurde.

Einer der bekanntesten Drachenbäume Teneriffas steht in Icod de los Vinos.

Bild r. wild wachsende Drachenbäume auf den Kanaren

100 ausgewählte Restaurants

für jeden Geschmack und jeden Geldbeutel. Unsere Reihenfolge beginnt immer am jeweiligen Ort mit der besten Adresse. Die angegebenen Adressen bilden die Spitze der Qualität auf Teneriffa.

Aktivitäten

Teneriffa ist ein Wanderparadies. Doch die Insel bietet mehr: Tauchen, Surfen, Radfahren, Paragliding und andere Aktivitäten sorgen für eine aktive und abwechslungsreiche Reise.

Einkaufen

Im Angebot der Insel stehen regionale Bauernmärkte, lokale Weinerzeuger und die lebendige Markthalle in San Cristóbal de La Laguna.

Reiseinformationen

Von Informationen zu Mietwagenanbietern, dem Fährverkehr zur nächsten Insel oder Öffnungszeiten und Feiertagen: Um die Reise optimal vorzubereiten, lohnt sich ein Blick auf die Reiseinformationen mit allen wichtigen Bestimmungen und Adressen.

Sprachführer

Im Alltag bestehen und neue Freunde gewinnen. Der Schlüssel dazu liegt in der Sprache des Reiseziels. Um die Kommunikation zu erleichtern, finden sich Ausspracheregeln und hilfreiche Vokabeln in unserem Sprachführer.

Schlagwortverzeichnis

Die schönsten Orte, wichtigsten Sehenswürdigkeiten und Aktivitäten für einen gelungenen Teneriffa-Urlaub finden Sie samt Seitenzahl auf einen Blick im Schlagwortverzeichnis.

100 AUSGEWÄHLTE RESTAURANTS

Die Auswahl der Restaurants basiert auf dem Anspruch nach bester Qualität der Speisen. Unsere Empfehlungen führen durch preiswerte aber gute Restaurants, Bistros und Bars bis hin zu absoluten kulinarischen Höhepunkten wie den Sterne-Restaurants in Abama oder Santa Cruz.

Guia de Isora

Tejina de Isora

Steak & Barbecue Las Goteras
La Gorrina, 12, 38685 Tejina de Isora
Gutes Essen, Barbecue und Steak, Küche: spanisch, glutenfreie Gerichte möglich, Hauptspeise p. P. ab: 12,– €, Di – So 12 – 16 Uhr, Tel: +34 922 857 056

Alcalá

Lupulo
Calle Plaza 13, 38686 Alcala
Gutes Essen, Küche: spanisch, glutenfreie und vegetarische Gerichte, Hauptspeise p. P. ab: 20,– €, Di – So 19 – 23 Uhr, Tel: +34 922 832 274

Playa San Juan

La Boca Rie
Avenida Emigrante 28, Local 10, 38687 Playa San Juan
Echte Empfehlung, Küche: französisch, glutenfreie und vegetarische Gerichte, Hauptspeise p. P. ab: 12,– €, Di – So 18 – 23 Uhr, Tel: +34 636 800 626

Jamon Jamon
Calle la Lava, 8, 38678 Callao Salvaje
Gutes Essen, Pizza, Küche: spanisch, glutenfreie und vegetarische Gerichte, Hauptspeise p. P. ab: 12,– €, Di – So 12:30 – 23:30 Uhr, Tel: +34 922 740 153

Abama

M.B Restaurant des Ritz-Carlton, Abama
carret. TF 47, 38687 Guía de Isora
Grandios – herausragendes Essen, glutenfreie Gerichte möglich, herausragende Küche mit Auszeichnung: 2 Michelin Sterne, Hauptspeise p. P. ab: 80,– €, nur Abendessen, Tel: +34 922 126 000, www.ritzcarlton.com

Kabuki Japanese Restaurant Restaurant des Ritz-Carlton, Abama
carret. TF 47, 38687 Guía de Isora
Grandiose japanische und internationale Küche, glutenfreie und vegetarische Gerichte, herausragendes Essen, japanisches Restaurant mit Auszeichnung: 1 Michelin Stern, Hauptspeise p. P. ab: 30,– €, nur Abendessen, Tel: +34 922 126 000, www.ritzcarlton.com

Adeje

White Sand
Calle Gran Bretaña, Centro Comercial Kristal, 38660 Adeje
Echte Empfehlung, Küche: spanisch, glutenfreie und vegetarische Gerichte, Bar / Restaurant, Hauptspeise p. P. ab: 12,– €, tägl. 09:30 – 00:30 Uhr, Tel: +34 922 103 837

El Makami
Calle Paris 3, C.C. Litoral, 38670, Adeje

Empfehlenswert, glutenfreie und vegetarische Gerichte, Hauptspeise p. P. ab: 12,– €, Do – Di 11 – 23 Uhr, Tel: +34 698 239 357

Playa Paraiso

Restaurant El Taller

Avda. Adeje 300, C.C. El Marqués, 38670 Adeje
Grandioses Essen, spanische Tapas Bar, glutenfreie und vegetarische Gerichte, Hauptspeise p. P. ab: 12,– €, Mi – Mo 13 – 22 Uhr, Tel: +34 674 691 127

La Caleta

CHAR Modern cocina & grill

Calle El Muelle, Edificio Famar, 38679 La Caleta
Echte Empfehlung für gute Steaks, glutenfreie Gerichte möglich, Hauptspeise p. P. ab: 12,– €, Mo – Do 18 – 23:30, Fr, So u. feiertags 13:30 – 16 u. 18 – 23:30 Uhr, Tel: +34 922 168 222, www.chargrilltenerife.com

Salitre Restaurante

Calle los Pescadores, 21, 38679 La Caleta
Empfehlenswerte Bar mit guten Gerichten, glutenfreie und vegetarische Gerichte, britisches Pub / Bar, Hauptspeise p. P. ab: 12,– €, tägl. 13 – 23 Uhr, Tel: +34 922 16 81 82

Restaurant 88

Edificio El Nido, Avenida Las Gaviotas, 38679 La Caleta
Empfehlenswerte asiatische Küche mit vegetarischen Gerichten, Hauptspeise p. P. ab: 15,– €, So – Do 19 – 23, So – Sa 13:30 – 16, Fr – Sa 19 – 23 Uhr, Tel: +34 922 775 829, www.restaurant88tenerife.com

Playa de Fañabé

Ted Ristobar

Calle Paris - C.C. Litoral, 38660 Playa de Fanabe
Echte Empfehlung, glutenfreie und vegetarische Gerichte, Italienisches Restaurant, Hauptspeise p. P. ab: 10,– €, Mi – Mo 11:30 – 23:30 Uhr, Tel: +34 642 109 244

La Cupula

Calle París s/n – Hotel Jardines de Nivaria, 38660 Playa de Fanabe
Echte Empfehlung, Küche: spanisch, glutenfreie und vegetarische Gerichte, französisch-kanarische Fusionsküche, Hauptspeise p. P. ab: 20,– €, Di – Sa 19 – 23 Uhr, Tel: +34 922 713 333, www.hoteljardinesnivaria.com

La Iberoteka

Avenida Ernesto Sarti 14, 38650 Playa de Fanabe
Empfehlenswert, spanisches Essen, glutenfreie und vegetarische Gerichte, Hauptspeise p. P. ab: 12,– € , Tel: +34 651 378 813

BuenaVida 100% Vegan

C.C. Fañabé Plaza, Av. de Bruselas, 200, 38660 Playa de Fanabe
Gutes vegetarisches Essen, glutenfreie und vegetarische Gerichte, Hauptspeise p. P. ab: 12,– € , Do – Mo 12 – 21 Uhr, Tel: +34 922 715 752

Costa Adeje

El Churrasco

Adeje C/ Gran Bretaña S/N, 38660 Adeje
Echte Empfehlung, spanisches Steakhaus, Hauptspeise p. P. ab: 20,– €, So – Do 13 – 24 Uhr, Fr – Sa 13 – 1 Uhr, Tel: +34 922 789 761, www.elchurrascotenerife.es

Carlos

Av Colon, 38660 Costa Adeje
Echte Empfehlung, glutenfreie und vegetarische Gerichte, Hauptspeise p. P. ab: 12,– €, Di – Sa 18 – 22:30 Uhr, Tel: +34 634 703 133

Coeur de Filet

C.C. Sun Beach, 38670 Costa Adeje
Echte Empfehlung, Küche: französisch, glutenfreie und vegetarische Gerichte, Hauptspeise p. P. ab: 15,– €, tägl. 12 – 23:30 Uhr, Tel: +34 922 717 893

Las Rocas

Hotel Jardín Tropical, C/ Gran Bretaña s/n 38660 Costa Adeje
Echte Empfehlung für Fisch und Meerestiere, glutenfreie und vegetarische Gerichte, Hauptspeise p. P. ab: 20,– €, tägl. 13 – 16 und 19 – 23 Uhr, Tel: +34 922 746 000, www.jardin-tropical.com

Amalfi

Av Colon, C.C. Aguamarina, 38660 Costa Adeje
Empfehlenswert, Küche: italienisch, glutenfreie und vegetarische Gerichte, Hauptspeise p. P. ab: 12,– €, tägl. 11 – 23 Uhr, Tel: +34 609 183 406

Antico Caffe

Calle Valencia, N.3 Urb. Pueblo Torviscas, 38660 Costa Adeje
Empfehlenswerte Burger und Fastfood, glutenfreie und vegetarische Gerichte, Hauptspeise p. P. ab: 12,– €, Mo – Sa 19 – 23 Uhr, Tel: +34 922 715 874

Bar Café Orange Cafe

Calle Paris 3, C.C. Litoral de Fanabe L-3, 38670 Costa Adeje
Empfehlenswert, Küche: spanisch, glutenfreie und vegetarische Gerichte Bierbar, Hauptspeise p. P. ab: 10,– €, Tel: +34 680 866 581, www.orangecafe.es

Limoncello

Calle Londres , C.C. Itoral, 38660 Costa Adeje
Empfehlenswert, Küche: spanisch, glutenfreie und vegetarische Gerichte, Hauptspeise p. P. ab: 12,– €, tägl. 11 – 23 Uhr, Tel: +34 922 715 574, www.limoncellotenerife.com

Il Vecchio

Avenida de Bruselas 17, 38670 Costa Adeje
Empfehlenswerte italienische Küche, glutenfreie und vegetarische Gerichte, Hauptspeise p. P. ab: 12,– €, tägl. 11 – 23 Uhr, Tel: +34 922 071 402

White Tapas

Calle Unterhaching, C.C. The Corner, 38679 Costa Adeje
Empfehlenswert, Küche: spanisch, glutenfreie und vegetarische Gerichte, Hauptspeise p. P. ab: 12,– €, tägl. 12:30 – 21:30 Uhr

Pipo Cafe

Rafael Puig, C.C. Galaxia, 38660 Costa Adeje
Empfehlenswert, Küche: spanisch, glutenfreie und vegetarische Gerichte, Hauptspeise p. P. ab: 12,– €, tägl. 11 – 3 Uhr, Tel: +34 689 752 028

Arona

Playa de las Americas

Empire Modern British Restaurant & Steak House
C.C. Safari, Avenida Las Americas, 38660 Playa de las Americas
Echte Empfehlung, britisches Steakhaus, glutenfreie und vegetarische Ge-

richte, Hauptspeise p. P. ab: 15,– €, Mo – So 13 – 23:30 Uhr, Tel: +34 922 789 971, www.empirerestauranttenerife.com

ARDI
Avenida Antonio Dominguez, El Camison 34, 38650, Arona
Echte Empfehlung, Küche: italienisch, glutenfreie und vegetarische Gerichte, Hauptspeise p. P. ab: 12,– €, Do – Di 16 – 23 Uhr, Tel: +34 822 143 971

PJ's
Avenida Rafael Puig Lluvina 24, 38650 Playa de las Americas
Empfehlenswerte Bar mit international-britischer Küche, vegetarische Gerichte, Hauptspeise p. P. ab: 10,– €, Tel: +34 670 735 636

Tito's 1974
Avda. Venezuela, C.C. Ponderosa, 38660 Playa de las Americas
Empfehlenswerte Pizzeria, Küche: italienisch, vegetarische Gerichte, Hauptspeise p. P. ab: 12,– €, Di – So 16 – 24 Uhr, Tel: +34 922 787 869

Thai Botanico
Av. las Américas, 5, C.C. Safari, 38640 Playa de la Américas
Empfehlenswert Küche, glutenfreie und vegetarische Gerichte, Hauptspeise p. P. ab: 12,– €, Mo – Sa 13.30 – 23 Uhr u. So 18.30 – 23 Uhr, Tel: +34 922 797 759, www.thaibotanicotenerife.com

Little Italy Pompei
Avenida Santiago Puig N. 6, 38650 Playa de las Americas
Empfehlenswerte Pizzeria, glutenfreie und vegetarische Gerichte, Hauptspeise p. P. ab: 12,– €, tägl. 11:30 – 23:30 Uhr, Tel: +34 922 750 111

Bar Pub Surfers
Paseo Tarajal, 38650 Playa de las Americas
Empfehlenswertes schottisches Pub, glutenfreie und vegetarische Gerichte, Hauptspeise p. P. ab: 10,– €, tägl. 9 – 24 Uhr, Tel: +34 922 75 30 37

Meson Las Lanzas
Calle Noelia Afonso Cabrera, 8, 38640 Playa de la Américas
Empfehlenswertes spanisches Restaurant, glutenfreie und vegetarische Gerichte, Hauptspeise p. P. ab: 12,– €, tägl. 13 – 16:30 u. 19 – 24 Uhr, Tel: +34 922 791 172

Hard Rock Cafe
Piramide de Arona, Playa de las Américas, Avenida de Las Americas, s/n, 38660
Empfehlenswert, Küche: international, glutenfreie und vegetarische Gerichte, Hauptspeise p. P. ab: 10,– €, tägl. 12 – 2 Uhr Fr u. Sa bis 3 Uhr, Tel: +34 922 055 022

Monkey Bar & Grill
C.C. Oasis, Avenida de las Américas, 15A, 38660
Empfehlenswerte Küche, glutenfreie und vegetarische Gerichte, Hauptspeise p. P. ab: 12,– €, tägl. 12 – 23 Uhr, Tel: +34 922 789 291, www.monkeybartenerife.com

Bar Berlin
C.C. Salytien, Av. Rafael Puig Lluvina, 17, 38660 Playa de la Américas
Deutsche Küche, Currywurst & Co, Hauptspeise p. P. ab: 12,– €, Di – So 12 – 1 Uhr, Tel: +34 922 751 478, www.bar-berlin-teneriffa.com

Los Cristianos

Casa Tagoro
Valle de Menéndez 28, 38650 Los Cristianos
Grandiose Küche, glutenfreie und vegetarische Gerichte, empfehlenswerte Weine, keine Hunde, Hauptspeise p. P. ab: 25,– €, nur Abendessen, Tel: +34 822 660 833, www.casatagoro.com

El Rincon del Arroz
Av. Los Sabandeños, 38650 Los Cristianos
Grandiose Reisgerichte und spanische Küche mit schönen Weinen, Hauptspeise p. P. ab: 25,– €, 13 – 16 u. 20 – 23 Uhr, Tel: +34 922 777 741, www.restaurante-arona-tenerife.com

La Tasca 7
Paseo Maritimo, 17, 38660 Los Cristianos
Echte Empfehlung, Küche: spanisch, glutenfreie und vegetarische Gerichte, Hauptspeise p. P. ab: 12,– €, tägl. 9:30 – 24 Uhr, Tel: +34 922 751 923

Yim Siam Thai Food
Calle La Paloma 11, 38650 Los Cristianos
Echte Empfehlung, Thai Restaurant, glutenfreie und vegetarische Gerichte, Hauptspeise p. P. ab: 12,– € tägl. 12 – 23 Uhr, Tel: +34 616 372 940

Lucky 7 Burger Joint
Av. la Habana, 5a, 38650 Los Cristianos
Echte Empfehlung für gute Burger und Fastfood, glutenfreie und vegetarische Gerichte, Hauptspeise p. P. ab: 12,– €, Mo 19 – 22 Uhr, Di – So 13 – 22 Uhr, Tel: +34 922 173 525

Olive Garden Deli
Av. San Francisco, 6, 38650 Los Cristianos
Echte Empfehlung, glutenfreie und vegetarische Gerichte, Hauptspeise p. P. ab: 12,– €, tägl. 9 – 22 Uhr, Tel: +34 667 641 276

El Rincon De Pancho
Calle Valle Menendez Nº 20, 38650 Los Cristianos
Empfehlenswert, Küche: spanisch, glutenfreie und vegetarische Gerichte, Hauptspeise p. P. ab: 12,– €, Mo – Sa 13 – 23 Uhr, Tel: +34 922 787 393

El Pincho
Acuario, Paseo Playa de las vistas, s/n, 38650 Los Cristianos
Empfehlenswert, Küche: spanisch, glutenfreie und vegetarische Gerichte, Hauptspeise p. P. ab: 12,– € , Mo – Sa 11 – 20 Uhr, Tel: +34 649 431 110

Bodega El Parral
Av. Juan Carlos I, 22, 38660 Los Cristianos
Empfehlenswert, Küche: spanisch, glutenfreie und vegetarische Gerichte Hauptspeise p. P. ab: 12,– €,
tägl. 13 – 23 Uhr, Tel: +34 626 582 988

Las Galletas

Varadero Viejo
Calle Varadero, 26, 38631 Las Galletas
Empfehlenswerte spanische Küche, Hauptspeise p. P. ab: 12,– €, tägl. 12 – 22:30 Uhr, Tel: +34 822 144 652, www.restaurantevaraderoviejo.es

Le Grand Bleu
Paseo Marítimo, Rambla Dionisio González, 38631 Las Galletas
Empfehlenswert, Küche: französisch, glutenfreie und vegetarische Gerichte

Hauptspeise p. P. ab: 12,– €, So – Do 10 – 23, Sa 15 – 23 Uhr, Tel: +34 655 708 547

Casa Mary
Carretera General la Estrella no. 23, 38631, TF-652, Las Galletas
Gute Pizza, glutenfreie Gerichte, Hauptspeise p. P. ab: 12,– €,
Do – Di 12 – 22 Uhr, Tel: +34 922 732 290

Costa del Silencio

Smith's bistro
Apartments las gaviotas, L74f, Calle minerva, 38630 Costa del Silencio
Echte Empfehlung für Steaks und Fritten, Küche: britisch, glutenfreie und vegetarische Gerichte, Hauptspeise p. P. ab: 15,– €, So – Fr 18 – 22 Uhr, Tel: +34 672 655 739

San Miguel de Abona

Las Zocas

El Rinconcito de Hilario
Calle el Pilon, 86, 38628 Las Zocas
Empfehlenswert, Küche: spanisch, Fisch und gute Weine, Hauptspeise p. P. ab: 15,– €, So 13 – 16 Uhr, Di – So 13 – 16, 19 – 22 Uhr, Tel: +34 670 834 086. www.elrinconcitodehilario.com

Guargacho

Guachinche El Cordero
Carretera General a Galletas, 8, 38639 Guargacho
Empfehlenswerter Platz für Steaks & Barbecue, Hauptspeise p. P. ab: 12,– €, tägl. 13 – 23 Uhr, Tel: +34 922 734 171

Oasis / Golf del Sur

Bistro 27
27 Av. del Atlàntico, 9, 38639 Golf del Sur
Empfehlenswert, Küche: spanisch, glutenfreie und vegetarische Gerichte, Hauptspeise p. P. ab: 12,– €, tägl. ab 17:30 Uhr, Tel: +34 922 738 696

Tapas Pato de Oro
Bung 9 Calle San Blas, C.C San Blas, 38639 Golf del Sur
Empfehlenswert, Küche: spanisch, glutenfreie und vegetarische Gerichte, Hauptspeise p. P. ab: 12,– €, Mo – Fr 13 – 23 Uhr, Sa – So 18 – 23 Uhr, Tel: +34 922 738 482

Old Fashioned 1986
Calle San Blas, CC San Blas, Local 73, 38639 Golf del Sur
Empfehlenswerte Bar / Pub, glutenfreie und vegetarische Gerichte, Hauptspeise p. P. ab: 12,– €, tägl. 18 – 23 Uhr, Tel: +34 922 738 284, www.oldfashioned1986.com

Dabda Wine Bar Tapas y Restaurant
Av. J.M. Galván Bello, 130, 38639 Oasis del Sur
Empfehlenswerte Küche, glutenfreie und vegetarische Gerichte, Hauptspeise p. P. ab: 12,– €, tägl. 11 – 24 Uhr, Tel: +34 922 738 369

Granadilla de Abona

Tasca Tierras del Sur
Calle de Pedro González Gómez, 20 38600 Granadilla de Abona
Grandiose einheimische Küche und Weine, vegetariase Gerichte, Hauptspeise p. P. ab: 12,– €, nur Abendessen, So & Mo Ruhetag, Tel: +34 922 771 482, www.tascatierrasdelsur.com

La Tejita

Bombay Babu
Calle El Caño, 10, 38618 La Tejita
Gutes Essen, vegetarische Gerichte,

nettes Angebot mit Lieferservice, Hauptspeise p. P. ab: 12,– €, tägl. 16 – 23 Uhr, Tel: +34 922 705 092, www.bombay-babu.com

Chimiche

Casa Fito
carret. general del Sur 4, 38594 Chimiche
Grandiose spanische Küche, herausragendes Essen in klimatisierten Räumen, Hauptspeise p. P. ab: 25,– €, So – Do 13 – 16:30 Uhr, Fr – Sa 13 – 16:30 u. 19 – 22:30 Uhr, Tel: +34 922 777 279, www.casafitochimiche.com

Los Abrigos

Tasquita Del Puerto
Calle La Marina, 32, 38618 Los Abrigos
Empfehlenswert, Küche: spanisch, Hauptspeise p. P. ab: 12,– €, Fr – Mi 12 – 23 Uhr, Tel: +34 822 100 346

Maria Restaurante Cafe
Calle La Marina, 30, 38618 Los Abrigos
Empfehlenswertes spanisches Restaurant, Küche: spanisch, glutenfreie und vegetarische Gerichte, Hauptspeise p. P. ab: 12,– €, Di – So 15 – 23 Uhr, Tel: +34 922 170 244, www.mariarestaurantebar.com

La Taberna del Mar
C/ La Marina, 22, 38618 Los Abrigos
Empfehlenswert, Küche: spanisch, glutenfreie Gerichte, Hauptspeise p. P. ab: 12,– €, Fr – Mi 12 – 22:30 Uhr, Tel: +34 667 854 642 www.tabernadelmar.es

El Médano

rosmarino - italiane in cucina
Calle Francisco Garcia Feo, 38612 El Medano

Empfehlenswerte italienische Küche, glutenfreie und vegetarische Gerichte, Hauptspeise p. P. ab: 12,– €, Tel: +34 642 604 282

Arico

San Miguel de Tajao

Delicias del Mar
Av. Cabildo Insular, 6, 38588 San Miguel de Tajao
Empfehlenswertes kleines traditionelles Fischrestaurant mit guten und preiswerten Weinen, einfache Küche, Hauptspeise p. P. ab: 15,– €, Fr – Di 12 – 22 Uhr, Tel: +34 922 171 303

Santa Cruz de Tenerife

Restaurante Kazan
Paseo Milicias de Garachico 1, 38004 Santa Cruz de Tenerife
Grandioses japanisches Restaurant mit herausragendem Essen, aber nicht auf Sushi reduzierbar, glutenfreie und vegetarische Gerichte, kreative Küche mit Finesse und Auszeichnung: 1 Michelin Stern, Hauptspeise p. P. ab: 35,– €, Mo 13:30 – 15:30, Di – Sa 13:30 – 15:30, 20:30 – 23:30 Uhr, Tel: +34 922 245 598, www.restaurantekazan.com

Taberna Ramon
Rambla General Franco, 56, 38004 Santa Cruz de Tenerife
Echte Empfehlung Tapas Bar und spanische Küche, glutenfreie und vegetarische Gerichte, Hauptspeise p. P. ab: 12,– €, Mo – Fr 13 – 16, Mo – Sa 19:30 – 23:30, Sa 13:30 – 16 Uhr, Tel: +34 922 241 367

Cocina Urbana
Rambla de Santa Cruz, 114, 38001 Santa Cruz de Tenerife

Empfehlenswert, Küche: spanisch, glutenfreie und vegetarische Gerichte, Hauptspeise p. P. ab: 12,– €, tägl. 8 – 24 Uhr, Tel: +34 822 026 677

Solana Restaurante
Calle Puerta Canseco, 37, 38003 Santa Cruz de Tenerife
Gutes Essen, Küche: spanisch, vegetarische Gerichte, Hauptspeise p. P. ab: 20,– €, Mo – Sa 13 – 16, 20:30 – 23:30 Uhr, Tel: +34 922 243 780

San Andrés

La Posada del Pez
carret. Taganana 2, 38140 San Andrés
Empfehlenswert, Küche: spanisch, klimatisierte Räume, Hauptspeise p. P. ab: 18,– €, Di – Sa 13 – 16:30, 19 – 23:30 Uhr, So 13 – 16:30 Uhr, Tel: +34 922 591 948, www.restaurantelaposadadelpez.es

Los Pinchitos
Calle Guillén, 14, 38120 San Andrés
Gutes Essen, Küche: spanisch, Hauptspeise p. P. ab: 10,– €, Do – Di 12 –17 Uhr, 19:30 – 22 Uhr, So 12 – 17 Uhr, Tel: +34 634 340 386

La Laguna

Tapaste
Plaza San Cristóbal, 37, 38204 La Laguna
Echte Empfehlung – Tapas Bar, vegetarische Gerichte, Hauptspeise p. P. ab: 12,– €, Mo – Fr 13 – 16 Uhr, Sa, So, feiertags geschlossen, Tel: +34 822 015 528, www.tapaste.es

La Tasca de Cristian
Calle Marquez de Celada Nº 17, 38202 La Laguna

Echte Empfehlung – Tapas Bar und spanische Küche, Hauptspeise p. P. ab: 12,– €, Di – Sa 13 – 16:30 u. 20 – 23:30 Uhr, Tel: +34 922 256 588

Cafe Palmelita
Plaza de la Concepcion, 38302 La Laguna
Empfehlenswert, Cafe / Bistro mit feinen Sandwiches, Burger, Toasts und leckeren Kuchen – auch in Santa Cruz und Bajamar, vegetarische Gerichte, Hauptspeise p. P. ab: 6,– €, Mo – Sa 9 – 19 Uhr, Tel: +34 922 250 405, www.palmelita.es

La Bourmet
Calle San Agustin, 42, 38201 La Laguna
Gutes Essen, vegetarische Gerichte, Hauptspeise p. P. ab: 12,– €, Fr 13 – 23 Uhr, Di – Sa 13 – 16:30 u. 19:30 – 23:30 Uhr, Tel: +34 922 250 413, www.labourmet.com

Tasca 61
Calle Viana, 61, 38201 La Laguna
Gutes Essen, Küche: spanisch, glutenfreie und vegetarische Gerichte, Hauptspeise p. P. ab: 12,– €, Mi – So 10 – 16 Uhr, Tel: +34 636 021 353

El Sauzal

Terrazas del Sauzal
pasaje Sierva de Dios 9, 38360 El Sauzal
Empfehlenswert, Küche: spanisch, gute Aussicht mit einfachem aber feinem Essen, erfrischende Cocktails, Hauptspeise p. P. ab: 15,– €, Mi – Fr 12:30 – 23 Uhr, Sa – So 10 – 23 Uhr, Tel: +34 922 571 491, www.terrazasdelsauzal.com

Tasca El Obispado
Carr. Gral. del Nte. Km. 21, 38360 El Sauzal

Gutes Essen, Küche: spanisch, Hauptspeise p. P. ab: 12,– €, tägl. 13 – 16 u. 20 – 23 Uhr, So geschlossen, Tel: +34 922 251 450, www.tascaobispado.com

Casa Odon
Carr. Gral. del Nte., Km. 21, 38360 El Sauzal
Gutes Restaurant & Steakhaus, Hauptspeise p. P. ab: 15,– €, tägl. 12:30 – 1 Uhr, Tel: +34 922 561 124

Santa Ursula

La Bodeguita de Enfrente
Ctra Provincial del Norte, 205, 38390 Sta Úrsula
Empfehlenswerte traditionelle Küche, glutenfreie und vegetarische Gerichte, Hauptspeise p. P. ab: 12,– €, Mi – Mo 18 – 23:30 Uhr, Tel: +34 922 302 760, www.tripicotea.com

El Calderito De La Abuela
Carr. Provincial, 130, 38390 Sta Úrsula
Gutes spanisches Restaurant, glutenfreie und vegetarische Gerichte Hauptspeise p. P. ab: 12,– €, Di – Sa 13 – 16 u. 19 – 23 Uhr, So 13 – 16 Uhr, Mo geschlossen, Tel: +34 922 301 918, www.tripicotea.com

La Matanza de Acentejo

La Victoria de Acentejo

La Bola
Carr. Gral. del Nte., 184, 38380 La Victoria de Acentejo
Gutes Essen, vegetarische Gerichte, Hauptspeise p. P. ab: 12,– €, Mi – Sa 12:30 – 16:30, 19:30 – 23 Uhr, So 12 – 17 Uhr, Tel: +34 922 577 533

La Orotava

Victoria La Orotava
Hermano Apolinar 8, Hotel Victoria, 38300 La Orotava
Empfehlenswertes spanisches Restaurant, glutenfreie und vegetarische Gerichte, Hauptspeise p. P. ab: 12,– €, Tel: +34 922 331 683, www.hotelruralvictoria.com

El Talegazo
Calle El Sauce N 22, 38300 La Orotava
Empfehlenswertes spanisches Steakhaus, Hauptspeise p. P. ab: 12,– €, So 13 – 17, Mo – Sa 12 – 16 Uhr, Tel: +34 616 949 588

Izakaya
Plaza V Centenario, 38300 La Orotava
Gute japanische Küche, Hauptspeise p. P. ab: 12,– €, Do – So 13:30 Uhr – 16 u. 20 – 23 Uhr, Di – Mi 20 – 23 Uhr, Tel: +34 634 981 438

Bar Los Castillos
Calle Cólogan, 10, 38300 La Orotava
Gutes Essen, spanisch, vegetarische Gerichte, Hauptspeise p. P. ab: 10,– €, Mo – Fr 6 – 18 Uhr, Tel: +34 678 447 854

Sunset 290
Urbanización Vista Paraiso, s/n, 38300 La Orotava
Gutes Essen, vegetarische Gerichte, Hauptspeise p. P. ab: 12,– €, tägl. 17 – 2 Uhr, Tel: +34 645 515 579

San Diego
Camino San Diego, 38614 La Orotava
Gutes spanisches Essen, vegetarische Gerichte, Hauptspeise p. P. ab: 12,– €, tägl. 12 – 22:30 Uhr, Tel: +34 922 331 242, www.restaurantesandiego.es

Puerto de la Cruz

El Taller Seve Díaz
Calle San Felipe, 32, 38400 Puerto de la Cruz
Grandiose und variationsreiche Küche zu fairen Preisen mit netten Weinen, glutenfreie und vegetarische Gerichte, Hauptspeise p. P. ab: 15,– €, Mi – Fr, So 19 – 22:30 Uhr, Sa 13:30 – 15:30 u. 19 – 22:30 Uhr, Tel: +34 822 257 538

Brunelli's Steakhouse
C/ Bencomo, 42 (Punta Brava), 38400 Puerto de la Cruz
Grandioses Barbecue und Steak, glutenfreie Gerichte, Hauptspeise p. P. ab: 15,– €, Mo – So: 13 – 15:30 u. 18:30 – 23 Uhr, Tel: +34 922 062 600, www.brunellis.com

Regulo
San Felipe 16, 38400 Puerto de la Cruz
Echte Empfehlung, spanisches Restaurant, glutenfreie und vegetarische Gerichte, Hauptspeise p. P. ab: 25,– €, tägl. 12:30 – 15, 18 – 23 Uhr, Tel: +34 922 384 506, www.restauranteregulo.com

Edelweiss
Carretera del Botanico 28, 38400 Puerto de la Cruz
Echte Empfehlung, deutsche Küche, glutenfreie und vegetarische Gerichte, Hauptspeise p. P. ab: 12,– €, Mi – Mo 12:30 – 24 Uhr, Tel: +34 822 663 338

Tasca el Olivo
Calle Iriarte 1, 38400 Puerto de la Cruz
Empfehlenswerte spanische Küche, glutenfreie und vegetarische Gerichte, Hauptspeise p. P. ab: 12,– €, So 13 – 16:30, Mi – Sa 13 – 22 Uhr, Tel: +34 922 380 117

Tito's Bodeguita
Camino Durazno 1, 38400 Puerto de la Cruz
Empfehlenswerte Küche, glutenfreie und vegetarische Gerichte, Hauptspeise p. P. ab: 12,– €, Mo – Sa 12:30 – 23 Uhr, Tel: +34 922 089 436, www.titosbodeguita.com

Tucan
Calle Sebastian Padron Acosta No 1, 38400 Puerto de la Cruz
Empfehlenswertes Essen, glutenfreie und vegetarische Gerichte, Hauptspeise p. P. ab: 12,– €, Tel: +34 922 382 842

Tasca Ihuey
Calle San Felipe, 34, 38400 Puerto de la Cruz
Empfehlenswertes spanisches Restaurant, glutenfreie und vegetarische Gerichte, Hauptspeise p. P. ab: 12,– €, So u. Mo 18 – 22 Uhr, Di – Sa 12 – 15 u. 18 – 22 Uhr, Tel: +34 922 984 773

Casa Pache
Calle de la Verdad, 6, 38400 Puerto de la Cruz
Empfehlenswerte spanische Küche, glutenfreie und vegetarische Gerichte, Hauptspeise p. P. ab: 12,– €, Do – Di 13 – 22:30 Uhr, Tel: +34 922 372 524

Aromas de la India
Calle Agustín de Betancourt, 25, 38400 Puerto de la Cruz
Empfehlenswerte Küche: glutenfreie und vegetarische Gerichte, Hauptspeise p. P. ab: 12,– €, Mo – So 13 – 16 u. 18 – 23:30 Uhr, Tel: +34 822 902 838

Ristorante Mamma Rosa
Calle el Lomo, 4, 38400 Puerto de la Cruz
Empfehlenswerte Küche, glutenfreie

und vegetarische Gerichte Hauptspeise p. P. ab: 12,– €, Sa u. Mo 12 – 16 u. 18 – 23 Uhr, Di – Fr 12 – 16 Uhr, Tel: +34 922 380 451

La Marea
Calle Blanco No 4, 38400 Puerto de la Cruz
Empfehlenswert, Hauptspeise p. P. ab: 12,– €, tägl. 12 – 1 Uhr, Tel: +34 922 368 622

Vilaflor

La Vendimia in Hotel Villalba
Carretera San Roque, Vilaflor
Gutes Essen, vegetarische Gerichte, Hauptspeise p. P. ab: 15,– €, tägl. 18 – 22 Uhr, Tel: +34 922 709 930, www.hotelvillalba.com

Restaurante Casa Pana
Calle Castanos N 0 7, 38613 Vilaflor
Empfehlenswertes Lokal mit einfacher und einheimischer Küche, vegetarische Gerichte, Terrasse, Hauptspeise p. P. ab: 10,– €, tägl. 12 – 19 Uhr, Tel: +34 922 709 070

Garachico

Canada de Garachico Espacio Gastronomico
Avenida Tome Cano cruce con Callejon de Venus, 38450 Garachico
Echte Empfehlung, gute Küche, glutenfreie und vegetarische Gerichte, Hauptspeise p. P. ab: 12,– €, Tel: +34 922 830 117

Ardeola
Avenida Tome Cano n. 4, 38450 Garachico
Empfehlenswertes Restaurant, glutenfreie und vegetarische Gerichte, Hauptspeise p. P. ab: 12,– €, Di – So 19 – 22:30, Do – So 13 – 16 Uhr, Tel: +34 922 133 012

Mirador de Garachico
Calle Francisco Martínez de Fuentes, 17, 38450 Garachico
Empfehlenswertes spanisches Restaurant, glutenfreie und vegetarische Gerichte, Hauptspeise p. P. ab: 12,– €, tägl. 8 – 23 Uhr, So 9 –17 Uhr, Mi geschlossen, Tel: +34 922 831 198, www.miradordegarachico.com

Casa Gaspar
Calle Esteban de Ponte, 44, 38450 Garachico
Gutes Essen, vegetarische Gerichte, Hauptspeise p. P. ab: 12,– €, Di – Sa 13 – 17 u. 19 – 23 Uhr, Tel: +34 922 830 040

El Caleton
Av. Tomé Cano, 1, 38450 Garachico
Gutes Essen, Küche spanisch, vegetarische Gerichte, Hauptspeise p. P. ab: 12,– €, Fr 12 – 24, Sa 12 – 22, So – Do 12 – 19 Uhr, Tel: +34 672 169 979

Anturium
Calle Esteban de Ponte, 32, 38450 Garachico
Gute Küche, vegetarische Gerichte, Hauptspeise p. P. ab: 20,– €, tägl. 19 – 21:30 Uhr, Tel: +34 922 133 435, www.restauranteanturium.com

Icod de los Vinos

La Parada
Casa De Comidas, Calle Rambla Perez del Cristo 2, 38430 Icod de los Vinos
Empfehlenswerte spanische Küche, glutenfreie und vegetarische Gerichte, Hauptspeise p. P. ab: 12,– €, So 12:30 – 16:30, Mo – Do 12:30 – 22, Fr – Sa 12:30

– 23 Uhr, Tel: +34 922 811 491, www.laparadacasadecomidas.es

Santiago de Teide

Los Gigantes

El Rincon de Juan Carlos
Pje Jacaranda, 2, 38683 Acantilado de Los Gigantes
Grandiose Küche: spanisch, herausragende und kreative Kochkunst in der Touristenhochburg, glutenfreie Gerichte, Restaurant mit Auszeichnung: 1 Michelin Stern, Hauptspeise p. P. ab: 35,– €, Di – Sa 19 – 22 Uhr, Tel: +34 922 868 040, www.elrincondejuancarlos.es

Charlie's Bistro
Calle Flor de Pascua, 38683 Los Gigantes
Echte Empfehlung das Bistro-Restaurant, glutenfreie und vegetarische Gerichte, Hauptspeise p. P. ab: 12,– €, Mi – Mo 18:30 – 22 Uhr, Tel: +34 922 100 743

Mistinguett
Calle Flor de Pascua, 38683 Acantilados De Los Gigantes
Empfehlenswerte Küche, glutenfreie und vegetarische Gerichte, Hauptspeise p. P. ab: 12,– €, Tel: +34 922 860 757

Mamma Lucia
Av. Jose Gonzalez Forte, 73, 38683 Acantilado de Los Gigantes
Empfehlenswert, italienische Pizzeria, glutenfreie und vegetarische Gerichte, Hauptspeise p. P. ab: 12,– €, Mo – Sa 12 – 23 Uhr, Tel: +34 922 862 709

Puerto de Santiago

Deli on The Hill
Carretera General Puerto Santiago 36, 38683 Puerto Santiago
Empfehlenswerte Küche, glutenfreie und vegetarische Gerichte, Hauptspeise p. P. ab: 10,– €, Mo – Fr 9:30 – 17 u. Sa 11 – 15 Uhr, Tel: +34 628 500 163, www.delionthehill.eu

Maya's Tandoori & Curry House
Calle la Hondura, 8, 38683 Puerto de Santiago
Empfehlenswerte Küche, glutenfreie und vegetarische Gerichte, Hauptspeise p. P. ab: 12,– €, tägl. 18 – 23:30 Uhr, Tel: +34 922 861 496,
www.mayascurryhouse.com

Cappuccino Maria
Calle La Hondura, No 10, CC Mar Blanco, 38683 Puerto de Santiago
Empfehlenswerte Küche: spanisch, glutenfreie und vegetarische Gerichte, Hauptspeise p. P. ab: 10,– €, Mi – Mo 10 – 19 Uhr, Tel: +34 922 861 638

Alfonso's Bar
Carr. Gral. 28, 38683 Puerto de Santiago
Empfehlenswerte Bar & Café, Küche: spanisch, glutenfreie und vegetarische Gerichte, Hauptspeise p. P. ab: 10,– €, Do – Di 9:30 – 23 Uhr, Tel: +34 922 862 334

La Caldera

Steak & Barbecue Casa Edu
Carretera Puerto Santiago - Alcala, 1, 38687 La Caldera
Empfehlenswerte Küche, spanisches Barbecue und Steak, Hauptspeise p. P. ab: 12,– €, Mo – Fr 12 – 16 u. 9 – 23 Uhr, So ab 18 Uhr, Tel: +34 922 860 824, www.restaurantecasaedu.es

WANDERN AUF TENERIFFA

Die vielfältige Landschaft Teneriffas lädt zu ausgiebigen Wanderungen ein. Ob tiefe Schluchten im Teno, der Nebelwald des Anaga-Gebirges, die Vulkanlandschaft der Cañadas oder die Kiefernwälder der Corona Forestal – zahllose Wanderwege sämtlicher Schwierigkeitsstufen bieten eine Menge unvergesslicher Eindrücke.

Teneriffa eignet sich ganzjährig zum Wandern, jedoch erweisen sich die Monate April bis Juni als ideal. Zu dieser Zeit fällt weniger Regen als im Winter und die Temperaturen sind angenehmer als in den Sommermonaten. Zugleich zeigt sich auch die Blütenwelt der Insel in ihrer ganzen Pracht.

Man sollte sich vor Antritt der Wanderung auf jeden Fall über die geplante Route und das Wetter informieren. Bei Calima oder längeren Trockenphasen kann Waldbrandgefahr herrschen. Nach starken Regenfällen können außerdem Hänge abrutschen oder abbrechen. Zur Sicherheit sollte man immer ein Handy bei sich tragen und besser nicht allein auf Wanderung gehen.

Ausgestattet sollte man mit knöchelhohen guten Wanderschuhen sein. Ansonsten benötigt man ausreichend Proviant und vor allem Wasser. Sonnencreme und eine Regen- bzw. Windjacke sind auch nie verkehrt. Ein Wetterumschwung kann manchmal recht plötzlich hereinbrechen und die Sonne ist intensiver als man denkt.

Auf Teneriffa gibt es keine Berghütten, wie man sie aus den Alpen kennt. Einkehrmöglichkeiten finden sich in der Regel in den nächsten Ortschaften.

TOURENANBIETER

Diverse Veranstalter bieten organisierte Wandertouren an. Dabei wird man nicht nur professionell durch das Gelände geführt, sondern erhält mitunter auch interessante Informationen rund um Natur und Kultur der Insel.

Teneriffa-Kre-Aktiv
Calle Arguamul, B25-1, Urb. La Florida, 38626 Valle San Lorenzo
Tel.: +34 922 715 988
Mobil: +34 607 570 357
E-Mail: info@teneriffa-kreaktiv.com
www.teneriffa-kreaktiv.com

aventura-wandern
Calle los Beltranes, 22, Bajo Apto. 2
E-38418 Toscal-Longuera/Los Realejos
Tel.: +34 922 364 504
Mobil: +34 639 264 135
E-Mail: info@aventura-wandern.de
www.aventura-wandern.de

Wanderjule & A Caminar Tenerife
C./ Las Palomas nº 11,
E-38600 Granadilla de Abona
Mobil: +34 600 562 623
E-Mail: wandern@wanderjule.com
www.wanderjule.com

WEGMARKIERUNGEN

GR — (Gran Recorrido) oder »Große Route«

Bei einem mit einem roten GR gekennzeichneten Wanderweg handelt es sich um eine große Route, die mehrere Hundert Kilometer lang sein kann. So gekennzeichnete Wanderwege sind üblicherweise in mehreren Tagesetappen zu bewältigen.

PR — (Pequeño Recorrido) oder »Kleine Route«

Bei mit gelbem PR gekennzeichneten Wanderwegen handelt es sich um Tagestouren. Sie sind höchstens 30 Kilometer lang.

SL — (Sendero Local) oder »Lokaler Weg«

Mit einem grünen SL sind Kurzwanderwege ausgeschildert, die binnen weniger Stunden gewandert werden können und in Ortsnähe verlaufen.

 ### Dem Weg geradeaus Folgen
Ein zweifarbiges »Ist-gleich«-Zeichen bedeutet, dass dem geradeaus verlaufenden Weg zu folgen ist. Der obere Balken ist grundsätzlich weiß, der untere farbig.

 ### Falsche Richtung
Ein zweifarbiges »X« weist darauf hin, dass man in die falsche Richtung geht.

 ### Richtungswechsel
Zweigen die beiden parallel zueinander verlaufenden Balken ab, so weist dies auf einen bevorstehenden Richtungswechsel hin.

 ### Starker Richtungswechsel
Kommt es zu einem starken Richtungswechsel, so gleicht das hierauf hinweisende Zeichen dem Zeichen für »Gerade aus gehen« bis auf ein wichtiges Detail: Darunter zeigt ein weißer Balken in die Richtung, die es nun einzuschlagen gilt.

RADFAHREN

Die Landschaft Teneriffas hat für alle Radfahrer etwas zu bieten. Während sich die Küste eher für ruhige Familienradtouren eignet, können sich Rennfahrer und Mountainbiker im Inselinneren nach Herzenslust austoben. Eine gute Kondition ist dabei unbedingte Voraussetzung.

Mountainbikern stehen eine Reihe an Pisten und Wanderwegen zur Auswahl, die über Aschefelder, durch Kiefer- und Lorbeerwälder, über Vulkanberge und an der schroffen Küste entlang führen – meist mit sagenhafter Aussicht.

Anbieter und Verleih

Bike Point Tenerife
Niederlassung in El Médano
Calle Villa de la Orotava 10
38612 El Médano
Tel.: +34 922 176 273

Niederlassung in Las Americas
Av. Quinto Centenario s/n,
Edificio las Terrazas
38660 Las Americas
Tel.: +34 922 796 710
E-Mail: info@medanobike.com
www.bikepointtenerife.com

BikeSpirit Teneriffa
Calle Mequínéz 51
38400 Puerto de La Cruz
Tel.: +34 822 044 258
info@bikespirit.es
www.bikespirit.es

WASSERSPORT

TAUCHEN

Die Artenvielfalt der Unterwasserwelt an der Küste Teneriffas lässt Taucherherzen höher schlagen: Neben verschiedenen Rochenarten stößt man hier unter anderem auf Muränen, Zackenbarsche, Barrakudas, Delfine und Tintenfische.

Der vulkanische Ursprung der Insel ermöglicht es Tauchern, durch Grotten, steinerne Torbögen und bizarre Lavaformationen zu schwimmen.

Für Anfänger ist die Playa Paraiso besonders geeignet. Ein Tauchgang zum Wrack der 1971 gesunkenen El Condesito ist nur etwas für erfahrene Taucher.

Eines der fischreichsten Gebiete ist das sogenannte »Aquarium« mit ca. 25 Meter Tauchtiefe.

Tauchbasen gibt es unter anderem in Playa de las Américas, Las Galletas, Playa Paraiso, Fañabé, Los Gigantes sowie Los Realejos. Viele Basen bieten Kurse für Anfänger und Fortgeschrittene an.

SURFEN

Es gibt zahlreiche Spots, an denen die Wellen das ganze Jahr über geritten werden können. Der Meeresboden wechselt immer wieder seine Qualität. Wellen, die über sandigem oder glattem, felsigem Untergrund brechen,

lassen sich einfacher reiten und empfehlen sich für Anfänger oder Fortgeschrittene. Vulkanriffs erhöhen den Schwierigkeitsgrad und eignen sich eher für Profis mit perfekter Technik.

Deutschsprachige Surfschulen:
Green Wave
www.greenwavesurfschool.com
Atlantik Surf
www.atlantiksurf.com

WINDSURFEN & KITEN

Gute Bedingungen zum Windsurfen oder Kiten herrschen auf Teneriffa von Mai bis September. Der Wind kommt normalerweise aus Ost und Nordost. Windstärken von 5 – 7 Beaufort sind vor allem im Hochsommer keine Seltenheit. International bekannt ist Playa El Médano. An der benachbarten Playa Cabezo finden auch World-Cup-Rennen statt, der Spot ist etwas für erfahrene Sportler.

PARAGLIDING

Die Insel bietet fantastische Kulissen zum Gleitschirmfliegen. Ausgewiesene Fluggelände bieten eine Auswahl für Anfänger und Fortgeschrittene.

Tandemflüge bietet zum Beispiel Ibrafly in Los Realejos an. Bis max. 115 Kilogramm Gewicht gleitet man mit den Piloten über die Insel. Preise von 90,– € bis 180,– € je nach Gewicht und Startpunkt.
www.ibrafly.net, tel.: +34 609 546 192

Startpunkte:

- Taucho (Adeje; 760 m)
- Izaña (Teide Nationalpark; 2.300 m)
- La Corona (Los Realejos; 765 m)
- Vulkan Fasnia (Fasnia; 400 m)
- Ifonche (Vilaflor; 1.000 m)

U-BOOT-TOUREN

Die Tiefen des Ozeans lassen sich auf Teneriffa auf ganz besondere Weise entdecken. Vom Sporthafen Marina San Miguel aus können Tauchfahrten mit einem echten U-Boot unternommen werden. Das Sub Fun Cinco bietet je 11 Aussichtsfenster an den Seiten und jeweils ein Panoramafenster vorne und hinten.

Preis (Online-Buchung):
Erwachsene ab 45,– €, Kinder ab 27,20 € (Bustransfer aus den größeren Ferienorten ist im Preis inbegriffen.)

Submarine Safaris SL
Puerto Deportivo, Marina San Miguel Urb. Amarilla Golf s.n, 38639 San Miguel de Abona, tel. +34 922 736629
E-Mail: tenerife@submarinesafaris.com
www.submarinesafaris.com

EINKAUFEN

In den touristischen Zentren im Süden und Norden sowie in der Metropolregion Santa Cruz / La Laguna lässt sich in großen Einkaufszentren nach Herzenslust shoppen. Besonders exklusiv ist die Produktpalette z. B. in Costa Adeje. Gleich zweimal ist das spanische Traditionswarenhaus El Corte Inglés vertreten.

Dinge des alltäglichen Bedarfs und Lebensmittel bieten die Filialen der großen Supermarktketten wie HiperDino, Mercadona, Alcampo, Carrefour oder Lidl.

MÄRKTE

Auf den Märkten findet man neben lokal erzeugten Lebensmitteln auch allerlei Kunsthandwerk, Kleidung und vieles mehr. Markthallen und vor allem auch die Bauernmärkte sind ausgeschildert.

Im Süden

Bauernmarkt in Güímar
Plaza del Ayuntamiento, So 8 – 13 Uhr

Mercadillo El Médano
Paseo Nuestra Señora de Roja, Sa 9 – 14 Uhr

Bauernmarkt in San Isidro
Carretera TF 64, Sa u. So 8 – 14 Uhr

Bauernmarkt in San Miguel de Abona
im Industriegebiet Las Chafiras, Sa u. So 8 – 14 Uhr, Mi 16 – 20 Uhr

Im Norden

Bauernmarkt in El Palmar
Finca Los Pedregales, 1. u. 3. So des Monats von 10 – 14 Uhr

Mercado Municipal Puerto de la Cruz
Av. Blas Pérez González, 4, Puerto de La Cruz, Mo – Sa 8 – 14 Uhr u. 16 – 20 Uhr

Bauernmarkt in La Matanza
Ctra. General del Norte, La Matanza, Sa u. So. 9 – 15 Uhr

Bauernmarkt in La Orotava
C / Educadora Lucia Mesa, Sa 9 – 15 Uhr

Metropolregion

Mercado Nuestra Señora de África
Av. de San Sebastián, 51, Santa Cruz de Tenerife, tägl. 9 – 13 Uhr

Mercado de La Laguna (Markthalle)
Plaza del Cristo, s/n, San Cristóbal de La Laguna, Mo – So 7 – 14 Uhr, Do 17 – 20 Uhr, ausgenommen im August

Bauernmarkt in Tacoronte
Ctra Tacoronte a Tejina, Sa u. So 8 – 14 Uhr

WEIN

Teneriffa ist die größte Weinbauregion der Kanarischen Inseln. Es gibt 5 Regionen mit geschützten Ursprungsbezeichnungen »Denominacion de origen (D.O.)«: Abona, Tacoronte – Acentejo, Valle de Güimar, Valle de la Orotava, Ycoden – Daute – Isora.

Durch die D.O. Tacoronte-Acentejo und Valle de La Orotava führt die Ruta del Vino de Tenerife, die Weinstraße Teneriffas.

Kellereien auf der Weinstraße

Bodega Agryenca
Calle Fray Diego s/n, 38350 Tacoronte, tel.:+34922564013,www.agryenca.com

Casa del Vino La Baranda
Calle San Simón 49, 38360 Sauzal, tel.:+34 922 572 542, www.cabtfe.es/casa-viro

Bodega Monje
Camino Cruz de Leandro 36, 38359 Sauzal, tel.: +34 922 585 027, www.bodegasmonje.com

Bodega Insercasa (Bronce)
Camino Juan Fernández 252, Finca el Fresal, 38270 Valle de Guerra, San Cristóbal de la Laguna, tel.: +34 922 285 316, www.vinobronce.com

Bodega El Lomo
Carretera El Lomo 18, 38280 Tegueste, tel.: +34 922 241 122, www.bodegaellomo.com

Bodegas Insulares de Tenerife
Vereda Del Medio 48, 38350 Tacoronte, tel.:+34 922 570 617, www.bodegasinsulares.es,

Bodegas y Viñedos 2005
Carretera Puerto de la Madera 38, 38380 Tacoronte, tel.: +34 922 573 629

Bodega La Palmera
Calle La Herrera 83, 38369 Sauzal, tel.: +34 922 573 485,

Die meisten der Kellereien bieten Weinverkostungen sowie Führungen durch die Weinberge und die Kelterei an, haben einen gastronomischen Betrieb und verkaufen auch gerne ihre Produkte vor Ort.

DOKUMENTE & REISEAPOTHEKE

EINREISE

Für die Einreise aus Deutschland, Österreich oder der Schweiz genügt ein gültiger Personalausweis. Kinder unter 16 Jahren können auch mit einem Kinderausweis samt Lichtbild einreisen.

EINREISE MIT HAUSTIEREN

Möchte man Hunde, Katzen oder Frettchen nach Teneriffa mitnehmen, so benötigt man seit 2004 den sogenannten EU-Heimtierpass, der von Tierärzten ausgestellt wird. Da die meisten Hotels auf der Insel allerdings keine Haustiere akzeptieren, sollte die Reise im Voraus gut geplant sein.

KRANKENVERSICHERUNG

In Deutschland gesetzlich Krankenversicherte haben in Spanien im akuten Not-/Krankheitsfall Anspruch auf Behandlung bei jenen Ärzten und Krankenhäusern, die vom ausländischen gesetzlichen Krankenversicherungsträger zugelassen sind. Als Nachweis müssen Versicherte die europäische Krankenversicherungskarte (EHIC) oder eine Ersatzbescheinigung vorlegen. Beide Dokumente sind bei der eigenen Krankenkasse erhältlich.
Unabhängig davon kann eine Auslandsreisekrankenversicherung sinnvoll sein.

IMPFUNGEN & REISEAPOTHEKE

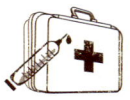

Für Teneriffa sind keine Impfungen vorgeschrieben oder empfohlen. Sonnenschutz und eine kleine Reiseapotheke sollten aber nicht im Gepäck fehlen.

BARRIEREFREI REISEN

Mehrere im Süden gelegene Badestrände sind barrierefrei zugänglich. Dazu zählen die Strände von Torviscas, Fañabé und dem Luxushotel »Bahía del Duque« in Playa de las Américas, die Playa de Las Vistas in Los Cristianos sowie die Playa del Médano in El Médano.

Im Anaga-Gebirge, am Mirador Cruz Del Carmen, wurden drei für Rollstuhlfahrer zugängliche Wanderwege eingerichtet, die Wanderwege der Sinne.

ANREISE

Die internationalen Flughäfen Los Rodeos im Norden und Reina Sofia im Süden werden von allen größeren deutschen und europäischen Flughäfen aus angeflogen. Charterfluggesellschaften wie Tuifly, AirBerlin oder Condor bieten Direktflüge nach Teneriffa an. Urlaubs-

flieger landen bevorzugt auf dem Süd-
flughafen.

Die Flugzeit von Deutschland nach Teneriffa beträgt um die vier Stunden.

Wer mit dem Schiff anreist, muss mehr
Zeit mitbringen. Teneriffa wird einmal
wöchentlich vom spanischen Festland
von Cadíz und Huelva angefahren.
Die Schifffahrtsgesellschaft Trasmediterránea bedient die Strecke Cadíz – Santa
Cruz de Tenerife, Dauer: 49 Stunden.
Die Fahrt von Huelva nach Santa Cruz
de Tenerife mit Naviera Armas dauert
etwa 38 Stunden.

ZOLL

Die Kanaren gelten als steuerrechtli-
ches Sondergebiet. Zollfrei dürfen Reisende ab 17 Jahren bei der Rückreise
in Deutschland einführen: entweder
200 Zigaretten oder 100 Zigarillos oder
50 Zigarren oder 250 Gramm Tabak,
1 Liter Alkohol > 22 Vol.% oder 2 Liter
Alkohol ≤ 22 Vol.% und 4 Liter Wein
und 16 Liter Bier. Sonstige Waren bis
insgesamt 430,– € oder 175,– € bei Reisenden unter 15 Jahren.

ARZT & APOTHEKEN

Die medizinische Versorgung auf den
Kanaren entspricht dem europäischen
Standard, allerdings muss vieles direkt
vor Ort bezahlt werden. Auf Teneriffa
gibt es viele deutschsprachige Ärzte,
die auch zu Haus- und Hotelbesuchen
bereit sind, z. B:

ALLGEMEINMEDIZINER:

Das Deutsche Ärztehaus
24 Stunden Rufbereitschaft:
+34 922 385 159
Urb. La Paz/Nähe Hotel Molino Blanco
an der Rückseite des Canary-Center
Puerto de la Cruz, Plaza Laurel, 3
E-Mail: info@deutsches-aerztehaus.de
www.deutsches-aerztehaus.de

Deutsches Ärzte Zentrum
24 Stunden Rufbereitschaft:
+34 922 792 908
Avda. V Centenario s/n, CC Club Paraíso
del Sol, Local 11 – 13
Playa de las Américas
E-Mail: info@daez.eu
www.daez.eu

ZAHNARZTPRAXEN:

Zahnarztpraxis Carlson
Avda. Marqués de Villanueva del Prado
17, Edf. Bejeque 1° A – über der Caja
Canarias, 1. Stock
38400 Puerto de la Cruz / Teneriffa
Tel: +34 922 389 253
www.zahnarztpraxis-teneriffa.de

Dr. Martin Seth
Edificio Maria, Local 3 – 4, C / Principe
Pelinor s/n, Adeje Centro
Tel.: +34 922 781 003
Mobil: +34 637 819 318 (24h)

APOTHEKEN

Apotheken gibt es in fast allen Ortschaften Teneriffas. Sie sind an einem grünen Kreuz auf weißem Hintergrund und der Aufschrift »farmacía« zu erkennen. Informationen über die jeweils diensthabende Notapotheke können dem Anschlag »farmacía de guardia« entnommen werden, der in jeder Apotheke aushängt. Nach 22 Uhr werden Medikamente nur noch gegen Rezept ausgehändigt.

VERKEHR

VERKEHRSBESTIMMUNGEN

Wie in ganz Spanien gilt auch auf den Kanaren eine zulässige Höchstgeschwindigkeit von 50 km/h innerorts, 90 km/h außerorts und 110 km/h auf der Autobahn. Der erlaubte Blutalkoholwert beträgt maximal 0,5 Promille bzw. 0,3 Promille für Fahranfänger, die ihren Führerschein weniger als zwei Jahre besitzen. Bei Autofahrten müssen Führerschein und Ausweis mitgeführt werden. In Autos besteht auf allen Sitzen Gurtpflicht, für Motorradfahrer gilt eine allgemeine Helmpflicht. Kinder unter 12 Jahren dürfen nicht auf den Vordersitzen mitreisen und benötigen geeignete Kindersitze.

Gelbe Markierungen am Straßenrand signalisieren ein Halteverbot. Innerhalb blauer Markierungen ist das Parken erlaubt, aber kostenpflichtig.

REISEN AUF TENERIFFA

BUS

Teneriffa verfügt über ein gut ausgebautes Busnetz, mit dem man nahezu alle Orte erreichen kann. Tickets können direkt im Bus (spanisch: »guagua«) gelöst werden.

Auf der Website www.titsa.com und an den Busstationen der TITSA erhält man Informationen zu Fahrplänen und zum Streckenetz.

Der »bono-bus«- Pass zu jeweils 15,00 oder 25,00 Euro, kann von mehreren Personen benutzt werden und gewährt 50 % Nachlass auf den Normalfahrpreis auf allen Busstrecken. Wenn der Restwert des Passes nicht für die letzte Fahrt ausreicht, kann der Differenzbetrag im Bus in bar aufgestockt werden. Der Pass kann nicht in den Bussen selbst gelöst werden.

TAXI

Taxi fahren auf Teneriffa ist mit einem Kilometerpreis von rund 60 Cent günstig. Die Taxis sind mit Taxametern ausgestattet, für längere Strecken gilt meistens ein fester Tarif. In der Regel wird nur Bargeld akzeptiert. Feiertags- und Nachtfahrten sind teurer. Bei Bedarf können Großraumtaxis bestellt werden. Eurotaxis verfügen über behindertengerechte Ausstattung.

TAXIRUFE:

Adeje:	+34 922 714 462
Arona:	+34 922 790 352

Arona, Guía de Isora y San Miguel de Abona (Servitaxitenesur):

	+34 922 747 511
La Laguna:	+34 922 255 555
Güimar:	+34 902 205 002
	+34 922 378 999
Puerto de la Cruz:	+34 902 205 002
	+34 922 378 999
La Orotava:	+34 922 378 999
	+34 902 205 002
Los Realejos:	+34 922 378 999
	+34 902 205 002
Granadilla:	+34 922 397 475
Buenavista:	+34 616 804 942
	+34 696 568 775
	+34 630 639 869
Vilaflor:	+34 922 709 047
	+34 649 487 387
Candelaria:	+34 922 503 880
	+34 608 038 113

Aeropuerto Tenerife Norte:

+34 922 635 114

Aeropuerto Reina Sofía (Tenerife Sur):

+34 922 392 119

Eurotaxis en Santa Cruz de Tenerife:

+34 609 867 581
+34 607 612 816
+34 629 132 269

Eurotaxis en La Laguna:

+34 922 253 677
+34 922 255 555
+34 635 819 087
+34 609 680 244

Eurotaxis en La Orotava:

+34 646 369 214

Eurotaxis en Santiago del Teide:

+34 922 86 08 40

FLUGVERKEHR

Die beiden kanarischen Fluggesellschaften Binter Canarias und Canaryfly (Ausnahme El Hierro) unterhalten tägliche Flugverbindungen zwischen den Kanarischen Inseln.

Die Flugzeiten zwischen den einzelnen Inseln betragen etwa 30 bis 50 Minuten.

Binter Canarias
Tel.: +34 902 391 392
www.bintercanarias.com

Canaryfly
Tel.: +34 902 808 065
www.canaryfly.es

FÄHRVERKEHR

Die Reedereien Naviera Armas, Fred Olsen und Trasmediterránea bieten Fährverbindungen von Teneriffa (Los Cristianos) auf die anderen Kanarischen Inseln an. Die Schifffahrtsgesellschaft Naviera Armas fährt als einzige El Hierro an.

Trasmediterránea
Tel.: +34 902 454 645
www.trasmediterranea.es

Naviera Armas
Tel.: +34 902 456 500
www.navieraarmas.com

Fred Olsen Express
Tel.: +34 902 100 107
www.fredolsen.es

AUTOVERMIETUNG

 Teneriffa verfügt über ein dichtes Mietwagennetz. Internationale wie lokale Anbieter sind am Flughafen sowie in allen größeren Orten vertreten. Der Mieter darf nicht jünger als 21 Jahren sein und muss den Führerschein schon mindestens ein Jahr besitzen.

INTERNATIONALE ANBIETER

Avis
Deutschland: +49 180 621 770 2
Österreich: +43 800 080 087 57
Schweiz: +41 848 811 818
www.avis.de

europcar
Deutschland: +49 040 52018 8000
Österreich: +43 186 616 163 3
Schweiz: +41 848 808 099
www.europcar.de

Hertz
Deutschland: +49 180 633 353 5
Schweiz: +41 848 822 020
www.hertz.de

LOKALE ANBIETER

Cicar
Büro Süd-Flughafen Teneriffa
+34 902 244 444

weitere Büros:
Santa Cruz de Tenerife – Kreuzfahrthafen, Santa Cruz de Tenerife – Hafen Muelle Ribera, Nord-Flughafen Teneriffa, Puerto de la Cruz, Los Cristianos, Los Gigantes

www.cicar.com

Cabrera Medina
Büro Süd-Flughafen Teneriffa
Tel.: +34 922 390 248

weitere Büros:
Santa Cruz de Tenerife – Kreuzfahrthafen, Santa Cruz de Tenerife – Hafen Muelle Ribera, Nord-Flughafen Teneriffa, Puerto de la Cruz, Los Cristianos, Los Gigantes

www.cabreramedina.com

KONSULATE

Konsulat der Bundesrepublik Deutschland
C / Albareda 3 – 2
E-35007 Las Palmas de Gran Canaria
Tel.: +34 928 491 880
www.las-palmas.diplo.de

Öffnungszeiten:
Mo – Fr: 09:00 – 12:00 Uhr
oder nach telefonischer Vereinbarung

Honorarkonsulat der Bundesrepublik Deutschland
Urbanización Jardines La Quintana
Calle Guillermo Rahn 4, locales 5 – 6
38400 Puerto de la Cruz
Tel.: +34 922 248 820
E-Mail: puerto-de-la-cruz@hk-diplo.de

Öffnungszeiten:
Mo – Do: 10:00 – 13:00 Uhr

Honorarkonsulat der Republik Österreich

Costa y Grijalba, 33
38004 Santa Cruz de Tenerife
Tel.: +34 922 023 370
E-Mail:
info@consuladoaustriatenerife.com

Öffnungszeiten:
Die – Do: 15:00 – 17:00 Uhr

Schweizer Honorarkonsulat

Urbanización Bahía Felíz
Edificio de Oficianas 1
E-35107 Playa de Tarajalillo
Gran Canaria
Tel.: +34 928 157 979
E-Mail: laspalmasgc@honrep.ch
www.eda.admin.ch

FREMDENVERKEHRSAMT

In allen größeren Orten auf Teneriffa gibt es eine Touristeninformation.

Oficina Cabildo Santa Cruz
Plaza de España, s/n.
38003, Santa Cruz de Tenerife
Tel.: +34 922 281 287
E-Mail: amonteverde@tenerife.es
www.webtenerife.de

UHRZEIT

Die Kanarischen Inseln liegen im Gegensatz zum spanischen Festland in der Westeuropäischen Zeitzone (WEZ). Deutsche Urlauber aus der Mitteleuropäischen Zeitzone müssen ihre Uhr auf Teneriffa demnach um eine Stunde zurückstellen. Da dort ebenfalls auf Sommer- und Winterzeit umgestellt wird, besteht die zeitliche Differenz rund ums Jahr.

TRINKGELD

Wie in Deutschland ist auch in Spanien ein Trinkgeld von fünf bis zehn Prozent des Preises üblich, allerdings lässt man es aus Höflichkeitsgründen beim Verlassen des Lokals auf dem Tisch liegen. Bei Taxifahrten rundet man in der Regel auf und auch Zimmermädchen sowie Gepäckträger freuen sich über einen kleinen Bonus.

WÄHRUNG & BANKEN

In Spanien ist der Euro offizielles Zahlungsmittel. Kreditkarten wie Mastercard oder Visa werden in der Regel überall akzeptiert. Bank- (»bancos«) und Sparkassen- (»cajas«) Filialen sind über die ganze Insel verteilt. Vertreten sind außerdem Geschäftsstellen internationaler Großbanken wie der Deutschen Bank oder der Banco Santander.

Geldautomaten finden sich in allen Bankfilialen, Einkaufszentren, größeren Hotels und am Flughafen. Dort kann mit EC-Karten, die ein Maestro- oder Cirrus-Zeichen tragen, sowie allen gängigen Kreditkarten Geld abgehoben werden. Die Banken und Sparkassen sind in der Regel montags bis freitags von 8.30 bis 14.00 Uhr geöffnet.

NOTRUF

Zentraler Notruf: 112
Polizei, Feuerwehr, Arzt

Sperrung: +49 116 116
EC-/Kredit-/Krankenkassenkarten,
Handys

ADAC-Notfallnummer:
+49 89 222 222

KOMMUNIKATION

Telefon:

Für ein Telefonat von Teneriffa nach Deutschland wählt man die
Ländervorwahl 0049 (für Österreich:
0043, für die Schweiz: 0041) vor, für ein
Telefonat nach Teneriffa die spanische
Ländervorwahl 0034. 922 lautet die in-
terne Inselvorwahl.

Die blaugrünen Telefonzellen der lokalen Telefongesellschaft Telefónica sind
auf der gesamten Insel vertreten. Da
Auslandsgespräche mit Münzeinwurf
relativ teuer sind, lohnt sich die An-
schaffung einer Telefonkarte.

Internet

Die meisten Hotels, Apartments und
Fincas verfügen inzwischen über einen
Internetzugang. Darüber hinaus gibt
es in den größeren Ortschaften auch
Internetcafés.

Post

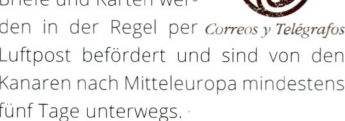

Briefe und Karten wer-
den in der Regel per *Correos y Telégrafos*
Luftpost befördert und sind von den
Kanaren nach Mitteleuropa mindestens
fünf Tage unterwegs.

Briefmarken können bei der Post oder
in Souvenirläden erworben werden. Auf
Teneriffa haben die Postämter (»correos«) in der Regel montags bis freitags von 9:00 bis 14:00 Uhr, samstags
bis 13:00 Uhr geöffnet und sind in allen
größeren Ortschaften vertreten.

ÖFFNUNGSZEITEN

Die Geschäfte auf Teneriffa haben in
der Regel werktags von 10:00 bis 13:30
Uhr und von 17:00 bis 20:30 geöffnet.
Einkaufszentren und größere Super-
märkte haben durchgehend von 10:00
bis 22:00 Uhr geöffnet. In Touristenzentren haben einige Geschäfte zusätzlich
an Sonn- und Feiertagen geöffnet.

EINKAUFEN & PREISE

Die Lebensmittel und Produkte des
täglichen Bedarfs sowie deren Preise
entsprechen auf Teneriffa weitgehend
dem aus Deutschland bekannten Niveau.

Verhältnismäßig preiswert sind meist Parfüms, Spirituosen oder Zigaretten. Obst und Gemüse sind auf den Märkten in der Regel von hoher Qualität und relativ günstig zu erwerben.

FEIERTAGE

Auf Teneriffa gibt es zahlreiche Feiertage, die überwiegend kirchlichen Ursprungs und den Schutzheiligen der Inselorte geweiht sind. Während der Feierlichkeiten finden in der Regel lange Prozessionen statt, anschließend wird mit Musik, Tanz und kulinarischen Köstlichkeiten ausgiebig gefeiert. Außerdem spielt der alljährliche Karneval eine wichtige Rolle.

Ausgewählte Feiertage:

- 1. Januar* – Neujahrstag (Año Nuevo)
- 6. Januar* – Heilige Drei Könige (Los Reyes)
- 19. März – San José
- beweglicher Feiertag – Gründonnerstag – Jueves Santo
- beweglicher Feiertag – Karfreitag* – Viernes Santo
- beweglicher Feiertag – Ostersonntag – Pascua
- 1. Mai* – Tag der Arbeit (Dia del Trabajo)
- 3. Mai – Santa Cruz-Tag (nur Santa Cruz)
- 30. Mai – Tag der Kanaren (Dia de las Islas Canarias)
- beweglicher Feiertag – Pfingstsonntag – Pentecostés
- beweglicher Feiertag – Fronleichnam – Corpus Christi
- 25. Juli – Conmemoración Batalla Nelson (Erinnerung an die Abwehr des Angriffs Admiral Nelsons auf Santa Cruz) / Santiago-Tag (Ehrentag des Jakobus, des Schutzpatrons Spaniens, Nationalfeiertag)
- 15. August* – Maria Himmelfahrt (Asunción)
- 12. Oktober – Nationalfeiertag (Fiesta Nacional de España)
- 1. November* – Allerheiligen (Todos los Santos)
- 6. Dezember* – Tag der Verfassung (Dia de la Constitución)
- 8. Dezember* – Maria Empfängnis (Immaculada Concepción)
- 25. Dezember* – Weihnachten (Navidad)

* öffentlicher Ruhetag

Interessant ist auch, dass die weihnachtliche Bescherung in vielen Familien nicht wie in Deutschland am 24. Dezember stattfindet, sondern erst am 6. Januar, am Tag der Heiligen Drei Könige. Gefeiert wird jedoch an beiden Tagen.

SPRACHFÜHRER

Auf den Kanarischen Inseln spricht man einen speziellen Dialekt, der mehr Gemeinsamkeiten mit dem Lateinamerikanischen als mit dem Kastilischen aufweist und sich durch einen weichen, melodischen Klang auszeichnet.

Während im Kastilischen beispielsweise das »c« vor einem »e« oder »i« wie ein englisches »th« ausgesprochen wird, klingt es im Kanarischen wie ein »s«, die Laute »c« und »s« werden demnach gleich ausgesprochen.

EINIGE AUSSPRACHE-REGELN:

- »c« vor »a, o, u« wird wie »k« ausgesprochen, z. B. bei »casa«; »c« vor »e, i« wird wie ein »s« ausgesprochen, z. B. bei »gracias«
- »ch« wird wie stimmloses deutsches »tsch« in »Tschüss« ausgesprochen, z. B. bei »mucho«
- »g« vor »e, i« wird wie »ch« in »Bach« gesprochen, z. B. bei »generoso«

- »h« am Anfang eines Wortes wird grundsätzlich nie gesprochen, z. B. bei »Hola«
- »j« wird immer wie »ch« in »Bach« gesprochen, z. B. bei »jardín«
- ein doppeltes »l« wird wie deutsches »j« ausgesprochen, z. B. bei »tortilla«
- »ñ« wird wie »nj« in »Tanja« ausgesprochen, z. B. bei »montaña«

HILFREICHE SÄTZE UND WÖRTER

ELEMENTARES

Ja.	Sí.
Nein.	No.
Vielleicht.	A lo mejor/Quizás/Tal vez.
In Ordnung/Einverstanden!	De acuerdo!/Está bien!
Bitte!	Por favor!
Danke!	Gracias!
Vielen Dank!	Muchas gracias!
Gern geschehen!	No hay de qué!/De nada!
Entschuldigung!	Perdón!
Wie bitte?	Cómo dice?
Ich verstehe Sie/dich nicht.	No le/la/te entiendo.
Ich spreche nur wenig...	Hablo sólo un poco...
Können Sie mir bitte helfen?	Puede usted ayudarme, por favor?
Ich möchte/hätte gerne...	Quiero/Quisiera...
Das gefällt mir (nicht).	(No) me gusta.
Haben Sie...?	Tiene usted...?
Wie viel kostet es?	Cuánto cuesta?
Wie viel Uhr ist es?	Qué hora es?

HALLO UND AUF WIEDERSEHEN

Guten Morgen!	Buenos días!
Guten Tag!	Buenos días (bis 12 Uhr)/ Buenas tardes (nach 12 Uhr)!
Guten Abend!	Buenas noches!
Hallo!	Hola!
Ich heiße...	Me llamo...
Wie ist Ihr Name, bitte?	Cómo se llama usted, por favor?
Wie geht es Ihnen/Dir?	Qué tal está usted?/ Qué tal?
Gut, danke. Und Ihnen/Dir?.	Bien, gracias. Y usted/tú?
Auf Wiedersehen!	Hasta la vista!/Adiós!
Tschüss!	Adiós!/Hasta luego!
Bis bald!	Hasta pronto!
Bis morgen!	Hasta mañana!

VERKEHR/UNTERWEGS

geradeaus	recto/derecho
links/rechts	a la izquierda/a la derecha

nah/weit	cerca/lejos
Wie weit ist das?	A qué distancia está?
Tankstelle	gasolinera
Werkstatt	taller de reparaciones
Bus	guagua
Haltestelle	parada
Abfahrt	salida
Ankunft	llegada
Ich möchte ... mieten	Quiero alquilar...
... ein Auto	un coche
... ein Boot	un barco/un bote
Wo ist bitte...?	Perdón, dónde está...?
... der Bahnhof	la estación
... der Busbahnhof	la estación de guaguas
... der Flughafen	el aeropuerto

NOTFALL

Krankenhaus	hospital, clínica
Sprechstunde	horas de consulta
Arzt	médico
Notfall	emergencia
Diabetiker	diabético

IM RESTAURANT

Die Speisekarte bitte!	La carta, por favor!
Die Rechnung bitte!	La cuenta, por favor!
Weinkarte	carta/lista de vinos
Eine halbe Flasche	media botella
Ein Glas	un vaso
von...	de...
Kellner	camarero
Besteck	cubiertos
Messer	cuchillo
Gabel	tenedor
Löffel	cuchara
Teelöffel	cucharilla/cucharita
Teller	plato
Tasse	taza
geräuchert	ahumado
gegrillt	a la plancha
gebraten	asado
gekocht	cocido
gebacken/frittiert	frito
halb durchgebraten	medio hecho
durchgebraten	bien hecho
paniert	empanado
saftig/schmackhaft	sabroso
reif	maduro

zart/weich	tierno
mild/weich	blando
Soße	salsa

TAPAS & VORSPEISEN (ENTRANTES)

Oliven	aceitunas
Butter	mantequilla
Brot	pan
Brötchen	panecillo
Käse	queso
luftgetrockneter Schinken	jamón serrano
pikante Paprikawurst	chorizo
Blutwurst	morcilla
Fleischbällchen	albóndigas
Sardellen in Essigmarinade	boquerones en vinagre
Sardinen	sardinas
Schnecken	caracoles
Tintenfisch (klein)	calamar/chipirón
Tintenfisch (groß)	pulpo
Kartoffelomelette	tortilla de papas
Salat	ensalada

SUPPEN (SOPAS)

Fleischbrühe	caldo
Gemüsesuppe	sopa de verduras
kalte Gemüsesuppe	gazpacho
Fischsuppe	sopa de pescado
Eintopf	potaje/puchero

EIERSPEISEN (PLATOS DE HUEVOS)

Ei	huevo
hartgekocht	duro
weichgekocht	pasado por agua
Omelette	tortilla francesa
Spiegeleier	huevos fritos
Rührei	huevos revueltos
Eierspeise mit Gemüse	huevos a la flamenca

FLEISCH (CARNE)

Rind	vaca
Kalb	ternera

Huhn	pollo
Ente	pato
Kaninchen	conejo
Lamm	cordero
Hammel	carnero
Schwein	cerdo
Spanferkel	cochinillo
Kotelett	chuleta
Lende	lomo
Braten	asado
Schmorbraten	estofado/guiso
Pökelfleisch	carne salada
Rauchfleisch	carne ahumado
Speck	panceta/beicon/tocino
Aufschnitt	embutidos
Schinken	jamón
Hartwurst	salchichón
pikante Paprikawurst	chorizo

FISCH (PESCADO)/ MEERESFRÜCHTE (MARISCOS)

Papageienfisch	vieja
Tintenfisch	calamar/pulpo/chipirón
Seehecht	merluza
Seezunge	lenguado
Kabeljau	bacalao
Lachs	salmón
Thunfisch	atún
Aal	anguila
Hummer	bogavante
Languste	langosta
Garnele	gamba
Krebs	cangrejo
Krabbe	camarón
Muscheln	almejas
Austern	ostras

GEMÜSE (VERDURAS)/ BEILAGEN (GUARNICIÓN)

Knoblauch	ajo
Zwiebeln	cebollas
Zucchini	bubango/calabacín
Paprika	pimentón
Blumenkohl	coliflor
Spargel	espárragos
Spinat	espinacas

Erbsen	arbejas/guisantes
Kichererbsen	garbanzos
Bohnen	habas/judías
Tomaten	tomate
Gurken	pepinos
Karotten	zanahorias
Kopfsalat	lechuga
Kartoffeln	papas
Pommes Frites	papas fritas
»runzelige Kartoffeln«	papas arrugadas
Reis	arroz
Nudeln	pasta

GEWÜRZE (CONDIMENTOS)

Salz/gesalzen	sal/salado
Pfeffer	pimienta
Essig	vinagre
(Oliven-)Öl	aceite (de oliva)
Senf	mostaza
Safran	azafrán
Zucker	azúcar
Süßstoff	sacarina/edulcorante

NACHSPEISEN (POSTRES)

Süßigkeiten	dulces
Eis	helado
Gebäck	bollo
Kuchen	queque/pastel
Torte	tarta
Pudding	flan
Mandel-Honig-Creme	bienmesabe
Honig	miel

OBST (FRUTAS)

Äpfel	manzanas
Birnen	peras
Kirschen	cerezas
Pfirsiche	melocotones
Erdbeeren	fresas
Himbeeren	frambuesas
Orangen	naranjas
Ananas	piña
Bananen	plátanos
Weintrauben	uvas
Mandarinen	mandarinas
Feigen	higos
Kaktusfeigen	higos picos

Dateln	dátiles
Wassermelonen	sandías
Honigmelonen	melones
Quitten	membrillos
Nüsse	nueces

SONSTIGE SPEISEN

belegtes Brötchen	bocadillo
Brandteiggebäck	churros
geröstete Brotwürfel	migas

GETRÄNKE (BEBIDAS)

Mineralwasser	agua mineral
mit/ohne Kohlensäure	con/sin gas
Kaffee	café
Milch	leche
Milchkaffee	café con leche
Espresso	café solo
Espresso mit etwas Milch	café cortado
Tee	té
Bier	cerveza
Wein	vino
weiß	blanco
rot	tinto
rosé	rosado
trocken	seco
süß	dulce
Limonade	limonada
Fruchtsaft	zumo
Schnaps	aguardiente
Anisschnaps	anís
Weinbrand	brandy
trockener Sherry	fino
halbtrockener Sherry	amontillado
süßer Sherry	oloroso

UNTERKUNFT

Haben Sie ein Zimmer frei?	Tiene una habitación libre?
Doppelzimmer	habitación doble
Einzelzimmer	habitación individual
Balkon	balcón
mit Dusche/Bad	con ducha/baño
Halbpension	media pensión
Vollpension	pensión completa
Frühstück	desayuno
Mittagessen	almuerzo

Abendessen	cena
Es gibt kein...	No hay...
Ich habe kein...	No tengo...
Handtuch	toalla
Wasser	agua
Toilettenpapier	papel higiénico

WOCHENTAGE

Montag	lunes
Dienstag	martes
Mittwoch	miércoles
Donnerstag	jueves
Freitag	viernes
Samstag	sábado
Sonntag	domingo

ZEIT

Um wieviel Uhr?	A qué hora?
Heute	hoy
gestern	ayer
morgen	mañana
morgens	por la mañana

ZAHLEN

0	cero	19	diecinueve
1	un, uno, una	20	veinte
2	dos	21	veintiuno
3	tres	22	veintidós
4	cuatro	30	treinta
5	cinco	40	cuarenta
6	seis	50	cincuenta
7	siete	60	sesenta
8	ocho	70	setenta
9	nueve	80	ochenta
10	diez	90	noventa
11	once	100	cien, ciento
12	doce	200	doscientos
13	trece	1.000	mil
14	catorce	2.000	dos mil
15	quince	10.000	diez mil
16	dieciséis	½	medio
17	diecisiete	¼	un cuarto
18	dieciocho		

SCHLAGWORTVERZEICHNIS

GEQUO Travel: Teneriffa Reiseführer
Karlsruhe, Gequo GmbH, 2017

Alle in diesem Reiseführer enthaltenen Informationen wurden von unseren Autoren nach bestem Wissen erstellt und mit größtmöglicher Sorgfalt geprüft. Wir weisen darauf hin, dass inhaltliche Fehler nicht mit Gewissheit auszuschließen sind und wir daher für die Richtigkeit, Vollständigkeit und Aktualität der Inhalte keine Gewähr übernehmen. Unsere Autoren gaben sich weiterhin die größtmögliche Mühe, die Schwierigkeitsgrade von Wanderrouten nach objektivem Maß festzulegen. Neben den Verhältnissen vor Ort haben auch das Wetter und die körperliche Verfassung des Reisenden einen Effekt auf die empfundene Schwierigkeit. Weder der Verlag, noch die Autoren haften für mögliche Fehler oder Änderungen nach Drucklegung.

Bilder und Texte:
Monika Störtzer, Gernot Grager & Helge Grager; mit Ausnahme der Bilder auf den Seiten 98 (u. l. Lamara Dalzous / Alamy Stock Foto) und 268 (u. r. Polylerus / Wikipedia)

Karten und Illustrationen:
TRUE ROMANCE — brandmanagement GmbH, Karlsruhe
© OpenStreetMap-Mitwirkende

Verlag und Vertrieb:
Gequo GmbH
Kleinsteinbacher Str. 11
76228 Karlsruhe

www.gequo-verlag.de | info@gequo.de

Wir nehmen Korrekturhinweise, Anregungen und Ergänzungen gerne entgegen und lassen diese in unsere Publikationen einfließen.

Erstauflage 2017
Alle Rechte am Werk liegen bei den Urhebern.

Printed in Germany
ISBN 978-3-9466-3648-9

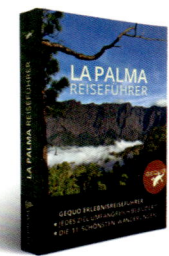
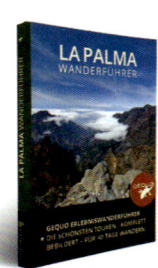

La Palma Reiseführer
ISBN: 978-3-9466-3600-7
Taschenbuch: 346 Seiten
19,95 €

La Palma Wanderführer
ISBN: 978-3-9466-3601-4
Taschenbuch: 146 Seiten
12,95 €

MEHR VOM GEQUO VERLAG!

Lanzarote Reiseführer
Taschenbuch: 346 Seiten
ISBN: 978-3-9466-3602-1
19,95 €

Lanzarote Wanderführer
ISBN: 978-3-9466-3603-8
Taschenbuch: 150 Seiten
12,95 €